危机与败局

——金融风暴微观根源解密

〔美〕汪翔 著

商务印书馆

2010年·北京

图书在版编目(CIP)数据

危机与败局——金融风暴微观根源解密/〔美〕汪翔著.
北京：商务印书馆，2010
ISBN 978-7-100-06756-0

I. 危… II. 汪… III. 金融危机－研究－世界
IV. F831.59

中国版本图书馆 CIP 数据核字(2009)第 162617 号

所有权利保留。
未经许可，不得以任何方式使用。

危 机 与 败 局
——金融风暴微观根源解密
〔美〕汪翔 著

商 务 印 书 馆 出 版
(北京王府井大街36号 邮政编码 100710)
商 务 印 书 馆 发 行
北京瑞古冠中印刷厂印刷
ISBN 978-7-100-06756-0

2010年2月第1版　　　开本 700×1000　1/16
2010年2月北京第1次印刷　印张 22½
定价：46.00元

引言 ……………………………………………………… 1

第一部分 机理与缺陷 1

第一章 房贷按揭证券化过程 …………………………… 3
第一节 无辜者被愚弄 …………………………………… 3
第二节 房贷打包债券与规模 …………………………… 7
第三节 MBS 与 CDO 的差别 …………………………… 16
第四节 CDO 的分级处理 ………………………………… 24
第五节 CDO 的定价与欺诈 ……………………………… 29
第六节 不负责任的风险评级 …………………………… 37

第二章 信用违约掉期 ……………………………………… 53
第一节 信用违约掉期 …………………………………… 53
第二节 信用违约掉期市场 ……………………………… 61
第三节 CDS 市场的指数基金 …………………………… 71
第四节 CDS 价格与股票价格 …………………………… 78
第五节 CDS 市场的交易 ………………………………… 85

第三章 CDS 的定价基础 ………………………………… 93
第一节 成也萧何败也萧何 ……………………………… 93
第二节 华尔街的困惑 …………………………………… 99
第三节 相关性和相依函数方法 ………………………… 109

　　　　第四节　被忽视的陷阱……………………………………116

　　　　第五节　CDS在中国的价值…………………………………124

　第四章　CDS市场的"股神"……………………………………131

　　　　第一节　从两百万到六十亿…………………………………131

　　　　第二节　约翰·鲍尔森的秘密武器…………………………140

　　　　第三节　鲍尔森的业绩胜"股神"……………………………150

第二部分　泡沫与危机………………………………………………155

第五章　一声惊雷噩梦成真………………………………………157

　　　　第一节　一声惊雷！一个阴谋？……………………………157

　　　　第二节　"居者有其屋"的理想………………………………169

　　　　第三节　政治家手中的工具…………………………………177

第六章　低利率造就房市泡沫……………………………………189

　　　　第一节　美联储的利率调整…………………………………189

　　　　第二节　昙花一现的富有……………………………………195

　　　　第三节　中美两国经济联动…………………………………208

第七章　消费习惯与房市泡沫……………………………………21

　　　　第一节　只消费不储蓄的美国………………………………21

　　　　第二节　美国人奢侈消费的形成……………………………22

第三节　消费驱动经济模式 …………………………… 230
第四节　大萧条与大危机 ……………………………… 235
第五节　重新唤起的节俭意识 ………………………… 242

第八章　房市泡沫的推拉手 …………………………… 249

第一节　政府政策的推动 ……………………………… 249
第二节　金融监管不力 ………………………………… 254
第三节　肆意妄为的房贷中间商 ……………………… 262
第四节　贪婪的房屋承建商 …………………………… 270

第九章　次贷危机与金融危机 ………………………… 277

第一节　次贷危机的形成 ……………………………… 277
第二节　美国房市的不衰神话 ………………………… 283
第三节　为投机房市不择手段 ………………………… 289
第四节　房市泡沫的破灭 ……………………………… 296
第五节　金融杠杆的过度使用 ………………………… 309
第六节　金融危机三波冲击 …………………………… 315

主要参考文献 ……………………………………………… 323

作者后记 ………………………………………………… 341

引　言

　　金融海啸,狂风伴随着巨浪,扑面而来。一瞬间,天空被乌云遮蔽,海面上游弋的巨轮被打翻了,不少还沉没消失。随后,海啸向沿岸袭来,留下一片狼藉。那海中的巨轮就是那些曾经有着辉煌历史的众多金融公司,那岸上可怜的生灵,则是在这次海啸中受到伤害的实体经济中一个个无辜的个体。那可怕的海啸,就是近年爆发的次贷危机和它所引发的金融危机。

　　海啸来自哪里？飓风如何形成？那么多经历过无数次海啸的金融巨轮,不沉的金融战舰,为什么在这次金融风暴中如此脆弱、不堪一击？飓风又是如何向海岸转移和传递的？我们从这次的金融危机中,能够获得怎样的预测和防范下一次海啸的经验和智慧？海啸中的那些巨轮,到底是因为轮船本身的质量问题,还是船长指挥失误,或者其他因素导致他们的颠覆？这些,就是本书将要回答的问题。

一

　　2008年开始的金融海啸来自于美国的次贷危机,而次贷危机又是由美国的房市泡沫引起的,房市泡沫的产生和吹大,与美国梦的追寻有

引言

着密切的关系。如果再深入一点,美国梦是怎么导致房市泡沫的?中国人也有拥有一栋自己房子的梦想,为什么在中国没有出现美国那么大的房市泡沫?至少中国的房市泡沫没有造成任何次贷危机和金融危机。难道是美国政府管理国家的水平不如中国政府?

次贷危机在2007年才开始为人们所注意,但美国的房市在2005年就开始见顶,其后房价就已经开始下跌。房贷违约率也开始上升,那么,为什么美国的股市还在其后一再攀高,到2007年底才见顶呢?难道投资者没有注意到房市变化所蕴含的股市投资风险?

在最高峰时,次贷按揭占到美国新发放房贷按揭的五分之一,难道那些投资美国房贷按揭债券的投资者,就没有注意到如此之高的次贷的可能违约风险?如果知道,为什么又要一再追逐来自美国的房贷按揭债券?而且这种追逐者还不仅仅是外国投资者,还有大量美国国内经验丰富的银行、投资银行和保险公司。为什么?

次贷泡沫破裂的结果,会不会伤害那些次级房贷按揭的贷款者?如果会,为什么他们当时又要那么勇敢地去当那个次贷房奴呢?难道他们不明白其中的可能结果?他们是自愿成为次贷借贷者,还是身不由己成为一个个难以承担如此重负的房奴的?如果是因为身不由己或者是半推半就,那么,谁又是这之中的推拉手?这些推拉手的目的和动机又是什么?最后达到了吗?他们对金融危机的作用有哪些,金融危机对他们的影响又是如何?

金融风暴的一个最大特点,是大量的百年金融老店受伤累累。美国国际实际上已经破产,一直保守经营的雷曼真正破产,花旗银行在破产的边缘苦苦挣扎,华盛顿互惠银行成为美国历史上最大数额的银行破产案,英国有着悠久历史的诺森罗克银行(Northern Rock)因破产而被政府接收。类似的例子太多、太辛酸。

你知道吗,他们都是一些经营保守的金融机构,如此不堪一击,问题

引言

在哪里？是被人算计还是自己失算？如果是被人算计，为什么那么多优秀的金融机构，既拥有大量世界上最优秀的金融人才，又有着和一次次大风大浪的金融风暴搏斗和获胜的经验，却还是被耍了？如果是自己失算，大家都损失巨大地同时失算，这可是史无前例。为什么？难道他们的经验和金融管理智慧就那么没有价值？

大量金融公司的巨额投资亏损主要来自两个方面：CDO 和 CDS。他们是什么？他们是怎样形成的，其中有哪些不可告人的秘密？像美林这样优良的公司，在 2008 年突然拿出一个巨亏 500 亿美元的财报之前①，在自己的年报和季报中可是连 CDO、房贷、次贷的名词都没有提一下，为什么？是它在有意欺骗，还是另有隐情？

事实上，很多投资银行和金融公司都在 2008 年报出了巨大的亏损，有的甚至亏损高于 500 亿美元。他们在 2006 年之前的季报、年报中也没有披露大量投资次贷相关债券（CDO）的记录。这是为什么？

2007 年时美国的房贷按揭规模接近 15 万亿美元，其中有不小的一部分被制成了 CDO，而这些 CDO 又有一半被卖给美国之外的投资者，致使他们亏损巨大。是美国在有意算计国外投资者、搞阴谋吗？其中有哪些秘密？

如果你不知道这些问题的答案，你敢说自己真的理解了金融危机的实质吗？你能相信同样的"阴谋"不会再危害自己吗？回答这众多的问题，解开这一个个谜团，就是本书要做的工作。我将在大量数据的支持下，来一步步论证自己的逻辑和结论。从微观深层来解密金融危机的原因和演变过程。

---

① 彭博通讯社在 2008 年 9 月时报告说，美林在次贷相关的房贷抵押债券上的损失高达 518 亿美元。参阅：Brett Miller；Chua Kong Ho (2008-09-05). "Merrill Lynch Cut to 'Sell' at Goldman on Writedowns". Bloomberg.com.

引言

二

美国房市得以繁荣和形成泡沫，一则是由于美国政治家的推波助澜，借助于美国人对美国梦的痴迷，来实现自我利益的结果；再则，是长期低利率所带来的房贷成本的低下；三则，是金融创新和低利率带来的一段长时间流动性过剩的存在，外加宽松的借贷环境；四则，是房市的繁荣吊起了人们在房市投机的谋利心理。但是，你知道吗，有那么一段时间，在美国，基本上每一个想买房子的人，都能够很容易地找到一家公司或金融机构获得他所需要的贷款，即使他是靠"讨饭为生"。零首付、无需收入证明、不查信用记录等等广告词，在那个时候很流行。在以法治严格、规范管理成为世界楷模的美国，为什么会出现这种情况？

我将告诉你，金融公司，那些老练的百年老店，同时出现巨额投资亏损，是因为他们采用高达30倍的金融杠杆，投资了大量的自以为安全的CDO——担保债务凭证。而他们之所以会如此"冒险"但又觉得安全，是因为那些债券包被所有大的信用评级机构给予了最安全的等级。采用高倍数的金融杠杆是他们自己的主动行为，但那是以他们认为所投资的对象是安全的为前提的。可是，那些投资品实际上非常不安全。

CDO为什么是风险很大的投资品？为什么又被贴上了很安全的标签？是人们的有意为之还是不作为、不小心的结果？要回答这些问题，你必须先了解那些CDO是怎么形成的，在他们的形成过程中又在哪一些环节出现了问题，出现了什么样的问题？为什么评级机构没有看到问题和风险？是他们有意骗人？还是他们无知的结果？作为金融市场的质检员，他们的失职和失责，原因在哪里？该不该受到追究？

对于这些，我在书中给了你很详细的解答。

除了CDO造成的损失外，CDS（信用违约掉期）的广泛使用，在这

引言

次金融风暴中的推波助澜也不可小看。而且,正是CDS,让一直经营稳妥、安全第一的美国国际这家全球最大的金融航母最后触礁沉没。这家拥有11万员工的金融巨鳄,最后被一个仅有区区337人的小部门拖垮。其中有着什么样的故事和秘密?它能给我们什么样的启迪?在美国国际垮台后,美国政府一反常态,出面不顾一切,救助美国国际这家纯粹的私人公司于不倒,真的是因为它太大倒不得吗?还是另有隐情?难以启口的隐情?

对于房贷抵押债券的证券化过程、等级处理的细节、信用违约掉期的市场运作、风险确定的理论基础和它的问题的解析,是本书最独特的一部分。这种深入分析,为你解答了许多表面论述无法搞明白的问题。

金融风暴几乎让所有的金融投资者亏损巨大,即使那些价值投资大师,在历次金融危机中做到过及时避险的老手,也在这一次个个成为败军之将。就连巴菲特这样的"股神"也像一只落汤鸡,从金融风暴中狼狈地走出来,虽然他生存了下来。

可是,你知道吗,还有人能够看到众人疯狂时的投资机会,在一年之内获得6—7倍的投资回报,在给自己的投资者带来百余亿美元投资利润的同时,也给自己带来高达37亿美元的利益,创造了华尔街单一年份对冲基金个人赢利的新纪录。你知道这个神人是谁吗?他是怎么做到的?我在书里也给了你很详细的分析,介绍了他那独特的对冲技巧。

目前对于危机的研究和分析,主要体现在四个方面:产生的原因、它的影响、政府的救助和后危机时代的世界变化。本书主要从微观的角度,对危机产生的原因和演进过程,进行了全面、深入、透彻的分析,同时,对危机产生的影响有所涉及。

本书分为两个部分,共九章。我首先分析了造成金融危机的微观理论基础,也就是投资失误的理论和技术原因;随后论述了从美国梦到房市泡沫再到次贷危机的演进过程;最后,我分析了从次贷危机到金融危

引言

机再到经济衰退的演进过程。我用大量的数据论证了危机演进和传递的逻辑,力求提供一个完整、严谨的危机机理解码。

这次的金融危机就是一个金融对垒的大败局。很多问题还不为人知。很多问题还值得深入研究。这里回答了不少,但同时也引出了更多的问题和疑问。

这本书是给那些想真正搞明白金融海啸实质的读者准备的精神午餐。你可能得多读几遍,认真思考,才能够体味到其中的逻辑韵味和奥妙。我用了大量的数据来论证我许多与众不同的观点。我相信,类似的危机还会再次发生。重复自己的错误,是人类的天性!希望借助本书所提供的精神武器,你能在未来的硝烟中成为强者和胜者。

第一部分 机理与缺陷

第一章　房贷按揭证券化过程

过去已成历史，
除了现在我们一无所有。

次贷危机诱发的波及全球的金融危机，其核心点在于人们普遍低估了美国房贷按揭证券化之后潜在的投资风险。华尔街的投资银行和债券评级机构，受利益最大化的驱使，狼狈为奸，为高风险房贷债券披上华丽的外衣，骗取投资者的信任，对次贷和金融危机负有不可推卸的责任。从这点来看，这次的金融风暴确实是整个世界被华尔街的一部分人给当猴子耍了一回。打包后（证券化）的那些东西被称为CDO、MBS。他们到底是些什么？他们之间有什么区别？打包的过程是怎样的？其中有哪些问题？这些就是本章所要回答的。

第一节　无辜者被愚弄

当魔鬼披上救世主的外衣时，遭受欺骗损失的，就是那些无辜的平民百姓。在华尔街完成房贷按揭打包（证券化）程序之后，一个个按揭贷

第一章

款包就由评级机构标上 AAA 最安全等级,其后在送进市场之前又被标上一个个好听的名字。

美国的 CDO 在香港被称为迷你债券。"迷你"意味着很有魅力;债券,则在告诉你,那是比股票更加"安全"的投资品种。可惜,传统意义上的安全,在这一次被彻底颠覆了。

来自美国的房贷抵押债券,由世界上实力最强的银行和投资银行发行,被世界上最权威的评级机构评为最安全的 AAA 级,又是世界最有名实力最强的银行在向你推销。面对这种架势,没有几个人敢怀疑其中会隐含着欺诈。

大量的 MBS、CDO 等名字莫名其妙的债券,被亚洲和欧洲不少的退休金投资者、大学捐款基金管理者、普通百姓,那些特别强调安全第一的人们购买和投资。最后出现大问题,亏损严重。

下面我先给读者讲两个有代表性的真实故事,一个离我们很近,一个则非常遥远。意思是想告诉大家,美国华尔街的欺诈之手,可以很容易通过他们的代理人,伸到世界任何一个角落。类似的例子很多,每时每刻都在世界各地发生。

不要以为华尔街发生的事情,离中国的普通百姓遥不可及。中国的金融大门在一天比一天开得越来越大。总会有一天,你也可能成为一个无辜的受害者。我在这里先给你提个醒。

下面的故事里涉及很多看上去很玄乎的英文缩写,我会在随后一步步来给你讲解。我会通过通俗易懂的例子和语言,来给大家介绍相关的概念和他们隐含的风险和问题。

来自挪威的悲剧

2009 年 2 月,美国 CNBC 电视台专门就次贷危机的起源与危害编制了一部纪录片。节目的制作者,采访了欧洲和美国的一些 CDO 投资

房贷按揭证券化过程

者,了解到在北极圈以北的一个挪威小镇发生的悲惨故事。

这个叫纳维克(Narvik)的小镇,人口仅1.8万,并且呈递减趋势。小镇的公共经费一直不是很充裕,正在寻找开源节流的途径。2004年,挪威的一家大型的债券经纪商Tera Securities,向小镇推销一种来自美国花旗银行的安全债券,并给纳维克的主管出了一个好主意:将小镇最值钱的水利发电站的未来收入作抵押,从Tera Securities贷款,购买花旗银行发行的CDO债券。这样一贷一投,由于贷款利息低于投资获得的收益率,就有一个利息差,这就是小镇的利润。[①]

想想看,如果你能够通过将电站抵押,从银行获得1亿美元,支付5%的年利息;其后,如果你再将这笔钱投资,用来购买花旗银行经手发行的CDO,获得6.5%的年息;那么,你每年通过这样的折腾,获得的净收益就是1亿美元的1.5%。也就是说,你是"空手套白狼",获得150万美元的年收入。你的电站还在那里,你投资的债券是安全的AAA级美国房贷抵押债券。而且,这个债券是由鼎鼎有名的美国花旗银行发行的。同时,这个债券的AAA级又是由美国最权威的评级机构给定的。况且,退一万步说,美国的房价在过去几十年来一直在上升,投资美国房屋抵押贷款,在过去几十年还没怎么有人亏损过[②]。

在中间商的积极游说下,纳维克和相邻的另外三个小镇,共投资了2亿美元的CDO。原以为这笔投资足以缓解财政预算紧张,没想到这只不过是今后财政噩梦的开始。结果自然是可想而知。小镇因此而破产了。部分小学被迫关门,不少的公共设施没法运行,电视画面上看到的,是一个个垂头丧气的挪威人。

到小镇破产时,小镇的决策者也还没有搞明白,为什么来自美国那么值得信赖的国度,而且还是来自历史那么悠久的美国花旗银行的最安

[①] 这似乎是一个很有诱惑力的"对冲",虽然当事人可能连什么叫做对冲都不知道。
[②] 关于美国房市和房价的数字,参阅第九章关于美国房市泡沫的分析。

5

第一章

全产品，最终还是出现了那么大的问题。他们欲哭无泪。在这个世界上，他们不知道除了上帝之外，还有谁是真正可以信赖的。

受愚弄的香港人

2008年9月15日，拥有158年历史的美国雷曼兄弟宣布申请破产保护，成为第一家因投资美国次贷债券而破产的投资银行。

雷曼公司在中国的香港地区一直很活跃。雷曼的倒闭，也让香港人在投资上损失惨重。在雷曼宣布倒闭后第二天，2008年9月16日，香港证监会根据《证券及期货条例》，向雷曼在香港营运的四家分公司发出资产限制出境通知，以保存他们在香港客户的资产和投资者的利益。

2008年9月17日及19日，香港高等法院委任毕马威会计师事务所，为雷曼兄弟香港分公司的临时清盘人。11月12日，香港立法会以47票的绝大多数通过，引用特权法来调查雷曼事件。部分雷曼分公司的现任和前任管理层高管被立法会传召，19间银行被调查。

2009年2月24日，担任临时清盘人的会计师行表示，雷曼在香港的8家子公司，共有200亿美元资产及225亿美元负债。也就是说，该分公司已经拥有负资产25亿美元，资不抵债。

雷曼公司曾经在香港地区卖出了大量的次贷抵押打包债券，也就是那些CDO。在公司破产之前，雷曼用了一个很迷人的名字来称呼这些债券：迷你债券。不明白内情的人，还以为这是一些小数额的债券，"迷你"还可以解读为"很迷人"。外加评级公司给那些债券最高级别的AAA安全等级，让不少香港人敢于放心大胆地买入，结果被误导，遭致很大的投资损失。基于香港证监会的数据，香港迷你债券市场规模达360亿港元，其中约127亿港元是由雷曼担保的，共有20间银行涉及雷曼兄弟债券问题。

事后人们才发现，迷你债券其实并不是他们购买时所理解的普通的

房贷按揭证券化过程

公司债券,实际上是一种 CDO 金融衍生工具,是一种高风险的金融投资产品。投资者大多数是被经纪人误导了。这种高风险的金融衍生品,严格说来是不适合普通大众的。在不少的国家和地区,出于保护投资者利益的考虑,都明文规定不允许任何金融公司向非专业的投资机构兜售这类 CDO 相关产品。在美国本土就是这样。

不幸的是,在亚洲的一些国家和地区,由于金融监管力度不够,也可能由于缺乏金融方面的知识,更可能是被雷曼之类的美国金融公司公关攻破,或者被人忽悠得逞,使得不少银行,可以明目张胆地出售这种金融衍生品给任何投资者。

在 2008 年 10 月 22 日,香港立法会通过无约束力的动议,谴责香港特区政府在此事件中的监管不力,并成立专门的调查机构来调查此事。迷你债券在香港一度引起了很大的混乱,不少的投资者集会抗议政府方面的监管不力和不负责任。出于保护投资者利益的考虑,香港政府当局曾经要求银行退回投资者本金的 6 成,算是由银行和投资者一起分担损失。

第二节　房贷打包债券与规模

房贷债券经过华尔街打包(证券化),再出售给全世界的投资者,是这次美国房市泡沫形成的最重要推手之一,是制造房贷市场流动性过剩的关键。在这一流水线作业的过程中,房贷按揭证券化是第一步,也是最关键的一步,同时还是出问题最大的部分。这个问题一直到危机爆发,在大量的金融机构出现巨额亏损之时,才开始引起人们的注意。

在房贷债券的打包和销售过程中产生了很多专有的名词,美国人用了很多的英文缩写:CDO、CDS、MBS、ABS 等在这次金融危机中使用得比较多。他们是什么意思?有什么区别?与金融危机有什么关系?下

7

第一章

面,我们来一步步解答。

不久前,我看到一位朋友写的随想,觉得很有趣。他用家乡扬州的狮子头做比喻,来说明什么是CDO,竟也有些道理。下面是他的文章内容[①]。

华尔街的CDO和扬州狮子头

每逢佳节倍思亲。过年了,我总会想念老家的炸"肉团子"。在我们江苏老家,每到春节,家家户户都要炸"团子"。春节期间走亲访友,"团子"都是必备一道主菜。"团子"的口味如何,直接显示主人的烹调水平。在油和肉都很紧缺的年代,要做出口味好的炸"团子",真是难为了各家的女主人。

离开老家以后,才知道我们老家的炸肉"团子"大名叫"扬州狮子头"。我曾在好几家中餐馆点过"扬州狮子头",其味道跟我们老家的"团子"相比是差了去了。

炸"团子"的主要原料是猪肉。买来猪肉以后,先去掉皮和骨,再把肉剁成肉馅,加上葱、姜、山药等佐料,搅和匀了,做成鸡蛋大的肉团子,再放到滚烫的油里炸,达到壳脆而内柔的境界,就算成功了。当然,凡事都是说起来容易做起来难,我自己试过几次,结果都不理想。

最近,经常看到报章、网站上提到担保债务凭证,我总感到其结构和制作过程,很像我们的炸肉"团子"。如果你认为这完全是我的主观臆造,那么请你跟我一起来分析一下CDO的制作过程和结构,看我想的是否有道理。

老百姓买房,一般都到银行去贷款,叫房屋按揭。银行发放房屋贷

---

① 刘以栋:华尔街的CDO和扬州狮子头,2009年1月16日,经济随想。本文的引用得到了作者的口头认可,内容有些改动。作者刘以栋曾经是第三章要介绍的李祥林的同事,和李祥林一起在一家金融公司共事过几年。

房贷按揭证券化过程

款以后,一般都不会把房屋按揭留在自己手上,而是把他们卖给两房(房地美和房利美)。即使你每个月的房屋按揭还是寄给银行,并不代表你的房屋按揭没有被卖掉,只说明你的银行保留了房屋按揭的服务权。

两房买了房屋按揭以后,对房屋按揭进行包装(Securization,证券化),以房贷按揭担保债务凭证(MBS)①的形式卖出。假设房屋按揭是一块块猪肉,那么按揭证券就是绞出来的肉馅。这种证券包装,并不总是从房屋按揭开始,信用卡欠款、学生贷款和汽车贷款等也都被用来包装,统称资产支持证券(ABS)②。因为房屋按揭的市场特别大,所以MBS也就为大家所熟知。

买肉的人并不总买肉馅,所以你在商店里经常看到肉是分类来卖的。同样,买投资证券的人兴趣也不同,所以按揭证券有时也被分成不同等级和份额③的债券出售。

这种不同等级的房屋按揭证券,叫按揭抵押证券(CMO)④。MBS市场主要是两房主导的,而CMO市场则主要是各大投资银行所主导的。

猪肉主要是按部位来分类,而按揭抵押证券则是按取得未来现金流的优先级来分类的。想象一下你有一个大的啤酒桶,啤酒从许多个小管子流进来(各家每月的房屋按揭付款),桶上高高低低的装了许多水龙头,高等级的按揭抵押证券持有人从低处的水龙头接啤酒,低等级的按揭抵押证券持有人从高处的水龙头接啤酒。这样,高等级的按揭抵押证券投资人的钱收不回来的可能性小,所以利率也低;低等级的按揭抵押证券投资人的风险大,所以利率也高。

---

① Mortgage Backed Security,简称 MBS。
② Asset Backed Security,简称 ABS。
③ 比较普遍的划分是:AAA(81%)、AA(11%)、A(4%)、BBB(3%)、BB and/or No Rating(1%)。
④ Collateralized Mortgage Obligation,简称 CMO。有时候,人们也将 CMO 称作 CDO,它实际上是一种特殊的 CDO。

9

第一章

虽然肉是分类来卖的，但你在商店也会看到卖肉馅的。并且肉馅的价格往往比普通的肉价还低。个中原因是，店家经常把边角料绞成肉馅卖。同样，华尔街的投资银行，把按揭抵押证券中的较低等级证券（BBB级）再包装，再分成不同等级和份额①的证券来卖。这种新的等级证券，就是大家现在都知道的中间层CDO（Mezzaning CDO）。就像店家把边角料绞成的肉馅，再加工成炸肉丸子、香肠或者汉堡包卖。

买扬州狮子头和CDO的风险也是相当一致的。

第一，你不知道里面到底有什么。扬州狮子头的肉可能会有问题。同样，CDO里面可能有许多次等房屋按揭（次贷）。

第二，你不知道在加工过程中的剔除比例到底有多高。猪肉加工过程中，如果不好的部位被剔除的比例比较高，那么肉馅质量就会好一些。同样，如果第一次包装过程中，最低等级的比例较高，那么第二次包装出来的债券质量就会好一些。不幸的是，前几年包装出来的CDO，低等级的债券比例太低，高等级的债券比例太高。第一次包装中的最低等级只有总面值的1%左右，根本承受不了现在房屋按揭方面的15%以上的损失。这里大家就会明白，债券等级评估公司对CDO泡沫负有不可推卸的责任。

第三，消费者的信心。如果消费者对炸肉丸的质量不放心，即使降价大家可能也不会买。同样，有一阵，谁也不愿去买CDO，原因就是大家对其质量不放心。

CDO 的含义和历史

上面比较形象地说明了债券衍生品的几个概念和债券风险分割的办法。下面我再给出比较严格的定义和解释。

所谓CDO（Collateralized Debt Obligation），英文全文叫做担保债务

---

① 比较常见的债券风险等级划分为：Senior AAA(62%)、Junior AAA(14%)、AA(6%)、A(6%)、BBB(6%)和 BB and/or No Rating(6%)。

房贷按揭证券化过程

凭证,是一种固定收益债券,它提供的现金流的可预测性比较高,是由很多债券组合而成的一种组合债券。按照华尔街的做法,只要是能够定期产出现金流的资产,都可以作为证券化的标的,被合成证券在市场流通。

通常的做法是,金融机构,通常是投资银行,将拥有现金流的"小额"资产汇集成一个群组,然后再将这个组合资产进行一些风险分类方面的处理,按照不同的风险类别转卖给不同风险偏好的投资者。在这里,投资银行相当于一个零售商,它从不同的渠道进货,获得很多不同种类的商品,然后将他们放到一个商店里,按照某种风险分类摆好。消费者则从它那里购买与自己风险偏好相吻合的投资"商品"。

从理论上说,构成 CDO 的那些"小个体"的债券,可以来自不同的背景,收益比较高的公司债券、新兴市场的公司债券和国家债券、银行的汽车贷款和房贷及学生贷款等,都是比较理想的"基础原料"。

CDO 和传统的资产支持证券(ABS)有一些不同。后者(ABS)的组成个体,可以延伸到信用卡应收账款、现金卡应收账款、租赁租金等许多非债务范畴。而前者(CDO)的组成则只能是债务。

最早的一笔 CDO 是 1987 年由德崇证券(Drexel Burnham Lambert)代一家银行发行的。不久之后,这两家金融公司都以破产告终。这种不幸似乎也在暗示 CDO 可能带有的"霉运"。十年之后,在资产抵押综合类证券市场中,CDO 已经成为成长最迅速的产品品种。2001 年李祥林的高斯相依函数模型的发表[①],为 CDO 的风险评估提供了理论基础,使 CDO 证券的**快速定价**[②]成为可能。由此,将 CDO 市场推向了一个新的高度。

---

① 后面第三章有非常详细的分析和说明。
② 危机的问题就出在这个快速定价上。快速就意味着草率,而草率搞出来的东西,居然还有那么多的人买账。

11

第一章

CDO 的规模和次贷危机

2004 年时,全球 CDO 的当年新发行量已经达到 1,574 亿美元,2005 年时,则达到 2,718 亿美元,比上一年增加了 73%。到 2006 年时,全球 CDO 发行量达到 5,206 亿美元,又在头一年的基础上增加了 92%。(见表 1—1)。其后开始下降,但在 2007 年时也还有 4,816 亿美元的规模。

表 1—1 全球 CDO 当年发行量

季度	2004	2005	2006	2007	2008
一	250	496	947	1,665	196
二	429	715	1,200	1,786	236
三	420	520	1,360	927	128
四	475	987	1,360	437	50
合计	1,574	2,718	5,206	4,816	611

(单位:亿美元。资料来源:SIFMA[①])

美国的房价是在 2005 年下半年到 2006 年初开始见顶的。在这个顶峰期间,美国的金融机构急放了一大批房贷,而在那些贷款中,有高达 20% 的部分属于次贷。这些房贷债券的大部分是在 2006 年完成打包证券化并且卖给投资者的。

在 2006 年时,房市泡沫已经开始"消肿",可是,美国的金融机构还是没有大幅度削减贷款规模,因为,在 2007 年上半年时,他们也还有 4,816 亿美元的 CDO 可以用来发行。2007 年时次贷危机已经开始出现,那时候的 CDO 市场已经开始冷清。到 2008 年时 CDO 的规模已经下降到区区 561 亿美元。

[①] SIFMA:Securities Industry and Financial Markets Association.

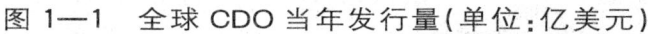

图 1—1　全球 CDO 当年发行量（单位：亿美元）

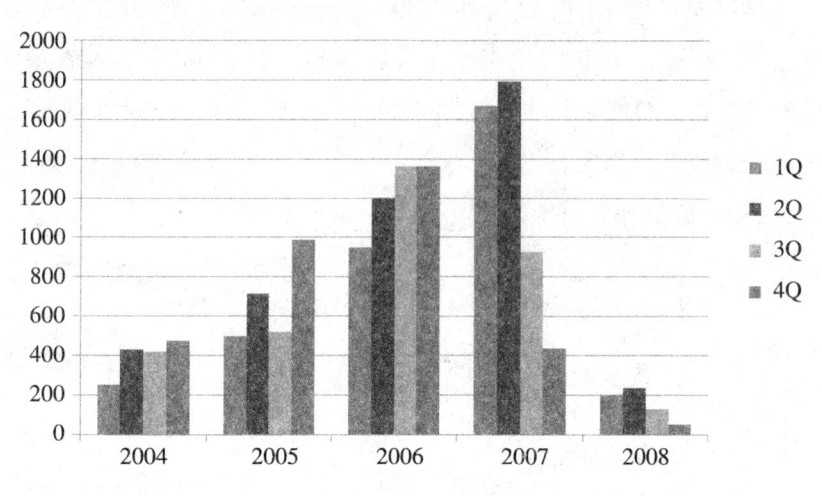

（数据来自表 1—1）

　　CDO 市场能发展如此迅速，是因为在有理论能够"保证"CDO 的风险可以计算之后，大量原来不太可能参与的投资者得以加入：这包括保险公司、共同基金、商业银行、投资银行、退休基金和其他各种各样的投资个体和机构。

　　为什么 CDO 有着如此之大的魅力？原因在于，和相同风险等级的公司债券相比，CDO 可以多提供几个百分点的年度投资收益。对于理性的投资者而言，同样的风险，更高的收益，当然是有吸引力的。不少的银行和保险公司，都为此设立了一个个的影子银行①，通过卖出同类风

---

①　影子银行，又称为影子金融体系或者影子银行系统（Shadow Banking System），是指游离于政府部门监管之外的，充当银行职能的金融机构。这类机构数量上的庞大和管理上的混乱，是造成这次金融危机出现的重要原因之一。有人说，华尔街就是一个大的影子银行。

第一章

险的公司和其他债券,买进CDO,以获得这几个百分点的利息差的办法对冲,并且采用了高达30倍的金融杠杆。

全球新发行的CDO规模,从2004年第一季度开始,几乎一直呈上升趋势,直到2007年第三季度发生大幅逆转。这和图1—2所展示的各个风险等级的CDO价格的大幅下跌的开始相对应。2007年第三季度新发行的CDO的价值(927亿美元),只有第二季度(1,786亿美元)的52%,规模下跌几乎一半。

图1—2 CDO价值在2007年年中开始大幅下跌

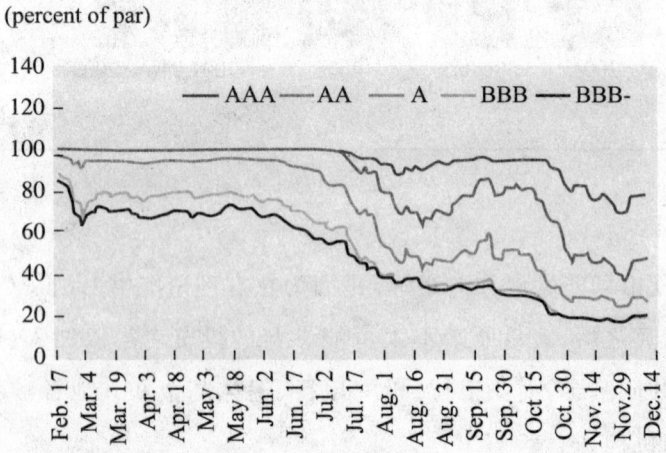

(资料来源:摩根大通)

2007年第四季度又在第三季度的基础上再下跌一半有余。

2007年第四季度时的437亿美元和2006年第四季度的1,360亿美元相比下降了68%。2008年第一季度则更是下降到196亿美元,只及2007年第一季度1,665亿美元的12%不到,同比下降88%。而且,在房贷按揭证券化过程

2008年第一季度新发行的这些CDO中,基本上是没有以房贷债券为基础合成的。这说明,到那时,房贷债券相关产品已经成为一个烫手的山芋,没有人敢接手。

CDO价值下跌和金融危机

次贷导致的违约,会对其所代表的CDO的价值带来负面影响。因为,违约的结果就是死账和呆账,那些借钱给你的人就没法收回自己的贷款。不仅如此,CDO市场债券价值的下跌,又会反过来给美国的房市带来负面的影响。

CDO市场规模的缩小,对于美国房贷市场的直接影响,就是房贷按揭借款人通过CDO渠道能够获得的资金来源变得非常有限。

从逻辑上说,在房贷市场,贷款供给的大幅下降,结果就是贷款利息的上升和能够获得贷款的机会变小,也就是信贷门槛的提高。这不仅给那些想买房子的人增加了难度,也给卖房子的人造成了麻烦。

对于买房子的人,房贷门槛的抬高,意味着不少借款者可能就没有资格获得贷款了,即使他们有偿还能力也不行。而利息率的上升,则使买房子的成本增加,这又使不少人买不起,只好退出市场。

房市的需求减少,买房子就变得困难了,而且,你卖出的价格也变低了。这就形成了一种恶性循环。

由于CDO在整个美国房贷市场的份额很大,CDO市场对房贷者的冻结,结果是房市按揭市场的流动性枯竭,房价继续下跌,导致经济危机的继续恶化。想想看,在2006年一年,全球的投资者就以CDO的方式,从美国房贷按揭市场买走了1万亿美元价值的美国房贷债券,相当于是向美国市场注入了1万亿美元的房屋购买力。而在2008年时,这种巨大的外来购买力已经完全消失。

这个CDO很有点像国内的"温州购房团":相当于他们在2006年

15

第一章

时带着1万亿美元到美国房市买房子,或者说,他们带着那么多钱,到美国给美国人买房子。而到2008年时,这个购房团大款突然回家不再给美国人购房了。需求少了这么大一块,自然房价就会下降,房市也没有办法继续热下去。

房市的降温和房贷利息的上升,不仅导致房价的下跌,还导致房贷违约率的继续上升:利息升高让更多的次贷房奴扛不下去只好放弃;房价的下跌又让更多的房奴变成"负翁"——负资产的拥有者,他们也没有必要再继续扛下去。

这许多人对房贷的违约,结果自然是更多CDO价值的更大幅度的下跌。这又给CDO的投资者带来投资亏损。投资者事后谴责三大信用评级机构[1],说他们对CDO产品的评级,没有合理地体现当时太过宽松的房贷环境和条件。

在次贷危机发生之后,看到房价的下跌和相应的CDO的价值贬值,评级机构也"跟进"(滞后的跟进):在2008年第一季度,评级机构对4485个CDO产品降低了信用等级。

这样一来,那些信用被降级的CDO的价值又继续被打压。投资那些CDO的投资者只得接受更大的亏损,为那些CDO提供本金安全保险的,卖出CDS的公司,也同时面临大笔亏损。这样就形成了一个个加速的恶性循环。金融危机就是这样产生和演进的。

第三节　MBS和CDO的差别

CDO和房贷按揭担保债务凭证(MBS)是两个不同的概念,虽然他

---

[1] 目前国际上公认的最具权威性的三家专业信用评级机构都是美国公司;标准普尔公司、穆迪投资服务公司和惠誉国际信用评级公司(Standard & Poor, Moody's Investors Service, Fitch Ratings)。

房贷按揭证券化过程

们可能都基于房贷按揭。虽然，组成 CDO 的债券不必非得是房贷按揭，不过在次贷危机中，来自美国市场的 CDO 有很大一部分是由房贷按揭组成的。

CDO 的含义

当一个信誉记录不好的人去银行借钱买了一栋房子，银行给他批拨了这笔贷款，那么，这就是一笔次贷。当很多类似的个人获得类似的贷款之后，银行就有了一大批的次贷在手里。

在过去，银行是不会放出这样的贷款的，因为风险太大，银行最终可能不仅不能够从中赚到钱，还可能由此导致大量亏损。放贷的银行有理由相信，同样的结果也会再次出现。

不少的美国银行在这次金融风暴之前，之所以能够和敢于向这些信用不好的借款者放款，是因为他们有办法转移风险：将那放出的一大批次贷通过打包（证券化）放在一块，组成一个大的次级房屋抵押贷款债券池（包）。

这相当于新成立了一家特殊的企业，它的资产就是那些按揭买房人拿来做抵押的房子。这家新"公司"就以此作为资产来发行债券，也就是那个"打包的债券包"。这个债券就被称为 CDO。CDO 就是一种有价证券：有价值和价格，同时还可以流通买卖；它的价值是由那些房贷抵押品的价值来决定的。[①]

比如，假设华盛顿互惠银行在一个月里放出了 10 亿美元的房贷按揭，于是它就将这些按揭贷款放在一起，"包起来"做成一个大的债券块。这就像是将小面团和在一起做成一个大面饼一样。

---

① 注意，不是所有的 CDO 都是基于房贷按揭合成的。在下面的分析中，除非特别说明，我所指的 CDO 都是以房贷按揭为基础合成的证券。

17

第一章

为什么银行要费这个心思和手续？因为，它得将这些风险很大的贷款卖出去，一则转移风险，自己稳赚一个手续费，再则，可以回笼货币，继续发放新的贷款。但是，一个个卖出去一则不太可能，再则，也费神费力，最后是交易成本太高。

CDO 这种金融创新产品就在这里起了重要的作用。将一个个小数额的房贷按揭（债券）包在一起做成一个大的 CDO，不仅增加了交易的方便性，更重要的是，通过包裹起来，可以让很多不太好看的内容不被投资者看到。这两者实际上都很重要，只是一个助人一个坑人罢了。

注意，一个房贷债券包里面可能并不是所有的按揭都是次贷按揭。不过在最疯狂的时候，组成 CDO 的房贷按揭里面，次贷按揭的比例可能比较大。那样组成的 CDO 面临的违约风险因而也比较高。

MBS 的含义

房贷按揭抵押证券是一种特殊的资产抵押证券。而更广义的资产抵押证券，则是任何一种有资产做抵押的债券组成的债券池（包）。在华尔街，只要是有价值的"零碎物品"，都可以拿来出售，不过，单个交易起来会费事费神，于是，他们就把这些"零碎"打包组合成很"漂亮"的价值规模足够大的资产抵押证券。

MBS 是最早的资产证券化品种之一，产生于 20 世纪 60 年代的美国，目的是为了增加住房抵押贷款市场的流动性，即借助民间资本的力量来拉动美国的房贷市场。除了让民间资本参与直接的房贷业务之外，另一个好办法自然是将民间的"零散钱"集中起来。这和让公司上市，让大量的小股东拥有上市公司的一部分，以达到集资的目的是一个道理。

制造 MBS 的具体做法是，金融机构把银行贷出的住房抵押贷款中符合一定条件的部分集中起来，组成一个抵押贷款的集合体，再将这个集合体公开卖给不同的投资者。投资者获得的是那个贷款债券池的一房贷按揭证券化过程

部分拥有权,和由它产生的定期的本金和利息收入。这些本金和利息也就是借款人每个月还给银行的部分。至于债券的安全性问题,则由政府机构或有政府背景的金融机构来进行担保,他们当时也是 MBS 的发行机构。

房贷债券 CDO 流行之前,美国的银行发放房贷给不同的借贷者之后,再转卖房贷按揭给两房和政府国民抵押贷款协会(GNMA, Ginnie Mae)之类的美国(半)政府机构性质的金融公司,两房将这些"小债券"集中在一起,做成一个大的抵押债券包 MBS。其后,除了履行一些必需的法律手续和进行必要的账户处理外,发行 MBS 的两房和 GNMA 这样的金融公司,不再对 MBS 做更多的"深加工处理",就把它直接卖给了投资者。

每一个月,各个发出贷款的银行,在收到房贷的借款者付给的本金和利息之后,留一小部分作为自己的管理费、服务费、利润,再将余下的部分,"原封不动"地转移到两房的账户上去。两房再在扣除一部分自己的"留成"之后,将余下的转手支付给债券包的投资者。由于这种"原封不动"的转手支付的存在,MBS 也被称为转手证券(pass-through securities)。

不过,由美国两房和 GNMA 这种政府和半政府性质机构购买的房贷按揭还必须满足一定的条件:规模不能太大,信用标准不能太低等等。一些不能满足这类标准的房贷按揭,在最近几年就被像全美金融公司(Countrywide Finance,这家公司后来被美利坚银行收购)这样的非政府背景的金融机构买走直接打包,制成 MBS 销售到市场上。这些 MBS 是没有发行机构的保险的,不过,发行机构可以在发行之前买一个 CDS 来担保这个 MBS 债券包,随后将购买 CDS 的成本加到 MBS 债券包里面。后来,由于金融市场对以美国房贷按揭为基础做成的债券需求太大,有时候连这种购买 CDS 的担保都没有就直接卖出去了,也就是将所

19

有的违约风险全部转移给了投资者。所以,在次贷危机中投资者的损失来自两部分,以房贷按揭为基础组成的 CDO,还有 MBS。

MBS 的规模

在很长一段时间里,在美国市场流通的 MBS,主要是由三大政府相关公司负责打包和销售的:GNMA、房利美和房地美。其中,GNMA 是由美国政府出面明确担保的企业,而两房则属于美国政府隐含担保的半政府性质的公司。GNMA 是从 1970 年开始经营过手债券业务的。

在 MBS 里面,又有私人住宅房贷抵押债券 MBS 和商业房贷抵押债券 CMBS 之分。在房市泡沫时代,不仅私人住宅市场发生严重的泡沫事件,商业房地产也跟着产生大量的泡沫。这两者,由于政策法规的不同,税收处理的相异,会有不少不同的地方。比如,私人住宅贷款的借款人,是可以提前还清贷款,或者每月支付高于合同规定的最低数额的款项的。这给那些投资者制造了一点点小麻烦——计算每个月现金流的不准确性。而商业房贷则可以锁定利息和本金的偿还,让投资者对自己的现金流有更好的预见性。

表 1—2 美国房贷抵押市场规模

年份或季度	2004	2005	2006	2007Q4	2008Q1	2008Q2	2008Q3	2008Q4
房贷规模	10,664	12,101	13,488	14,568	14,696	14,737	14,706	14,639

(单位:10 亿美元。资料来源:美联储[1])

到 2008 年年底时,美国的房贷抵押市场规模大约为 14.6 万亿美

---

[1] 完整的表和更详细的分类数据见本章末尾的附录。注意,由不同的公司和机构归类获得的数据可能会有一定的差别。

元,其中债券化部分有8.9万亿美元,为61%[1]。也就是说,房贷按揭证券化给美国房贷市场提供了一个很大的"后备银行"系统,而且这个"后备"系统还提供了61%的美国国内的房贷贷款支持。

有担保的债券池(以房贷按揭为基础的CDO或者MBS)部分是7.5万亿美元,其中5万亿美元部分是由政府和半政府性质的GNMA及两房来完成证券化或担保的,占到三分之二,剩下的三分之一是由私人房地产抵押贷款管道[2]来进行担保的[3]。

如果再算上为那些MBS和CDO提供保险的CDS产品,也就是房贷债券衍生品的市场,那么,房贷抵押证券的规模就在几十万亿的规模。根据统计,以美国房贷抵押贷款为基础发行的MBS在2003年时达到最高,为2.1万亿美元,其后下降了一半(见下表1—3)。这说明,其后几年美国房贷债券市场规模的扩大,更多的是由CDO部分贡献的。

表1—3 美国政府和半政府机构新发行的MBS规模(2001—2005)

年份	2001	2002	2003	2004	2005
规模	1.093	1.444	2.131	1.019	0.967

(单位:万亿美元。资料来源:美国债券市场协会)

MBS和CDO的差别

即使是基于房贷按揭合成的证券,传统的MBS和比较现代的CDO

---

[1] 参阅:http://www.sifma.org/uploadedFiles/Research/Statistics/SIFMA_USBondMarketOutstanding.pdf Securities Industry and Financial Markets Association Statistical Release.pdf。

[2] PMC:private mortgage conduits。

[3] 参阅:http://www.federalreserve.gov/econresdata/releases/mortoutstand/mortoutstand20090331.htm中的第55项和其后的注解。这个表被附在本章的末尾。

第一章

相比,主要还是加工"深度"的不同。

CDO是一个分工很细的专业市场。CDO的发行者只负责发行,相当于是在搞"来料加工",放出贷款的银行负责提供"来料",那些一个个小块的房贷按揭,他们同时还继续负责代收按揭贷款者每个月的还贷和相关的服务业务。负责发行的投资银行和金融机构就将这些小块放在一起,进行必要的账户记录和办理相关的法律手续。然后,发行者就为这个CDO起个名字,再找评级机构发一个标志该CDO风险等级的"证书"。拿到证书之后,他们就在证券市场把这个CDO销售给一个个投资者。

至于投资者,他们得基于风险评级来自己评判和负责投资风险。如果评级机构误导他们,那么就是投资者自己的损失了。不论是发行者还是在第一线的房贷按揭放出者,在这里都没有担保借款人不违约的责任。

在这里,每一部分的责任和义务都被分离。违约责任担保的提供者,也就是卖出CDS的公司,是独立的第三者。他们各做各的那部分业务。

而在MBS市场则不同。在这里,发行者直接对自己所发行的债券的违约风险承担责任,投资者不用担心房贷按揭的借款者不按时按量还贷。也正因为如此,MBS的发行者会很在乎买来的债券的质量,因为违约的风险是自己的。同时,对于打包卖出的债券包,他们可能还有积极性将其按照某种质量标准进行分级。

而CDO的发行者则没有这个积极性,对他而言,最重要的是获得一个比较好的信用评级。一个CDO所获得的评级越好,自然买的人就越多,也更容易卖出去。于是,CDO的发行者就很有积极性去游说那些评级机构,以获得一个尽可能好的评级。

注意这里的一个重要差别:MBS的发行者在需要自己担保时,是根据MBS债券包里面的房贷按揭的质量来衡量自己的选择,因为自己得承担违约的风险。而CDO的发行者是通过游说评级机构来获得一个好的评级,然后让投资者基于这个评级来承担风险。

这就像是两个不同的人才选拔制度：MBS 对应的是考核制，想基于某种客观的标准来测定候选人的资质；而 CDO 对应的则是自己的表现能力和游说水平，只要你能够给评级机构一个上乘的印象，那么你就有上乘的"资质"。

而且，在这里，MBS 考核候选人是为了为自己所用，质量的好坏最终与自己的利益挂钩；而 CDO 对应的是一个"人才中介"，它只需要让用人单位接受就行。至于用人单位最后是不是后悔，那与它这个中介没有多大关系。

正是这种利益脱钩，让 CDO 的制造者没有积极性确保 CDO 本身的质量，以致最后让大量质次的 CDO 挂上质优的名牌，流入市场，造成灾难。这也是为什么，在纯 MBS 时代，你没有看到次贷危机的原因。

这里对 MBS 的分析是基于开始时两房和 GNMA 的做法来进行的。后来一些私营公司加入后所搞的"变种"MBS 产品，比较优势不大，所以很快就被 CDO 所取代。

房贷抵押贷款证券化的三种模式

房贷抵押贷款的证券化，在不同的国家有不同的使用模式。一般而言有三种：表外、表内和准表外。

表外模式也称为美国模式，它是先由房贷金融机构将所贷出的房贷，也就是他们所获得的房贷债券，转手卖给一个特殊目的载体（SPV），实际上也就是为此目的专门建立的一个基金公司。这家 SPV 基金在购得资产后，就按照某种规则来重新组建出不同的资产池，再以这些资产池为基础，来向一般的投资大众发行证券。

表内模式也称欧洲模式，是放出房贷的金融机构直接组建 MBS，其后直接将这些 MBS 卖给投资者。这样做的好处是省了一个 SPV 的中间步骤，投资者能够获得的收益会高一些。但坏处是，一则，发行的金融

第一章

机构得有足够的规模,不然没法组建规模足够大的 MBS,再则,自己的风险最后还是累积在自己手里。在专业化方面,还是不如美国模式。

准表外模式也称澳大利亚模式,是放出房贷的金融机构自己直接成立全资或控股子公司作为 SPV,然后把那些有抵押的房贷债券卖给这个 SPV。而作为子公司的 SPV,则既可以购买自己母公司的债券资产,也可以购买其他金融机构的债券资产,在债券池达到一定规模之后,就可以组建 MBS 来发行证券了。

第四节　CDO 的分级处理

在 CDO 的违约风险没有担保方时,让投资者明白投资的风险就是一件非常重要的工作。这也是从 MBS 跨越到 CDO 最难做的一件事。也主要是在这一部分的创新中出现了问题,导致了后来危机的出现。①

风险分级的必要性

如果你是养珍珠的,你知道,将每一次收获的珍珠不加分级就一起直接卖出去,应该是没有按照颜色、大小分级和分类之后再卖出的价值大。你这里的价值增加,是因为"深加工"的结果。对于不同的消费者,你节省了他们不少的时间。

作为 CDO 的经营者,你当然可以直接将所获得的债券简单包在一起,组成一个 CDO,然后再卖给投资者。这样做,加工部分省事,但却增加了担保机构的风险②。在由自己担保的时候,似乎也无所谓。这和卖人寿保险时,将所有人的保费定为一个同样的等级是一个道理。结果

---

① 直接投资那些没有违约风险责任担保的 MBS 的投资者应该损失也很大,但在规模上小于 CDO。CDO 因为有看上去很好的评级而把投资者给骗了。
② 在没有担保的时候,投资者就是自己的担保者。

是，要么增加了保险公司的风险（收的保费太低时），要么压缩了需求（收的保费太高时）。其后，人们就想到了分级的问题。

如果债券的安全性没有额外的担保，那么，投资者可能就比较"挑剔"了。为了满足这些"挑剔"的投资者的不同口味，对债券本身的风险进行分级，就是一个很好的选择。

从理论上讲，对于一大包的贷款，最简单的办法，就是将那些贷款本身按照质量的差别来进行分类，然后再将他们按照不同的质量类别推销给不同的投资者。那些借贷者的信誉比较好的贷款，可以卖给那些喜欢安全的投资者，他们所能够得到的利息可能会低一些。在过去和现在，信誉等级比较高的房贷，是银行能够获得的最好投资对象，就理性经营而言，他们都会自己留下这部分，不太会转手到市场上去。除非是需要资金去赚更容易同时也一样安全的钱时，才会割爱一部分。①

在前面我们说过，美国的房贷按揭贷款的规模接近15万亿美元，其中接近9万亿美元被证券化，制成不同的 MBS 和 CDO 卖给了全世界的投资者。那没有证券化的接近6万亿美元的房贷按揭部分，就应该是各个贷款银行自己留着的"优质贷款"部分了。

特别好的房贷按揭，放出贷款的银行留作自己的投资，而希望转手快速卖出的，多数是风险比较高的房贷按揭，或者说，是含有较多高风险房贷按揭的 CDO。对于这样的债券，如果又没有违约损失的补偿，市场的需求量自然就会比较小。即使有，投资者要求的条件也会很苛刻。这样一来，那些经营这种 CDO 的公司能够获得的利润空间就很小。

---

① 通常情况下，只有在美国银行的资金消化不了时，他们才会将那些优质的房贷转让给其他的投资者，除非有更好的同样安全但收益更好的投资项目。不过，在很长的时间里，两房在帮助美国银行出清他们手上的房贷债券，其中应该有不少的优质贷款。那时候，是优质贷款比较多，而追寻那些优质贷款的资金相对比较少。后来发生了变化，原因是后来有太多的来自国外的"热钱"流入，打破了过去比较封闭的格局。

第一章

为了克服这种经营方面的困难,金融"精英们"就想出来另一种办法。银行在投资银行的帮助下,对这些债券池里的债券本身,不做任何处理和变动,因为,分类也没有什么意思,那里面都是一些"质量低劣"的家伙,没有多少名堂可做。于是,他们就在投资者的风险分担方面动起了脑筋。

CDO 的分级办法

下面的分类,是 CDO "股神"鲍尔森给出的。我把对他的介绍放在第四章。他说,在通常情况下,针对一个 CDO 债券包,发行者会将投资者的风险分摊归为六个大类,如表 1—4 所示。最安全的获得最低的收益率,最不安全的获得最高的收益率。

最安全的是 AAA 级,占 80%。只有在本金损失高于 20% 以上时,这部分的投资者自己的投资本金才会有风险。至于前面开始时的 20% 贷款违约造成的本金损失,则与他们无关。如果用上面啤酒桶放水的例子,这部分投资者就是在用最下面的那个水龙头接水的人。在上面所有的投资者都接不到水时,这些 AAA 级的投资者可能还能够接到水。

根据美国过去 20 年的贷款违约历史数据,对于一个规模很大的房屋抵押贷款,整体违约比例高于 20% 的情况还没有出现过,所以,根据"历史的经验",这类投资者的本金应该是"很安全"的。这部分也就是格林斯潘所说的,和美国国债一样安全的美国房贷债券。它也是被全世界的投资者热捧的投资品种,但它让无数的美国和世界的金融机构出现巨额的投资亏损。

问题出在哪里,我后面再来分析和说明。

对被评为 AAA 的债券,华尔街还进行了细分,在内部再规定更细分的风险承担责任。可能有 AAA^+、AAA、AAA^- 等。

AAA 之下风险更大一些的债券部分,被称为 AA 类债券,投资这部分的投资者将承担 80% 到 89% 那部分的本金责任。也就是说,如果违约造成的本金损失在11%到20%之间,那么,将是这部分投资者的损失。在啤酒桶例子中,这批投资者就是那些用从下到上第二层水龙头接水的人。

AA 债券还被细分为 AA$^+$、AA 和 AA$^-$ 三部分。

再下面的是 A 级债券,它的投资者承担从 8% 到 11% 之间的违约风险。也就是说,即使这笔债券里面有高达 7.5% 的违约,这部分投资者的投资本金也还是安全的。在债券到期时,不仅可以获得利息,而且还可以获得本金。但是,如果违约率在 8% 到 11% 之间,他们所投资的债券的本金安全就是一个问题。如果是按照比例来计算,在违约率为 9.5% 时,这些 A 级债券的投资者将损失 50% 的本金,而在违约率到达 11% 及以上时,投资这部分债券的投资者将是血本无归。在这之间是不是还能够获得一点利息,得看具体的约定是什么,也还得看违约发生的时间段。

表 1—4 债券等级分类与利息差别

债券分类	与一个月 LIBOR 的利息差(2006)
AAA(80%)	0.14—0.15
AA+/AA/AA−(9%)	0.27、0.29、0.30
A+/A/A−(3%)	0.45、0.48、0.58
BBB+/BBB/BBB−(4%)	0.95、1.35、2.45
BB+/BB/BB−(2%)	5.5%(BB+)
余额(2%)	

(资料来源:约翰·鲍尔森[1])

其下是 BBB 级债券,它的投资者承担 4% 到 8% 违约率部分的本金风险。

下面还有 BB 级债券,它的投资者承担 2% 到 4% 部分的违约风险。

---

[1] Statement of John Paulson, President and Founder of Paulson & Co. Inc., U.S. House of Representatives Committee on Oversight and Government Reform Hearing—November 13, 2008.

第一章

最最风险的部分是那些没有级别的 2% 部分，在这种情况下，当违约的比例到达 2% 时，这批投资者的本金就已经打水漂了。即使在经济状况良好时，也还是有一些贷款违约发生，2% 的违约率，是一个发生可能性很高的比例，所以，几乎没有人愿意投资这部分。根据美国国际对历史数据的分析，美国房贷违约在次贷危机发生之前的几十年间的平均值不到 2%。

CDO 与 CDO 的不同

从理论上讲，不同的 CDO 由于所包含的"细小的"房贷按揭的不同，其所对应的整体风险应该是不一样的。同样一个 10 亿美元价值的 CDO，一个里面有 50% 的次贷类按揭，另一个里面只有 10%。前者的整体违约风险应该是明显高于后者的。在这种情形下，如果每一个 CDO 中都被分割出 80% 的部分评级为 AAA 债券，来自两个不同 CDO 的同样级别的债券，就会有着很不同的风险。

但是，按照评级的要求，同样等级和时间段的债券，其所对应的风险应该基本上是一样的。鲍尔森这里的风险分割的例子没有谈论这个问题。

关于风险分割的细节，还有很多问题需要理解和研究。而且，对于不同的情形，结果也会很不一样。这就是问题的复杂性和挑战性。

如果你是一个投资者，你就得做很多深入的研究工作才行，不能够只是基于评级机构给予的风险级别来投资。而且注意，通常而言，评级机构会在一个金融产品或者公司出现明显问题之后，才做降级的处理。也就是说，评级机构对自己评级误差的调整，有很大的时间滞后性。这种滞后性是投资者所不能够承担的风险，也是不应该承担的风险。你作为投资者，必须对市场的变化更敏感才对。

第五节　CDO 的定价与欺诈

我们知道,对于一个债券,确定它的价格和确定它的收益率,在关系上是一对一的。也就是说,在收益率确定之后,价格就能够计算出来,反之亦然,不过,价格和收益率之间是成反方向变化的。

而收益率的确定,则是基于该债券相对于比较安全债券的风险程度。相对而言,和参照债券相比,风险越大收益率就应该越高。比较安全的债券可以是美国的国债,也可以是某种利率指标,像 LIBOR[①],一种银行之间的拆借利率。

债券包的风险与回报搭配

按照上面说到的办法,根据违约率的多少来承担本金风险的责任划定之后,下一步,就是怎么样根据风险分摊的多少来分配利息、搭配风险和投资回报了。

高风险高回报是金融投资领域的基本生存法则。对于本金安全性比较高的债券投资,其投资者所能够和应该获得的利息自然就会低一些。相反,那些承担高风险的投资者,自然应该获得比较高的风险回报。

分配利息最基本的一条是,怎么样来确定风险大小？虽然上面对于一个 CDO 本身的风险承担划定了先后次序,但每一个部位的违约风险又有多大呢？也就是说,如果我投资 AA 那一部分,我的风险到底有多大？BBB 那部分的风险又有多大？为了获得这些方面的答案,人们通常的做法是,将过去的历史数据拿来认真分析一番,看看历史能够告诉

[①] LIBOR(London Interbank Offered Rate),伦敦同业拆借利率。是指伦敦的"一流"大银行之间短期资金借贷的利率。LIBOR 是国际金融市场中大多数浮动利率的基础利率。它比美国国债利率更能代表市场利率的变化。

第一章

我们什么。

由于美国房市在过去几十年来一直不错,房价平稳上涨,自然违约的比例也就比较低一些。按照美国国际的分析,美国在次贷危机爆发之前的20年间,房贷的违约率不到2%,是一个很小的比例。换句话说,投资美国房贷债券是一个很安全的投资。这也是为什么,在债券包分级时,有高达80%的部分被分为AAA级,92%的在A级以上的原因。

上表1—4的右边,给出了2006年时各种不同风险等级的债券投资者,所获得利息与一个月LIBOR之间的差额。[①]

我们将投资CDO所获得的利息和同期的LIBOR来进行比较,比单独看绝对数要合理一些。因为,在利息率比较高的环境下,大家能够得到的利息都相对比较高一些,反之就比较低一些。所以,在两个不同时期里5%的利息和4%的利息哪个更高,没有可比性。

如果你假定市场是有效率的,也就是说是理性的,充分估计到了可能的风险和回报,那么,AAA级债券和LIBOR之间几乎可以忽略不计的0.14%到0.15%的利息差,也"能够说明",那是很安全的债券投资了。

而实际结果却不是这样。由于违约率远高于2%,结果是,AAA级债券的投资者所面临的风险,比人们预计的要高很多。但是,他们在不知不觉中冒着高风险投资时,却没有获得和风险对称的投资回报。

对于一个债券包违约风险的确定,从直觉来看,是应该基于对那些借债者的信用质量和市场大环境的分析来判断的。但在这里,人们并没有这么做。

在CDO风险的确定上,人们不是基于它的内在信用质量来决定它的违约风险,而是用市场上"类似"CDO的市场反应来确定的。这从一开始就低估了风险,并且还让市场相信这种低估是合理的(或者让市场

[①] 注意,这个利息差是变动的,在次贷危机爆发之后的利息差肯定要比爆发之前高很多。

看不到、也意识不到还存在风险低估的问题)①。

而且,在次贷危机爆发之前,也确实没有几个人会觉得,高于20%的违约率是投资者应该担心的事情。至少基于美国房市的历史数据,区区不到2%的历史平均违约率,让人们"应该"相信它是安全的。

如果说投资这些AAA等级的债券还有理性可言的话,那么,为了额外0.95%利息而投资BBB+等级债券的投资者,却有一点疯狂。对于这些投资者,只要债券的违约率高于8%,他们投资在债券上的本金就会全部打水漂。

CDO^2 的组成和风险

当一个债券被标上BBB标签时,不少投资者倒是能够在一定程度上看到其中的风险。而且,聪明的华尔街投资银行,也知道投资者会很在乎这点。为了将这一部分也卖出去,并且获得一个好价钱,华尔街就在第一次分级的基础上,再来一个第二次分级。他们将直接由房贷债券组成的CDO称为一级CDO,记为CDO。而将以CDO里面的"余料"构成的CDO称为CDO^2,也就是二级CDO。

这个CDO^2就是将那些风险比较高的来自CDO的债券,再放在一起,组成的一个新的债券包。对于这个新的债券包,按照上述类似的办法再来一次分级。这样新获得的大量AAA级债券,实际上是来自CDO^2的AAA级债券,它和来自CDO的AAA级债券完全不是一个级别。很多投资者没有注意到这种差别,否则,他们投资的AAA级债券不太可能出现90%的投资亏损。②

---

① 第三章和第四章有详细的分析。
② 当然,也可能组成那个CDO的房贷里面出现了非常高的违约率。不过,即使是50%的违约,在法拍之后,也不太可能只收回不到10%的价值。有兴趣的读者可以自己设定假设进行数量分析。

第一章

　　注意，这里相当于是将各个班级里面，在某一次考试之后，基于考分将最差的（比如）20%放在一起，来组成一个新的班级。然后对于这个新班级的学生，再按照他们已有的考试分数来排出相对成绩。虽然他们的绝对分数并没有变，但是，如果你在这个班级里，还是给那些相对而言最好的80%学生 A 的话，如果高校只凭相对成绩来录取新生，那么，这个后来从差生中产生的 A 级学生，和开始时产生的 A 级学生，高校在录取时是没有办法区分的。除非你告诉对方里面的差别，而且对方还能够明白其中的差别，并且也很在乎这种差别。

　　问题是，在债券投资上，很多投资者没有明白这前后两种 AAA 的不同：来自 CDO 的 AAA 债券和来自 CDO^2 的 AAA 债券。

　　比如说，你有 5 个 10 亿美元的次贷债券包，按照上述分级，你得到了 5 个各为 8 亿美元的 AAA 级债券，而且顺利卖给了投资者，那些相信 AAA 级债券是绝对安全的保守投资者。

　　但是，你还剩下了 5 个各为 2 亿美元的债券在手。如果你按照比较高的利息卖给投资者，或许你能够卖出部分 AA 级的债券，但卖出其他部分可能就比较困难了。而且，如果投资者索取的利息太高，作为"经营"这种打包"制造业"业务的投资银行，你自己能够获得的利润就比较少。

　　为了获得更高的利润，你只好再"创新"。将那些高风险的债券，也就是那 5 个各 2 亿美元的债券，直接打包在一起，合成一个 10 亿美元的债券包（CDO^2）。然后，你再对这个债券包进行类似的分类，又获得 8 亿美元的 AAA 级债券。由于有了 AAA 的标签，这部分你又很容易卖给那些喜欢安全的债券投资者。而且，他们很可能还没有意识到，这个来自 CDO^2 的 AAA 级债券，和开始时的那个来自 CDO 的 AAA 级债券，在本质上的区别。由于来自 CDO^2 的 AAA 债券有比来自 CDO 的 AAA 债券高一些的利息，投资前一种债券的投资者开始时可能还更开心一些。

　　还有更"精明"的投资银行，他们卖掉了 AA 级债券和 A 级债券，将那些 BBB 级债券合在一起，构成一个债券包，然后从中产生出 80% 的"AAA 级债券"。并将这些债券卖给中国、日本、中国台湾和新加坡那些亚洲的国家和金融机构。许多香港人购买的迷你债券，不少可能就是这种第二次、第三次打包过的债券中的 AAA 级债券。

CDO^2 的规模和风险

如果就基于第一次获得的 BBB 级债券进行第二次打包来分析一下，我们看看，在这之后获得的 AAA 级债券的投资者，所面临的风险是什么。

由于整个债券包里面所包的都是 BBB 级债券，所以，任何一个投资者所面临的风险都很高。不同的只是：在都很高里面，还有人面对的风险相对而言比较低一些。

也就是说，虽然都是差生，但是，在获得 50%—59% 分数档的学生中，也还有个获得 51% 和 59% 的区别。虽然猴子和老虎不能相比，但在猴子里面，也还有一些差别。

还是以 5 个 10 亿美元的债券包为例来说明。如果违约发生的概率对每个债券包都是一样的，也就是说，没有一个债券包里的违约风险，要比另一个债券包的风险要明显高或者明显低[①]，那么，一旦美国次级房贷市场的违约率达到 8% 或者更高，这些购买基于 BBB 级债券再打包获得的 AAA 级债券的投资者，他们的本金也全部失去价值，因为，在这种违约情形下，所有的新形成的债券的价值都已经失去了。

---

① 这里没有做严格的统计学定义，只是为了说明意思而已。在这本书里，很多地方我都是这么处理的，为的是便于理解。

第一章

表 1—5 美国 CDO 规模的统计数据[①]

年份	CDO^2	HG SF CDO	IG Debt	CMBS	HY Bonds	Mezz SF CDO	EM	HY Loans	其他
1997	0	250.0	5,634.8	0	12,767.5	0	3,683.4	4,804.7	0
1998	0	1,650.0	6,510.0	673.5	21,599.1	1,508.1	3,987.0	26,893.0	970.0
1999	344.9	1,200.0	6,021.1	1,535.0	26,760.0	3,038.5	2,167.2	31,329.3	1,249.2
2000	926.0	0	5,246.9	2,079.5	15,590.0	7,565.9	553.0	22,413.6	1,039.5
2001	1250.0	0	5,671.3	5,254.0	13,110.8	13,249.4	917.5	15,544.6	4,264.0
2002	2882.5	1,300.8	6,428.8	14,704.8	1,771.1	11,000.6	419.0	16,020.7	5,354.5
2003	2901.1	10,509.7	3,300.0	9,125.9	796.6	8,788.6	25.6	21,904.2	9,318.0
2004	1123.5	37,471.5	1,325.5	9,001.6	215.5	16,115.4	0	33,573.5	9,348.8
2005	2232.5	49,661.6	0	12,952.0	420.0	26,460.4	1,105.0	60,149.8	12,186.3

(单位:10亿美元。资料来源:摩根大通)

大量的债券投资者,并没有注意到华尔街的这种欺诈行为,没有认真分析一下自己所购买的债券里面到底是一些什么东西。

表 1—5 是美国从 1997 年到 2005 年各种 CDO 的统计数据。在里面,年份之后的第一列就是 CDO^2 的数据。CDO^2 的规模在 2001 年时就已经达到了 12,500 亿美元。其后几年一直保持在很大的规模上。

残渣处理有妙法

上面说到,CDO 的发行,是将一个债券包分割成有不同信用质量差别的系列证券。这有点类似于将一头猪身上的肉分成几个不同的等级。不过在这里你看不到肉本身的不同,不同的只是排队分肉的先后顺序。

一般而言,一个 CDO 通常被分为高级(Senior)、夹层(Mezzanine,

[①] 注:CDO = collateralized debt obligation, CMBS = commercial mortgage-backed securities, EM = emerging markets, HG SF = high grade structured finance, HY = high yield, IG = investment grade, Mezz SF = mezzanine structured finance。

中间层),和低级/次顺位(Junior /Subordinated)三个系列。除此之外,还有一个不公开发行的系列,也就是我上面说过的那个2%的余额。

为什么将余额定为2%,可能是因为历史数据表明违约率低于2%,去掉这部分之后,其他的部分会让投资者感到比较安全吧。

这个2%的余额,由于风险太大,一般是没有什么人愿意买进的。很多时候,由发行者自行保留。他们这样做,相当于是用这一部分的信用来支撑其他系列的信用,具有权益性质,所以又被称为权益性证券(Equity Tranche)。在实际操作中,投资银行往往是将AAA级全部卖掉,也卖掉那些A级和AA级的部分,自己留下最有风险的2%的余额部分,再将BBB级到B级的部分想办法处理掉。

当有违约发生时,最先承受损失的就是这个权益性证券部分。其后,承受损失的顺序依次由低级、中级(B、BB和BBB级)到高级系列(A、AA和AAAA级)。不同的文献和评级机构,对于分级的术语使用可能会有所不同,但意思是一样的。

这里还有一个遗留问题,不管华尔街通过多少次打包,产生一系列新的AAA级债券,但最终也还是有不少的"剩余"部分,是没有办法继续通过打包卖出去的。这个剩余部分可能还不止那个2%的权益性证券部分。

对于这部分,聪明的华尔街人,就在加勒比海找个地方,设立一个离岸公司,将这些剩余的垃圾,放在这个公司里面。

由于是多次处理后的剩余,你可以说,这些债券最终肯定是一文不值。华尔街自然知道这点,但一方面他们已经从其他部分赚到了丰厚的利润,足够弥补这部分的最后一文不值所可能带来的损失,同时,他们也还有办法来使这部分也产生一些价值。

第一章

比如说，他们可以为这些债券买个CDS（信用违约掉期[1]）的保险，可能需要支付的保费费率比较高，例如20%，那也比亏损100%要合算很多。对于CDS对这部分的处理，还得研究实际数据才能做出结论。不过注意，在多次炒作之后，最终的CDS卖出者，可能还没法明白自己所担保的债券，到底是怎么样的一些东西。

当贷款人的信用等级变低时，银行应该是看到了其中的风险，因为它们在第一线。在美国，每个人都有一个信用分，就像每个在学校的学生，都有一个成绩单一样。当老师的，没有几个是不知道自己的学生，到底谁好谁差的。

一般来说，可能你的信用分数在700以上才算是好的（B+以上），800以上算是优秀的（A的水平）。这些是根据你过去的借款还款记录，还有你的收入和已经有的信用额度来综合计算得到的。

当你的信用分数只有600时，很可能你有不良的信用记录，也就是说，你曾经在信用世界里"犯过罪"，是一个"有案可查"的人。或者，你还是一个新手，没有什么记录，自然就没有人认为你有很好的记录了。在信用世界，白纸一张也不是什么好事情，你得时不时地向银行借点钱，然后再及时还给银行，来证明你是一个靠得住的借贷者。这样，你才能够累积起优良的记录。

当银行自己的账面上不良信用的借贷者变得越来越多的时候，银行不可能不警觉。这是一个计算机时代，况且银行还养着大量的金融风险管理方面的分析师。不过，在问题出现苗头时，他们并不是采取停止贷款的传统办法，而是采取转嫁风险的高招。

---

[1] 在下面第二章有深入的分析。

第六节 不负责任的风险评级

如果只有打包这个程序，没有国际级别实力雄厚的大牌评级机构的参与，没有后者给那些债券包贴上安全的标签，单靠华尔街那帮人折腾，受忽悠的人也很有限。问题是，这次的"欺诈"有了一个完整的产业链，所有的资优国际大公司都参与其中，而且还是很卖力地参与其中。风险评级机构的失职，是问题变得严重的助推手。他们是债券市场的质检员，是他们为大量的质量低劣的 CDO 贴上了优良品种的标签。更恶劣的是，广大的投资者基于对他们的信任，相信了那就是一些优良品种。

评级虚高导致投资者大量亏损

由于大量投资 CDO，很多金融公司出现巨额投资亏损，而且他们的 CEO 还因此而丢掉饭碗。2007 年 10 月 24 日，美林（Merrill Lynch）发表季度报告，公司在 CDO 的投资上亏损 79 亿美元。一周以后，美林的 CEO 引咎辞职。

2007 年 11 月 4 日，花旗银行的 CEO 也被迫下台。他在自己的辞职声明中说：由于信用评级机构对大批 CDO 信用等级的大幅调低，花旗银行在 CDO 中的大量投资将带来公司第四季度的巨额亏损。我个人对此负有不可推卸的责任。

言下之意，他当初是基于对评级机构的信任而做出的投资决策，现在被评级机构耍了，自己也没有办法，只好自认倒霉。

贝尔斯登、高盛、雷曼等许多大的投资银行都出现了类似的问题。贝尔斯登因为无法独立生存而被迫贱卖自己，雷曼也因此而破产倒闭。

在 1999 年之前，美国的银行是不允许参与 CDO 类产品的投资的。金融服务现代化法案（Gramm-Leach-Bliley Act）的通过，给银行打开了

第一章

一扇通向地狱的大门。许多银行并没有参与次贷贷款的发放,它们是因为过度投资 CDO 造成的巨亏而垮掉的。

问题是,这个"同样的风险等级"实际上有很大的疑问,最后的亏损也就是来自这个不成立的"同样"上。

在 2005 年年底时,就有人估计,当时全球 CDO 市场规模在 1.5 万亿美元,而这个数字在 2006 年底将接近 2 万亿美元(图 1—3)。2006 年,市场新发行了价值 2,000 亿美元的中级 CDO(mezzanine ABC CDO),平均而言,每一个 CDO 中有 70% 的债券都来自次级债券。而这些中级 CDO,则主要是由高风险的评级为 BBB 的抵押债券组成。

图 1—3 全球 CDO 市场的名义价值规模

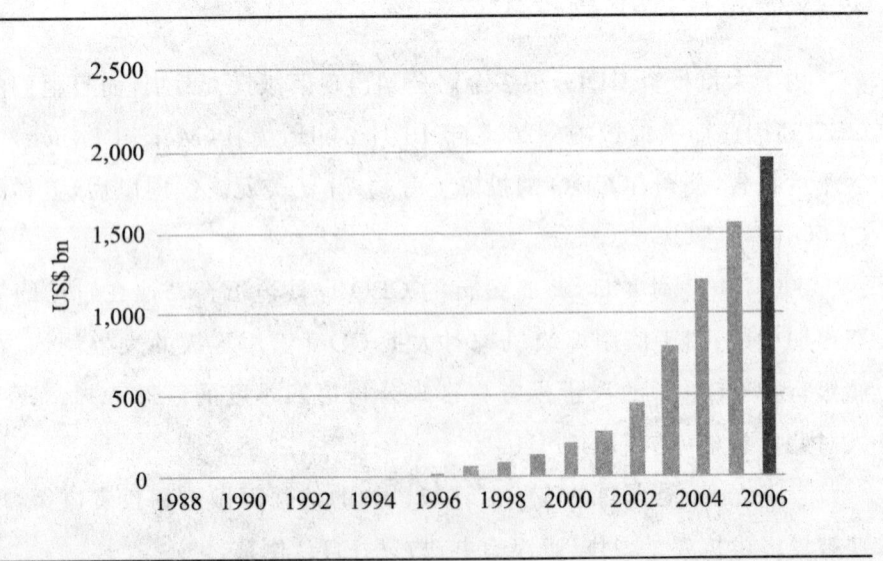

(单位:10 亿美元,2006 年为估计值)
[资料来源:Celent(2005-10-31)①]

---

① Celent (2005-10-31). *Collateralized Debt Obligations Market*.

2008年5月9日,花旗集团的新任CEO潘迪特表示,花旗将逐步出清(售出或剥离)手上将近5,000亿美元的旧资产或非核心资产,其中包括所有能够出售的次贷担保债务凭证,也就是CDO。

紧随其后,雷曼兄弟也表示,2008年美国CDO销售金额可能较2007年减少55%到60%。看来,当时虽然人们开始悲观,看到CDO市场的问题,但还是太过乐观,或者说悲观不够。因为,最后的事实是,2008年的CDO市场,与次贷相关的部分,几乎为零。整个CDO市场的新发行规模,只及2007年的6%,而不是40%。不过,这种趋势还是被国际清算银行看到了,当时他们做出预测说:CDO市场将消失。

图1—4　CDO价值在2007年年中开始大幅下跌

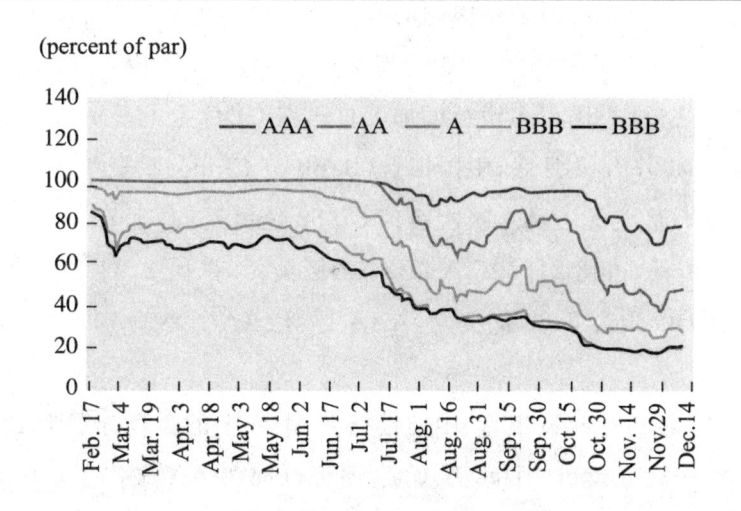

(资料来源:摩根大通)

图1—4(也就是图1—2)是以美国房贷为基础组建的CDO价值的变动情况。从中你可以看出,早在2007年3月时,BBB级CDO的价

第一章

值,就只有面值的60%。也就是说,你投资的100美元 面值的CDO债券,这时候只值60美元。不过,AA级和AAA级的CDO,一直到2007年7月份时,也还能够保住面值——没有贬值。不过,从那个夏天开始,AA级CDO债券很快跌到面值的60%,到年底时只有面值的40%左右。即使是最安全的AAA级债券,也从那时候开始贬值。年初的100美元AAA级CDO,到年底时只值70美元左右。即便如此,人们认为,当时的价值可能还是被高估。

中资银行的CDO投资损失

值得说明的是,在次贷危机最"沉闷"的时候,不少的外国投资银行和金融机构到中国来淘金。在2007年年中,华尔街还派出了不少的说客来到中国,花言巧语地向中国的各个银行推销他们发行的各种各样的CDO。在2006年底时,中国银行持有的CDO价值为人民币27亿。在说客游说之后,中国很多银行增加了自己在CDO上的投资。

截至2007年6月底,中国银行(Bank of China)投资于MBS[①]的规模为89.65亿美元:AAA级次级债67.58亿美元,占比75.38%;AA级19.45亿美元,占比21.7%;A级2.62亿美元,占比2.92%。中国银行持有的CDO则为6.82亿美元,AAA评级、AA评级分别占比81.8%、18.2%。

而工商银行、建设银行、中信银行在MBS上的投资分别为12.29亿美元、10.6亿美元和三百多万美元,评级也都在AA级以上。中资银行到此为止在美国次级债危机中的损失将远远超出市场先前预料:从6月底中报截止日到8月28日,中国银行、工商银行和建设银行持有的美国

[①] 应该是指美国房贷债券CDO,因为传统的MBS没有分级一说。可是后面又出现了一个CDO,不知道是如何区分的。详情参阅:"中行工行建行次贷浮亏俩月增百亿元,损失超预期",2007年9月2日,《证券市场周刊》。

次级房贷按揭担保债务凭证(MBS)损失或将分别增加人民币88亿元、10.8亿元和9.4亿元,合计约100亿元。

从当时已经公布的次优级债券指数看,从2007年6月30日到8月28日,AAA级、AA级、A级次级债分别下跌了6.8%、30.1%、44%。据此可以估算,在此期间,中国银行持有的MBS账面资产缩水达11.6亿美元($67.58 \times 6.8\% + 19.45 \times 30.1\% + 2.62 \times 44\%$),约合人民币87.9亿元,远超出其对次级债的计提数额。

工商银行和建设银行没有公布详细的持仓比例,如果以中国银行的持仓比例做参考,则两家持有的美国MBS账面资产缩水或达1.43亿美元和1.24亿美元,分别约合10.8亿元人民币和9.4亿元人民币。[①]

今后,来中国推销各种稀奇古怪的金融衍生品的华尔街说客会越来越多,而且很可能都有很耀眼的个人头衔和产品名称。如果好几位诺贝尔经济学奖金获得者,来中国推销一种AAA级绝对安全的"迷你债券",中国的银行能够仔细推敲和研究,而不是盲目听从这些"大家"的"金言玉语"进行投资决策吗?

如果你还记得"长期资本基金"的故事,还知道那里面的主要"领导者"就是一批诺贝尔奖获得者,还知道很多人就是因为相信他们耀眼的头衔和名誉,而最后损失惨重,那么,如何把你的金融篱笆扎得更紧,可能就是你需要好好思考的重要问题了。

风险评估的欺诈

从美国CNBC的调查来看,评级机构每年从发行那些CDO债券的投资银行获得了大量的收入。也就是说,投资银行实际上就是评级机构

[①] 资料来源:"中行工行建行次贷浮亏俩月增百亿元,损失超预期",2007年9月2日,《证券市场周刊》。

第一章

的衣食父母。

投资银行每发行一笔CDO，都必须获得评级机构的风险等级评定"证书"。如果没有风险等级的评定结果，任何一个CDO实际上都是没有多少"打包"价值的。因为，在投资市场，对于任何一种债券，投资者完全根据该债券的风险等级，来决定是否应该和值得投资。而且，对于银行、保险公司、退休基金，还有美国大学的捐款基金，按照法律或者基金自己定下的规矩，不到一定安全等级的金融产品，他们是不可以投资的。而这些基金却又是CDO产品最大的潜在顾客，后来确实也是很大的一个投资资金来源。

于是我们看到：一边是手中有着大量资金的投资银行，他们发行CDO需要评级机构的"照顾"，以获得一个好的等级"标签"；另一边是那些饥渴的评级机构，他们看着投资银行手里大把的闪闪发光的金元宝，自然知道怎么样能够通过讨好金主，分享一下富裕的荣耀。

这两者最后是狼狈为奸：由于投资银行是评级机构重要的收入来源，为了讨好自己的主顾，评级机构就会给投资银行送来的CDO尽可能好的评级。这就是上面说到的，只要你送过来一份"备选"CDO产品，其中的80%就可以获得AAA级最安全的"标签"。作为回报，心满意足的投资银行自然是舍得花钱，来打点这些"卖身求荣"的叫花子（评级机构）的。这就是其中的阴谋和猫腻，不过是只能意会，不能言传而已。这里面提出了一个重要的监管方面的问题：利益冲突和利益兼顾。

注意，每次金融泡沫，评级机构都负有不可推卸的责任：在泡沫形成时，他们是助推手，让泡沫不理性地吹大；在泡沫消退时，他们又是助推手，让泡沫过快地消失。由此可见，评级机构有时候真的是成事不足，败事有余。

在问题出现之后，评级机构一方面强调自己的无辜：历来都是采用一样的严格公式对每一笔债券进行等级评估，丝毫没有照顾任何人的企图；另一方面，他们又急不可待地对大量的CDO做降级处理。

42

注意这里的"严格公式"的意思：基于过去同类产品的历史记录，来估算现在类似产品在未来的违约概率。实际上，就是一种基于"外推预测"做出的对未来安全性的估计[1]。这个"外推预测"是基于过去的历史数据，这本身对于未来的意义有时候并不是很大。再者，作为权威的评级机构，他们应该注意到那些在当时已经是很明显的、不可定量的现象：过于宽松的房贷环境所隐含的问题。

为了克服基于历史数据来预测未来走向所带来的问题，人们开始引入"未来"参数，也就是那些相关的期货和期权参数。由于这些参数是参与者实际交易形成的，应该是他们认真权衡之后的结果，有相当好的可靠性。不过你得注意到，虽然这些参数是关于"未来"的，但是，那也是参与者基于过去的历史数据来对未来的预测结果，也还不是真正的未来结果。

有人在 2005 年时，出于对当时过于宽松的借贷环境的疑虑，去和几大投资银行 CDO 部门的当事人"聊了一下"。发现的情况让调查者没法相信自己的所见所闻：那里的操盘手都是一些刚从商学院毕业不久的年轻人，他们对于美国房市的前景异常乐观，理由就是过去几十年美国房市的持续繁荣[2]。

这些投资银行的精英们，基于过去的历史趋势，并且假定美国的房价在可预见的未来将以 6%—8% 的速度继续升值，然后，再以此为基础，来设计和计算基于房贷债券所组成的 CDO 的风险和定价。

这就是我 1982 年在大学时的那种预测水平。那时候，我用此法来预测武汉市自行车市场的发展趋势，我的预测成为武汉市政府规划武汉市自行车制造行业未来投资计划的依据。

想想看，以那时候的历史数据所做出的预测，特别是 10 年甚至更长

---

[1] 参阅《理性预期宏观经济学》(汪翔 著，中国人民大学出版社 1988 年版)。那里对于外推预测的缺陷有很详细的分析。

[2] 参阅第九章关于美国房市和房价变化的介绍。

第一章

时间的长期预测,它的准确性会有多高?它能够预测到后来中国经济的快速发展和由此带来的汽车业的发展吗?能够看到汽车对自行车的替代吗?如果以那种预测来设计和卖给你一大笔30年到期的自行车生产厂商的公司债券CDO,你现在看到的是不是已经破产的公司的违约债券?

我当时觉得那种预测方法很无聊,但又不知道还有什么其他更好的办法。也曾经试过使用比较初级的计量经济模型。我想,预测手段的不精,总不能成为世界上最权威的三大评级机构预测失准的理由吧。事实上,那就是!只不过他们的手段更加冠冕堂皇,看上去更复杂、更专业而已。你可以说预测失准是由于他们的无知,也可以说是由于他们的懒惰,但可能更重要的是由于他们的贪婪——为了一己之利,违心做事。

1.6 万亿美元CDO 降级的影响

次贷债券里面的一个大猫腻,也是让不少投资者吃了很多很不公平暗亏的地方就是:评定的等级有水分。也就是说,美国的信用评定机构,由于自己的利益关系,或者是自己的偏见和无知,常常会给那些成绩比较差的学生比较高的分数。结果就是滥竽充数——质量差、风险高的次贷产品,被按照比较安全的AAA房贷产品送进了市场。

在问题暴露之后,信用评级机构才开始大量降低过去被评为"优良级别"的债券等级。2007年7月10日,穆迪信用评级公司下调了价值120亿美元的MBS。同一天,标准普尔也警告说将作出类似的下调。两天之后的7月12日,标准普下调价值为63.9亿美元的MBS信用等级。到2009年3月9日时,标准普尔甚至说,将对高达5,528亿美元的在2005年到2007年间发行的MBS下调信用等级。[①]

[①] 注意,这里的MBS是指以房贷债券为基础组成的CDO,不仅仅是由两房经手的那部分MBS。

从图1—5你可以看出，在2008年第一和第二季度，被降级的MBS债券证券，加总的价值是15,800亿美元！在降级之后，那些已经投资这类债券的投资者不得不面临巨大的亏损。

一个CDO的降级，为什么会给它的投资者带来亏损呢？

注意，有不少的CDO产品是没有多少市场交易量的，他们的价值主要是基于评级机构授予的等级来确定的。等级的高低，决定了CDO的风险高低，也就是确定了他们和LIBOR相比的利差。

如果被降级，利差就会立刻加大，也就是投资那个债券要求的收益率就要上升。这样一来，对应的债券价格就立即大幅下跌。因为收益率和债券价格是成反比的。于是，投资那些债券的投资者就立即出现账面亏损。

而在使用大倍数的杠杆时，你就需要大量的现金来增补你的储备。一时之间拿不出足够的现金，你就得在价格降低的情况下卖出一部分你投资的债券，这就是实现了的亏损。如果降幅很大，而你又拿不出足够的现金，那么你就只有破产一条路。很多银行和投资银行出现的就是这个问题，雷曼的那两个对冲基金就是因为这种原因而倒闭的。

由于美国的发达和富强，不少的国家和个人投资者，对美国有一种盲目的信赖心理，而正是这种心理，被美国一再不负责任地滥用。你可以说这是强权，但人家没有强迫你去做，只是误导了你而已，于是你被人卖了，还在帮人数钱。这样的教训，这不会是最后一次，也不一定是让你亏损最多的一次。美国人今后还会想到新法子，来从你那里捞钱。

而且，一直以来，人们公认的是，债券比股票的风险要小很多。再说，从次贷的8%—9%的利息中，投资者可能能够获得5%—6%的高利息，即使有部分违约，他们认为也值得冒点风险。对于像日本和中国这样没有渠道获得比较保守稳定和较好回报的国家的投资者，就更是如此了。

第一章

图 1—5 被降低信用等级的美国房贷按揭担保债券凭证(MBS)

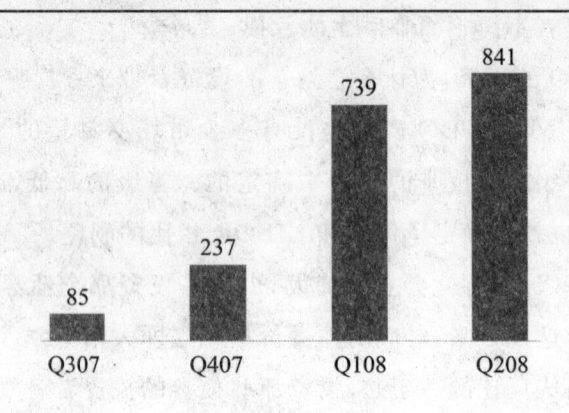

Q307	Q407	Q108	Q208
85	237	739	841

(单位:10亿美元。资料来源:《财富》2008年8月4日)

　　金融投资真的和战场上的对垒是一个道理,有一点误算,可能就会完全输掉。对于那些大意的人们,这次,美国算是实实在在地,给了他们一个很深刻的教训。只是他们能不能学乖一点,我就不知道了。但愿投资者,能够在付出巨大代价之后,变得聪明一些。但愿香港的地方政府,能够在这次危机之后,多为自己管理区的民众想想,多付一份责任,尽量杜绝迷你债券那种忽悠人的投资产品。

　　如果在金融管理和金融监管方面经验丰富的香港,都还一再出现类似的问题,中国内地今后可能面临的挑战就会更多、更大了。

　　中国的经济规模正越来越大,拥有自己权威的评级研究机构刻不容缓。

附录：美国房贷按揭市场规模（Mortgage Debt Outstanding）

Release Date：March 2009，Millions of dollars，end of period。

	Type of holder and property	2004	2005	2006	2007Q4	2008Q1	2008Q2	2008Q3	2008Q4
1	All holders	10,663,749	12,101,261	13,487,850	14,568,485	14,695,367	14,736,703	14,706,022	14,639,295
	By type of property								
2	One-to four-family residences	8,269,026	9,380,898	10,433,398	11,128,203	11,192,416	11,180,238	11,124,499	11,033,793
3	Multifamily residences	617,866	688,533	744,002	843,123	861,838	878,333	892,939	895,796
4	Nonfarm, nonresidential	1,679,986	1,930,313	2,208,975	2,489,380	2,532,503	2,568,690	2,578,301	2,598,552
5	Farm	96,872	101,518	101,475	107,778	108,610	109,442	110,283	111,154
	By type of holder								
6	Major financial institutions	3,926,324	4,396,243	4,780,819	5,067,153	5,129,005	5,113,578	5,072,173	5,036,033
7	Commercial banks [2]	2,595,605	2,958,042	3,403,052	3,645,724	3,685,963	3,662,246	3,850,431	3,836,865
8	One-to four-family	1,580,992	1,793,029	2,084,510	2,208,229	2,217,309	2,157,985	2,287,714	2,250,629
9	Multifamily residences	118,710	138,702	157,555	168,407	172,942	176,145	210,224	209,852
10	Nonfarm, nonresidential	860,670	989,372	1,123,210	1,228,490	1,254,801	1,286,891	1,310,951	1,334,526
11	Farm	35,233	36,939	37,777	40,598	40,911	41,225	41,542	41,858

12	Savings Institutions[3]	1,057,395	1,152,738	1,073,967	1,095,256	1,111,766	1,115,558	883,637	860,265
13	One-to four-family	874,199	953,819	867,831	878,958	884,834	884,534	691,595	666,381
14	Multifamily residences	87,545	98,352	95,792	92,705	94,588	96,924	65,202	65,230
15	Nonfarm, nonresidential	95,052	99,951	109,604	122,711	131,434	133,187	125,949	127,736
16	Farm	599	616	740	882	910	913	891	918
17	Life insurance companies	273,324	285,463	303,800	326,173	331,276	335,774	338,105	338,903
18	One- to four-family	7,874	7,746	11,028	10,991	11,227	11,385	11,372	11,397
19	Multifamily residences	40,453	42,440	46,078	51,837	52,498	52,908	52,974	53,000
20	Nonfarm, nonresidential	214,085	224,258	235,402	252,193	256,313	260,157	262,348	263,007
21	Farm	10,912	11,019	11,292	11,152	11,238	11,324	11,411	11,498
22	Federal and related agencies	704,438	666,601	688,678	726,458	742,109	756,572	753,147	751,815
23	Government National Mortgage Association	44	34	27	22	24	38	38	41
24	One-to four-family	44	34	27	22	24	38	38	41
25	Multifamily residences	0	0	0	0	0	0	0	0
26	Farmers Home Administration[4]	70,624	72,937	76,448	78,411	78,941	80,357	79,962	82,517
27	One-to four-family	13,464	13,014	12,918	13,024	13,066	13,611	13,131	13,288

28	Multifamily residences	11,556	11,493	11,374	11,282	11,249	11,205	11,101	11,069
29	Nonfarm, nonresidential	42,370	45,213	48,945	50,839	51,399	52,271	52,271	54,670
30	Farm	3,235	3,217	3,212	3,266	3,228	3,271	3,460	3,490
31	Feder Housing Admin. and Dept. of Veterans Affairs	4,733	4,819	5,023	4,927	4,917	5,021	4,562	4,690
32	One-to four-family	1,338	1,370	1,625	1,779	1,853	1,910	1,406	1,403
33	Multifamily residences	3,394	3,449	3,398	3,147	3,063	3,111	3,156	3,287
34	Resolution Trust Corporation	0	0	0	0	0	0	0	0
35	One-to four-family	0	0	0	0	0	0	0	0
36	Multifamily residences	0	0	0	0	0	0	0	0
37	Nonfarm, nonresidential	0	0	0	0	0	0	0	0
38	Farm	0	0	0	0	0	0	0	0
39	Federal Deposit Insurance Corporation	11	8	3	2	2	2	6	10
40	One-to four-family	2	1	1	0	0	0	1	2
41	Multifamily residences	2	2	1	0	0	0	1	2
42	Nonfarm, nonresidential	7	5	2	1	1	1	4	6
43	Farm	0	0	0	0	0	0	0	0

第一章

44	Federal National Mortgage Association	400,157	366,680	383,045	403,577	411,838	420,992	407,671	396,469
45	One-to four-family	355,687	314,801	322,703	311,831	313,458	315,242	294,847	278,849
46	Multifamily residences	44,470	51,879	60,342	91,746	98,380	105,750	112,824	117,620
47	Federal Land Banks	52,793	54,640	59,897	67,423	68,964	71,742	74,659	78,103
48	One-to four-family	15,070	14,515	19,016	22,067	23,258	25,686	28,249	31,339
49	Farm	37,723	40,125	40,881	45,356	45,706	46,056	46,410	46,764
50	Federal Home Loan Mortgage Corporation	61,320	61,428	65,536	79,776	86,105	88,601	97,744	101,542
51	One-to four-family	23,374	20,378	20,543	23,876	26,802	26,471	31,187	32,601
52	Multifamily residences	37,946	41,050	44,993	55,900	59,303	62,130	66,557	68,941
53	Federal Agricultural Mortgage Corporation	887	804	778	768	759	784	694	631
54	Farm	887	804	778	768	759	784	694	631
55	Mortgage pools or trusts[5]	4,830,102	5,684,206	6,606,754	7,414,367	7,477,847	7,541,910	7,577,194	7,560,431
56	Government National Mortgage Association	441,235	405,246	410,021	443,461	461,481	510,217	576,761	636,612
57	One-to four-family	409,089	371,484	373,886	406,822	424,708	473,272	539,508	599,285

58	Multifamily residences	32,147	33,762	36,135	36,640	36,772	36,945	37,253	37,327
59	Federal Home Loan Mortgage Corporation	1,189,393	1,309,024	1,450,721	1,717,342	1,762,586	1,802,312	1,812,917	1,805,747
60	One-to four-family	1,173,847	1,294,521	1,442,306	1,706,684	1,751,647	1,791,127	1,801,666	1,794,540
61	Multifamily residences	15,546	14,503	8,415	10,658	10,939	11,185	11,251	11,207
62	Federal National Mortgage Association	1,743,061	1,826,779	1,973,329	2,298,191	2,373,863	2,444,639	2,493,993	2,529,760
63	One-to four-family	1,673,339	1,753,708	1,894,396	2,206,263	2,278,908	2,346,853	2,393,972	2,429,048
64	Multifamily residences	69,722	73,071	78,933	91,928	94,955	97,786	100,021	100,712
65	Farmers Home Administration	0	0	0	0	0	0	0	0
66	One-to four-family	0	0	0	0	0	0	0	0
67	Multifamily residences	0	0	0	0	0	0	0	0
68	Nonfarm, nonresidential	0	0	0	0	0	0	0	0
69	Farm	0	0	0	0	0	0	0	0
70	Private mortgage conduits	1,455,475	2,142,313	2,769,500	2,950,830	2,875,464	2,780,435	2,688,800	2,583,291
71	One-to four-family[6]	1,045,744	1,617,967	2,128,326	2,162,611	2,095,791	2,009,538	1,931,345	1,837,036
72	Multifamily residences	73,065	89,605	103,503	125,494	122,912	120,025	117,554	114,496

73	Nonfarm, nonresidential	336,665	434,742	537,671	662,725	656,761	650,871	639,901	631,759
74	Farm	0	0	0	0	0	0	0	0
75	Federal Agricultural Mortgage Corporation	938	844	3,183	4,543	4,453	4,307	4,723	5,021
76	Farm	938	844	3,183	4,543	4,453	4,307	4,723	5,021
77	Individuals and others [7]	1,202,886	1,354,211	1,411,599	1,360,507	1,346,406	1,324,643	1,303,508	1,291,016
78	One-to four-family	981,129	1,119,290	1,156,390	1,083,522	1,058,998	1,033,578	1,010,683	1,000,168
79	Multifamily residences	83,275	90,195	97,455	103,352	104,208	104,190	104,795	103,026
80	Nonfarm, nonresidential	131,137	136,772	154,141	172,420	181,795	185,312	186,878	186,848
81	Farm	7,345	7,954	3,612	1,213	1,405	1,562	1,152	974

1. Multifamily debt refers to loans on structures of five or more units.
2. Includes loans held by nondeposit trust companies but not loans held by bank trust departments.
3. Includes savings banks and savings and loan associations.
4. FmHA-guaranteed securities sold to the Federal Financing Bank were reallocated from FmHA mortgage pools to FmHA mortgage holdings in 1986:Q4 because of accounting changes by the Farmers Home Administration.
5. Outstanding principal balances of mortgage-backed securities insured or guaranteed by the agency indicated.
6. Includes securitized home equity loans.
7. Other holders include mortgage companies, real estate investment trusts, state and local credit agencies, state and local retirement funds, noninsured pension funds, credit unions, and finance companies.

Source: Based on data from various institutional and government sources. Separation of nonfarm mortgage debt by type of property, if not reported directly, and interpolations and extrapolations, when required for some quarters, are estimated in part by the Federal Reserve. Line 70 from Loan Performance Corporation and other sources.

第二章　信用违约掉期

任何风险都有保的价值，
如果你能算出并获得合理的保费。

金融危机的重要根源之一,似乎是金融机构过于广泛地采用了金融杠杆进行交易。不过,那些专业的金融机构投资者并不是赌徒,他们之所以敢如此"冒险"操作,是因为他们觉得安全,他们觉得冒险的代价低于可能获得的收益。问题是,他们低估了自己所面临的风险,依据被扭曲的信息,进行了过量的投资。

第一节　信用违约掉期

我先来介绍几个基本概念,然后再在此基础上,来分析与信用违约掉期相关的一些比较复杂和深入的问题。

信用与信用违约掉期

所谓信用,就是一个人或者公司的信誉的数量化。一个人是不是值得你信赖、值得你信赖到什么程度,可以用数字来衡量。严格说来,任何人都

第二章

有"信誉",只是有些人的信誉太差,不值得你花时间和他打交道罢了。

而在金融方面一谈到信用,通常与借钱和贷款有关[①]。如果你不向别人借钱,或者你不和别人有经济往来,别人查你的信用情况,似乎也没有太多的道理。

而借钱,就是在使用金融杠杆,因为你的自有资金不足,你需要借他人的钱来投资或者投机。而且,在没有足够抵押的情况下借到钱,你靠的是自己的承诺,也就是信誉。但是,只有人家相信你时,你的信誉才有价值。

问题是,即使人家相信你,对方也还得防范不可预测的风险,也就是那些你自己所不能够控制的风险。

比如,你借钱买了一栋房子,你付了高达60%的头款,按揭借来剩下的40%。由于你的头款比例很高,那么,对于给你提供贷款的银行来说,亏损的风险基本上是很小了。因为,如果这时候你违约,银行很容易将你的房子快速卖掉,来收回自己40%的贷款部分。但是,即使如此,对于银行而言,也还存在一个风险。

如果由于火灾或什么原因,房子彻底毁掉了,在这种情况下,银行的贷款也就打了水漂,自然损失惨重。为此,他们要求你有房屋保险,来保证这种潜在的风险不会造成银行方面的损失。在美国,贷款买房子,购买房屋保险是必须的,中国没有这个强制要求,可能是因为中国的公寓是水泥造的,烧不坏吧。不过,出于对自己家人负责,你可能会去购买人寿、健康和伤残保险。

有人想借钱去买房子、投资,也有人想借钱给别人以赚取利息。但是,如何处理如此之多的风险?于是,就有人想到了一个为自己的贷款安全买保险的办法。也就是找一个"担保人",付给这个保人一点保费,由"他"来承担贷款人违约的风险。至于非违约的其他自然风险,也可以

[①] 有时候,雇主对潜在雇员的信用记录也有了解的兴趣,因为一个人的信用记录能够说明这个人很多方面的问题。

通过其他的相关保险来达到减低的目的。

借款的杠杆操作，多多少少都是有风险的。即使是在操作者看来很保险的生意，在正常的操作程序内，即使像房贷这种有抵押的贷款，由于处置收回来的房子成本很高，借出方也还是面临一定的风险。为了减低借出者的投资风险，有人想出了一个办法，把杠杆投资（也就是你的房贷按揭贷款合同）拿去做"保险"，让投资的风险被控制在一个比较小的范围内。这种保险就叫 CDS，信用违约掉期，也有人叫它信用违约互换。[①]

信用违约掉期，是目前国际债券市场使用非常广泛的一种信用衍生合同。在信用违约掉期的交易中，违约掉期的购买者，将定期向违约掉期的卖出者，支付一定费用，相当于保险费，被称为信用违约掉期点差。而一旦出现信用违约事件，也就是说，那些借钱的人违约不偿付规定到期的本金和利息，违约掉期的购买者，就有权利要求掉期的卖出者，按照该债券（参照资产）当时的面值，支付违约掉期的购买者。

信用违约掉期是将参照资产的信用风险，从信用保障的买方（CDS 的购买者），转移给信用保障的卖方（CDS 的卖出者）的交易。购买 CDS 的信用保障的买方，向愿意承担风险保护责任的 CDS 的卖方，在合同期限内每年（月）定期或者一次性支付一笔固定的费用（相当于是保险费）。CDS 的卖方在接受费用的同时，则承诺在合同期限内，当对应的信用违约时，向 CDS 的购买者赔付违约所造成的合同规定的价值损失。

在这里，对应参照资产的信用，可能是一个单一的信用，也可能是一揽子信用的混合体。如果是一揽子信用的混合体，那么，当其中某一笔信用出现违约，CDS 信用保障的卖方就必须向 CDS 的买方赔偿违约出

[①] A credit default swap (CDS) is a credit derivative contract between two counterparties. The buyer makes periodic payments to the seller, and in return receives a payoff if an underlying financial instrument defaults. CFA Institute. (2008). *Derivatives and Alternative Investments*. Boston: Pearson Custom Publishing.

第二章

现的损失,其结构如图2—1所示。

图2—1 信用违约掉期示意图

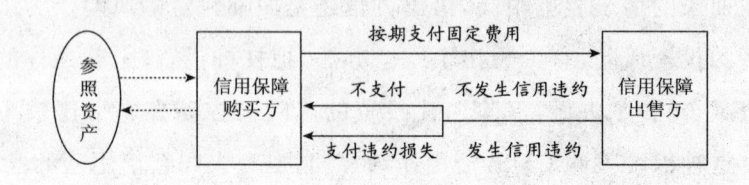

```
参照资产 ⇌ 信用保障购买方 ⇌ 信用保障出售方
          按期支付固定费用
          不支付    不发生信用违约
          支付违约损失  发生信用违约
```

(图片来源:MBA智库百科)

注意,这里的违约造成的损失,可能还不一定就是购买CDS的买方所遭受的损失,它是合同规定的价值的损失。

因为,在买方购买一个参照资产(比如一个房贷按揭债券的CDO)所对应的CDS时,他可能并没有投资这个参照资产,而只是购买了对这个参照资产"不发生违约"的保障承诺。如果投资者在投资这个参照资产时因违约发生损失,那么,那个购买了该资产CDS的投资者,就有资格获得来自CDS卖出者的赔偿。

如果合同规定的"保险"数额为10亿美元,而这10亿美元由于违约损失了1亿美元的价值,那么,CDS的卖出者就得支付CDS买入者1亿美元,来弥补这个价值的亏损。

正是这种购买参照资产(债券)的投资者和购买CDS的投保者的分离,成为后来CDS市场无限放大的基础。

信用违约掉期是在1997年,由摩根斯坦利的一帮金融分析人员,在布莱斯·马斯特斯(Blythe Masters)的领导下"发明的"[1]。和它功能类

---

[1] Teather, David. "The Woman Who Built Financial 'Weapon of Mass Destruction.'" *The Guardian*. September 20, 2008.

似的产品,实际上早就有了,不过,这批人将它规范化了。在 CDS 产生之后的很长一段时间里,美国的监管机构并没有相应的规范,来约束这个金融新生儿。

由于无人管,这个原本是为了让债券投资者用来保护自己投资安全的 CDS,其后却变成了一个独立的投机工具,被人们买来卖去。而那些购买债券的投资者自己,相对而言,反倒用得不是很多。

买卖 CDS 最多的是那些投机者,他们本身并不拥有任何债券(也就是那些参照资产)。从 2003 年开始,市场上对 CDS 的交易才开始活跃。可是短短四年之后,到 2007 年底时,CDS 市场的名义规模已经高达 45 万亿美元。

这里说是"名义"规模(notional value),是因为里面有很多重复的计算,是在没有对消(netting)之前的所有交易价值的简单加总。在这为数庞大的债券 CDS 中,有很多是与美国的次贷债券有关的。在次贷危机爆发之后,美国政府开始加强监管,同时市场也开始意识到风险。在 2008 年底时,对消之后,名义市场规模降到 38.6 万亿美元。[①]

例子:信用违约掉期的产生

为了理解的方便,我在这里用一个小例子来说明一下。我们假设,现在有一家投资银行 X,它只有 10 亿元的本金。同时假定它的管理者,想用杠杆的办法,争取以 10 亿的本金,搞到 500 亿的投资额度,来投资美国的房贷债券,赚取 2%—3% 的利润。

次贷危机中,大量的银行和投资公司,就是由于借钱购买次贷打包形成的"绝对安全"的 AAA 级 CDO,谋求赚取利息差,最后出现问题的。前面讲到的那个挪威小城的例子,就是这样的。

---

① 国际掉期和衍生品协会(ISDA)在 2008 年年底的调查结果。

第二章

　　投资银行 X 找到银行 A，想借用他们手里的存款，但 A 不同意，理由很简单：虽然 X 答应给的利息不错，而且还有美国的房屋做抵押，但风险还是太大。X 自然能够理解这点。于是，投资银行 X 又找到保险公司 B1：自己打算购买美国的房贷抵押债券（实际上也就是做房屋贷款），现在美国的房价一直在涨，而且一时半刻也没有下降的可能。美国历史上房屋的价格大体成上涨的趋势，投资房贷抵押债券，应该是一个很保险的业务。我现在需要 500 亿的信用额度（实际上就是借款），只有 10 亿的本金，希望你能够为我的贷款向银行 A 担保。我给你贷款余额的 1% 作为每年的保险金，直到贷款还清为止，同时，我还会将那些抵押的房屋拿来给你，作为我的借债抵押。

　　于是，保险巨头 B1，就让自己的风险分析师，仔细分析了美国过去的房市变化情况，再让精算师计算了一下里面的风险，特别是那些房贷违约的风险，到底有多大。最后，他们觉得 X 说的是实话，也得出了同样的结论：从历史数据来看，应该是安全的。①

　　于是，B1 答应为 X 的这笔 500 亿美元的"贷款"额提供信誉安全保证，也就是说，它愿意当贷款人 X 的保人，在 X 违约的情况下，替 X 向银行 A 还这笔贷款。银行 A 于是放出来这笔贷款。它觉得安全，可能并不是因为 X 的信誉有多好，而是因为 B1 的信誉和雄厚的资产，让它感到安全。而 B1 之所以敢担保，也并不是因为和 X 的交情有多好多深，而是因为那些债券本身是安全的，那些抵押品很"实在"。在实际操作中，B1 可能都不知道这个 X 到底是谁。

　　B1 提供担保，一则是基于对 X 还贷能力的信任（在这里就是那些房贷抵押——房子），但更重要的是对 X 所经营的房贷业务前景的信

---

① 注意这里的几点："基于历史数据"，"应该"是安全的。美国国际的风险分析师，在做 CDS 之前，也曾经认真分析过，"发现"历史上的违约率只有不到 2%！在很安全的范围之内。

心。再则,也是为了获得一笔保费收入。B1提供担保,X是需要向它支付费用的,相当于一笔保费。

这样看上去很保险,但是,为什么后来还是发生了危机呢?因为,他们在这里犯了当年诸葛亮守街亭时一样的错误:你不该派马谡去,派他去,本身就没有安全可言;虽然你加了一个"再保险",但是你忘了,虽然王平有经验,可他是没有办法指挥得动一个自以为是的马谡的。

这里也是一样,那份抵押的价值不足以抵消所面临的风险,而且,提供担保的保人,最后几乎是难以自保。这些都是后话。此一时,彼一时,实力再雄厚的公司,也是相对于所面临的风险而言的。当风险太大时,任何公司都可能有承担不起的时候。

如果结果风险真的很小,作为"担保人"的保险公司,很可能最后是什么都不需要做,就是坐收巨额保险费而已。有好几年还真是这样,结果是大家都很开心,经手人还获得升职加薪的待遇。

信用违约掉期和保险单的不同

值得说明的是,虽然我们看到,CDS契约(合同)就像一个保险产品,但是,如果你把它和传统的保险产品,像人寿保险和财产保险,仔细比较,会发现他们之间还是有不少的差别。

这主要表现在两个方面。

其一,传统的保险产品,对于销售保险的公司,有很严格的财产和专业方面的要求,而对于CDS的出售者,则没有任何政府管制方面的硬性规定。

其二,CDS的交易者除了需要满足作为一个交易参与者的资金要求外,没有特定的其他基于所卖出的CDS规模而必须的资金储备要求。

事后人们分析说,第一方面的问题,对CDS市场的监管缺乏,是产生麻烦的重要根源。事实上,从很早时起,就有人注意到了CDS的类保

第二章

险产品属性,还就此提出过警告。但是,这种警告被格林斯潘和美国政府相关部门有意无意忽视了。对于这点,我将在后面详细分析和说明。

第二方面的问题,造成了无法无天的杠杆放大。这既是使美国国际最后濒临破产的原因,同时,也是助推CDS市场盲目扩大和成为乱局的基础。如果从开始时就将CDS视作一种保险产品,用对保险产品的约束来制约CDS市场,那么,结果很可能就不是现在这种情况了。

对于保险产品,保险公司是基于大数定理来计算自己的风险,同时,还得按照所售出的保险数额,搁置一定量的资金作为准备金(Reserve),用以在需要时支付保险金。

有人说,在刚开始时中国还有保险公司将所有的保费收入扣掉成本之后计算为公司的利润。他们"忘了",那其中的大部分,是投保人放在你手上的属于他们的钱,你得放到一边。保险实质上就是一种风险共同分担,而保险公司就是一个"召集人"和管理者。

这次美国国际大量卖出CDS而没有意识到风险,和中国当时的那种将保费收入当作毛利润的做法是一样的。他们都忽视了自己的责任和义务。值得说明的是,对于美国国际集团,它之所以"不需要"搁置足够的准备金,一则是没有来自监管方面的硬性要求,再则,是它的交易对手相信美国国际的财力,在美国国际有能力保持自己的AAA信用等级时,可以"空手套白狼"。①

也正是这种随便性和松懈的监管,让很多参与的公司不知道自己的风险到底在哪里。他们卖出了自己所不能够承担的保险数额。

在CDS市场上,由于没有必要的准备金要求,那些卖保险的公司,有多少就卖出多少,反正也没法计算出风险;结果,当风险发生时,这些公司才发现自己没有足够的钱来支付。同时,也可能还有保费收得太低

---

① 详细的分析,参阅第九章。

的问题。因为你收进的保费，不足以抵消可能的风险，自然你就没有钱来维持你这个"召集人"的地位了。

美国国际在 CDS 市场上出现大幅亏损，就是由于低估了风险，收取了太低的"保费"。如果在死亡率为 1% 时，按照 0.1% 的死亡率来收取保费，你作为一家人寿保险公司，最后自然是没法生存多久。

除此之外，在 CDS 和传统的保险产品之间，还有一些其他的区别。

第二节　信用违约掉期市场

任何一种物品，只要它有价值，就有交换的价值。CDS 这个新生的金融衍生品也是一样。原本一个"小小"的本金安全保护产品，在华尔街人的手中，很快就成为一个很火暴的金融交易产品，最后甚至成就了一个规模几十万亿美元的市场。

CDS 市场的形成

上面说过，保险巨头 B1，为了分散风险，将自己手头的这份特殊的保单，转手要么再找一家公司为他担保，搞个再保险，要么干脆小赚一笔手续费，将那个保人身份直接卖给另一家公司。也就是说，它将这个"保人身份"（CDS 合同），当作一个商品，在市场上搞起了买卖。当众多的人在一个"集贸市场"交换各种不同的 CDS 时，CDS 市场就出现了。

在这里，这个"信用违约掉期"被当作一个商品，人们购买这个"为人提供的保单"，为的是定期获得的"保费"收入，但为此，你得承担责任，为对方担保的责任。

用一个例子来说明。张三向李四借了 1 万元[①]钱，答应每年付 12%

[①] 本书中所出现的元（除注明人民币元或港元以外）和分指美元和美分。——编者注

第二章

的年利息。李四为了安全起见，要求张三提供一个保人，也就是在张三由于任何一种原因，不能够按时还款的情况下（违约），有人来保证，李四的这笔贷款能够及时被收回。在这里，李四也相当于是投资购买了一笔借给张三的借款——债券。

张三的家底、人品和信誉很重要。如果他信誉太差，可能就没有人愿意给他担保，于是，他就没法从李四那里借到钱。如果他的信誉只是一般，或者为人还行，但家底太薄，可能也会有人出面为他担保。但是，担保人可能需要一定的条件。但那是担保人和借款人之间的关系，他们之间去谈，与贷款人没有关系。

如果王麻子答应出面担保，而且张三又觉得王麻子有这个经济实力和信誉，能够担当得起这个重任，那么，他们就可以走向下一步。这时候，王麻子可能会要求张三给点好处，作为"保费"，来为他的贷款担保。也可能是，李四从自己获得的12%的年利息中，拿出（比如）3%来支付给王麻子，作为保费，自己留下9%的剩余利息。

在这次次贷市场上，主要是美国国际这个保险巨头当起了"王麻子"这个保人角色。它的信誉最好，资金也很雄厚，只是它也太贪婪，保的人太多，最后被自己耍了。

为了自己的安全考虑，王麻子会派人去考察一下张三的人品和经济实力，甚至还会去了解一下张三到底为什么需要借钱，借的钱会被用于什么地方。如果再对自己的资金更负责任一点，他可能还会时不时跟踪张三的资金使用进展，以做到万无一失。

可惜，那个鼎鼎大名的美国国际集团没有这么做，他只想尽可能多地卖出CDS，也搞不清楚自己担保的到底是哪路"神仙"，但他至少知道这些"神仙"是在用那些贷款买房子，买美国国内的房子。而"直觉"在告诉他自己：美国的房地产还是很值钱的，所以，安全性就不会是问题。

当然，王麻子还可以更精明一点，找到阮大头，将自己这个保人的资格"卖给"他,并且答应给他每年2%的利息作为保费,自己留下1%的利息作为手续费。当然,也可以让阮大头付一次性的费用,王麻子自己当个经纪人,收点佣金,但不承担风险。

不过,王麻子要想做到这点,可能需要得到李四的认可,让李四觉得,这个阮大头是个值得信赖的家伙,而且还得是个有实力的家伙。很多时候,可能王麻子找不到能让李四完全认可的阮大头。

但是,他至少可以找到自己认可的阮大头,让后者来为他分担一点风险,而他这样做,是不需要得到借款人李四的认可的。他甚至都不需要让李四知道。也就是说,他让老阮来给他提供再保险:10,000元的贷款,我王麻子承担第一笔2,000元的风险,你老阮承担后面的8,000元怎么样?如此等等。搞得很复杂。

这实际上就是CDS市场当时的情形:涉及太多的公司,太复杂的关系。到最后,谁也没法说明白,到底有多少CDS在市场上,这些CDS又是怎么样在不同的公司之间分配的。每个公司的可能风险到底有多大,他们之间是怎么对冲的。似乎没有人有积极性去搞懂这些最基本、最重要的问题。可能也没有人有办法搞得清楚。

而且,这些问题问来问去,一个最基本的点却被人忽视了:那些CDS保证的债券里面到底是一些什么东西?房贷债券的质量差别很大,风险也相差很大。

开始时,X将那笔钱拿去做房屋贷款,由于过去一直是保守经营,所以,在开始时,他拿500亿注入房市,实际上也真的没有多大的风险。但是,一旦他尝到了这种甜头,就想继续做下去,其他的竞争对手也看到这是个赚钱的好机会,也来了。

从表面看,他们做的是一样的事情,应该风险也是一样的,而且,那些为他们承担保险的公司,在计算风险时也是使用的一样的风险参数。

问题是,这里发生了质的变化,但却没有人意识到:一方面,房贷对

第二章

象的信用等级下降了;另一方面,由于保险公司之间的竞争,保险公司承担的风险加大,而保险金却在下降。更可怕的是,那些从事打包债券的经纪商还有办法,将那些质量很差的"垃圾次贷",打包为信用最好的AAA级债券,在市场上兜售。这实际上是在给卖出CDS的"保人"公司设套子,这是后话。

这些,都为后面的危机埋下了伏笔。

不透明的金融衍生品市场

信用违约掉期(CDS)市场的最大问题就是混乱,而且还缺乏最基本的政府监管。金融衍生品每一次大的发展,似乎都和混乱与缺乏监管连在一起。是因为东西太新、太复杂,导致政府部门的理解滞后?还是因为是新生事物,所以政府期望给予鼓励?这还值得人们进行深入的事后分析。

类似的不透明和混乱,在200年前就已经出现过,而且还造成过灾难。但是,类似的问题,在200年之后,还是被人忽视了。

在工业革命之前的19世纪,美国还是一个农业社会。由于农业社会的低效率,剩余产品很少,只能够维持简单的再生产。那时候,金融融资业务也很简单,只有普通的借贷业务。据统计,1800年时,美国95%的人口生活和工作在农场,整个当时的美国,也只有2800万美元在社会中流通。

交通不便,自给自足,比较封闭,是当时的情景。那时的人们,过得安安静静,也能够自得其乐。由于剩余产品不多,再加上交通不便,跨地区之间的贸易自然也非常有限。当时的农业,主要集中在中西部,现在,那里也还是美国农业的主体。

1845年,美国第一条伊利运河,以及中西部铁路网,相继建成。由于交通变得顺畅,外加生产力的提高引发的对于贸易需求的增加,使得中西部的农业州和东部工业及搞欧洲贸易的州之间，相互的贸易交换额大大提升。

在这一背景下，人们开始对农业特有的，像气候、病虫害所可能带来的不可控风险的预测，有了需求。在这一背景下，1848年，一系列期货交易所成立，玉米、棉花等远期合同开始出现，买卖双方通过柜台交易完成。

这一原始模式，既不方便，也加大了风险管理的难度，使监管变得十分困难。当时，没有人能够统计出交易总额，也没有办法知道总共有多少玉米被卖空。所有交易都是保密的，只有交易的双方知道单个交易的详情。

直到78年后的1926年，这种局面才得以改观。那时候开始，规定所有期货交易，必须经过中央清算公司登记结算，这样一来，统计每天和每个时期的交易情况，才成为可能。于是，混乱不透明的期货市场，才开始变得清晰透明起来。

所谓期货（Futures），一般指期货合约，就是由期货交易所统一制定的、规定在将来某一特定的时间和地点交割一定数量标的物的标准化合约。这个标的物，又叫基础资产。而期货合约所对应的现货，可以是某种商品，如铜或原油；也可以是某个金融工具，如外汇、债券；还可以是某个金融指标，如三个月同业拆借利率或股票指数。

期货合约的买方，如果将合约持有到期，那么他有义务买入期货合约对应的标的物；而期货合约的卖方，如果将合约持有到期，那么他有义务卖出期货合约对应的标的物。有些期货合约在到期时，不是进行实物交割而是结算差价。例如，股指期货到期，就是按照现货指数的某个平均，来对在手的期货合约进行最后结算。当然，期货合约的交易者，还可以选择在合约到期前进行反向买卖，来冲销这种义务。

广义的期货概念还包括了交易所交易的期权合约。大多数期货交易所同时上市期货与期权品种。

第二章

所谓柜台交易①(Over-the-Counter),最典型的就是纳斯达克证券市场。之所以叫做柜台交易,是因为它的交易方式不同于传统的证券交易所。在证交所,是由经纪人在交易场内,以竞价的方式为客户买卖股票,有点像是投标买卖的意思。但是,柜台的交易方式,则是经由庞大的计算机系统来进行的。投资人想要买卖柜台交易市场的股票,则是通过议价的方式,买者和卖者直接讨价还价达成价格和数量协议,然后利用计算机来完成交易的过程。

在1848年到1884年,期货贸易开始的前36年中,远期合同和后来的期货合同,由开始时的只能够在同一地点交易,发展到可以在几个不同的期货交易所进行。但是,却没有一个中央结算公司,来协助各个交易对象平仓多空头寸。

这里的多是看多、买入的意思。而空,则是看跌、卖出的意思。做多,是指买入建仓,准备赚取上涨差价。做空,是指卖出建仓,准备赚取下跌差价。多头,则是指那些对股票后市看好,先行买进股票,等股价涨至某个价位,再卖出股票赚取差价的人。而空头,则是指,那些认为股价已上涨到了最高点,很快便会下跌,或当股票已开始下跌时,认为还会继续下跌,趁高价时卖出的投资者。

而头寸(Position),也就是投资者账户中的存货量。在期货交易中,对于外汇合约的买卖,买进外汇合约者是多头,处于盼涨部位;卖出外汇合约为空头,处于盼跌部位。头寸也可指投资者拥有或借用的资金数量。

---

① Over-the-counter (OTC) trading is to trade financial instruments such as stocks, bonds, commodities or derivatives directly between two parties. It is contrasted with exchange trading, which occurs via facilities constructed for the purpose of trading (i. e. , exchanges), such as futures exchanges or stock exchanges.

CDS 市场的混乱

距离 1926 年已过去了八十多年。在人类已经进步到有如此高级的计算和通讯手段的今天,涉及全世界许多交易个体的 CDS 市场,却依然没有一个"中央清算公司",能够统计出各个时刻的交易情况。到底有多少交易在进行,到底有多少多头、多少空头,都成了不应该保守秘密的商业秘密。一直到 2008 年 9 月份雷曼兄弟倒闭时,人们还是不知道 CDS 市场的规模,到底有多大。

2008 年 11 月 7 日,次贷危机发生之后,人们发现,欧美立法机构对 CDS 市场的监管不力,应该是危机产生的重要根源之一。而这种监管不力,又是因为市场本身的不透明,同时也造成市场的没法透明。

屈服于社会舆论的压力,一直到 2008 年 11 月 4 日,庞大神秘的 CDS 市场才开始拉开一条小缝隙。负责 CDS 交易结算的美国托管信托和结算公司 DTCC[①] 公布,在全球交易的 CDS 市场规模为 33.6 万亿美元。所交易的参考债券,也就是"保人"所担保的债券对象,包括各国国债、企业债券、资产抵押债券等。

到 2009 年 5 月 15 日截止的那个星期,CDS 市场的名义价值总额为 15.2 万亿美元,对应于 200 万个交易合同。全部信用类产品的名义交易额为 28.3 万亿美元,对应于 220 万个合同。看来,不管从交易额来看,还是从合同数来看,CDS 市场都减小了很多。可能其中有不少已经被对消掉了。[②]

同时,它还公布了这些 CDS,在交易对手的类型、参考债券所属的行业和部门、分类打包成的债券包指数,和 1000 种左右的单一债券,不

---

① Depository Trust & Clearing Corp.
② 资料来源于 DTCC 的网站:www.dtcc.com/products/derivserv/data_table_i.php。

第二章

同的 CDS 的期限等,各类指标之间的分布。

这是 CDS 市场形成以来,第一次如此详细的数据公开。

CDS 就是一种"保险合约",人们在市场上交易 CDS,实际上就是在交易"担保人的身份"。交易的双方,很可能既不是贷款人,也不是借款人。保险,再保险,比例保险,上限下限保险,种类繁多,涉及的公司也众多,关系复杂。这时候,CDS 实际上已经成为一种专业的赌博工具了。规模如此大的一个赌场,居然没有政府的监管,也是一件很奇怪的事情。

在市场不透明的情形下,监管机构由于不知道细节,因而也没法搞清楚,哪些是应该限制的行为,风险到底有多大,投资者是不是知道自己的风险,投资公司是不是尽到了自己对于投资者的义务,等等问题。搞清楚这些问题,应该是监管部门的职责。但是,一直以来,监管部门对于如此之大的一个市场,居然没有插手的余地。

不少的理性投资者,都感觉到了其中的问题。早在 1998 年巴菲特用自己的公司股票,来购买通用再保险公司时[1],他就看到信用违约掉期这颗随时可能爆炸的定时炸弹的破坏力。他在取得公司的控制权之后,立刻开始清理公司的这部分业务内容,降低公司所面临的风险。那时候,巴菲特所购买的这家公司,是世界上最大的再保险公司,如果不是因为被巴菲特控制,其后很可能也会大量卷入对 CDS 的销售。这样一来,今天的金融危机可能就要严重很多。

巴菲特的理性,虽然让他在 CDS 最疯狂的那几年,少赚了不少钱,

---

[1] General Reinsurance Corporation,简称为 General Re,可译为"通用再保险",不过,它和通用汽车、通用电气没有任何关系。它是巴菲特的子公司,是巴菲特在无数的兼并中为数不多的用公司股票购买的一家再保险公司,是一家保险公司的保险公司,是世界上最大的一家再保险公司。在巴菲特兼并公司时,该公司的业绩正处于下滑期间,而且,账户上还有不少风险很高的保险项目,其后又在 2001 年发生的"9·11"事件中遭到重击。而且还因为其与美国国际的业务联系,在那次将美国国际的格林伯格搞下台的丑闻中,巴菲特的这家公司也牵涉其中。对于买下这家公司,不少人事后怀疑巴菲特的智慧和理性。

但同时,也让他的公司得以生存下来。如果他当初也像美国国际集团那样,放任自己的分公司捞钱,可能也有几年的黄金时期。如果他个人的奖金,是基于公司当年的赢利的话,他或许也会那么做。那样做的结果,巴菲特也可能和今天的美国国际一样,将自己送到破产的边缘。

在这里,巴菲特再一次表现出高度的睿智。和在科技泡沫时一样,那份他不应该赚的钱,他是坚决不去赚的。而且,他一直是拿十万元的固定薪水,没有什么业绩奖,所以,对他而言,也没有那么多的贪婪之心,去追寻短期的公司赢利成长。

CDS 交易关系的复杂性

如果一个贷款,对应一家银行、一个借款人外加一个保人,那么,保人就可以通过比较详细地了解借款人的信誉、财力、运营健康状况,来分析自己所面临的风险,从而能够比较合理地确定自己应该收取的保费。

问题是,债券是打过包的,特别是那些来自美国的房贷债券,是很多"同类型"债券的集合,这里就有个如何衡量和确定"同类型"的真实性的问题,还有一个衡量信用等级的合理性和真实性的问题。

再者,当 CDS 在市场上进行多次交易之后,关系很复杂,最后你都不知道自己到底是在为谁担保。更何况,里面还有没完没了的对冲。

正是由于这种复杂性,CDS 的杀伤力,还会在参照债券违约时,极大地放大了对债券违约亏损的责任。也就是说,你作为一个 100 万元贷款合同的担保人,最后你的责任可能还不止 100 万元!这是因为,由于交易对手双方都不必拥有参照债券,在购买保险时担保额又由双方任意确定,所以,不必也无法预先知道,到底已经有多少 CDS 以该债券作为参照,这样一来,保额可能就会远远超过该参考债券还没有付清的余额。至于这种关系是如何形成的,那还得对 CDS 市场的历史数据进行详细的分析,才能够搞清楚。CDS 造成的危机,倒是给不少经济与金融系科

第二章

的学子提供了一个很大的值得研究的领域。

直接担保时，100万的贷款，支付了10万，剩余的就是90万的余额，非常清楚。如果你是保人，你就会知道，自己的担保责任已经下降了，只有90万的余额。但在这里，却不是那么一回事，相当混乱。

雷曼公司倒闭时，被用于保护雷曼公司债券的相关CDS背后的索赔价值，一度高达4,000亿美元。也就是说，如果把重复计算包括在内，那么，由于雷曼的破产，那些卖出CDS的卖家，就得给那些买了CDS的买家赔偿高达4,000亿美元[1]的损失。在对消之后，净赔偿价值降到72亿美元的水平。[2]

最后，雷曼公司的债券，每1美元的面值，经过拍卖之后，以9.75美分的价格完成交易。购买CDS的投资者，从那些卖出CDS的"保人"手上，获得了每1美元债券90.75美分的差额补偿。以72亿美元的总价值来计算，$72 \times 90.75\% = 65.34$（亿美元），这就是那些卖出CDS的公司所需要付出的赔偿额。他们的亏损就是这个65.34亿美元减去已经获得的卖出CDS的收入。

雷曼公司在宣布申请破产保护前夕，公司1,300亿美元的债券，每1美元面值的价格是80美分。说明市场当时还是有一点担心，但担心的程度不是很厉害。但是，在宣布申请破产保护之后，价格立刻就下降到了8.5美分。

不少的债券投资者遭受到巨大的投资损失。估计这里面有很多债券的投资者，并没有购买信用违约掉期来保护自己的债券投资。72亿美元和这个1,300亿美元有着太大的差别。人们不花钱购买雷曼债券的CDS，原因应该是出于对雷曼这家百年老店的信任。而购买了CDS的，还可能有不少并没有拥有公司的债券，他们只是觉得公司的财务有

---

[1] 如果扣掉能够从雷曼资产拍卖中获得的部分之后的差额，雷曼破产留下的资产价值应该很小。

[2] Aline van Duyn and Nicole Bullock,"Bad News on Lehman CDS",October 11,2008.

问题,在赌公司债券的可能大幅度贬值。

第三节　CDS 市场的指数基金

应该说,CDS 的存在,是社会分工合作的需要。保险公司为提供借贷的金融公司(或者债券的投资者)提供贷款的安全性保险,而保险公司则有可能通过自己的专业监护,来将风险限制在一个适当的范围。这比让每个提供贷款的金融机构单独来做这份工作,显然更有效率一些。作为一个投资者,如果你想在 CDS 市场赚上一笔,那你应该怎么来投资呢?

在这里,我将分析和说明的范围放大一些,来看看世界金融市场上 CDS 那一部分的情况。从中你能够看到,次贷危机爆发之后,受到影响的不仅是次贷债券相关的 CDO 所对应的 CDS 的价格。危机还影响到许多国家的国债的 CDS。

CDS 指数基金的形成

从 DTCC 所发表的数据来看,人们所"投保"(参照)的债券,公司债和国债的规模基本持平。如果按照交易票面的总额来划分,有 15.4 万亿美元的 CDS,是被用来"保险"单一的各国债券和企业债券,或者叫做资产抵押债券。另外还有 14.8 万亿美元的 CDS,则被用来交易各类 CDS 指数,或者是将指数按照风险等级不同来分成的各种标准组块(standard index tranche)。[①]

这些标准组块,有点像是 CDS 市场上的指数基金,以它为交易对象的交易规模比较大。这些交易大部分(近 80%)是在华尔街的各大投资

[①] 信用违约指数(Credit Default Index)的规模,在 2009 年 5 月 15 日为止的那个星期,为 9.2 亿美元,对应于 13.3 万个合同。而所有标准组块(All Indices and Index Tranches)的规模(Gross)为 13.1 万亿美元,对消之后为 1.16 万亿美元,对应于 21,253 个合同。

第二章

银行之间进行的。

就像股市里个体股票与指数基金(Index)是不同的一样，在华尔街，人们还将那些交易单一债券CDS的小组，和那些交易指数及标准组块的小组，分开来运作。前者被称为信贷流动交易(柜台)小组(Credit Flow Desk)，而后者，则被称为信贷混合交易(柜台)小组(Credit Hybrids Desk)。

与股市中的指数基金不同，在那里，被选入指数的公司，是在所衡量的"指标"中有代表性的公司。像道琼斯指数，也就是道琼斯工业平均指数，它所反映的是美国股票市场的总体走势，涵盖金融、科技、娱乐、零售等多个行业。它由《华尔街日报》编辑部维护，其成分股的选择标准，是那些在美国经济中规模较大、声誉卓著，具有行业代表性的公司。目前，道琼斯工业平均指数中的30种成分股是美国蓝筹股的代表。

而CDS的指数分类则不同，它不是根据公司的规模和产品的影响性来决定的，而是根据债券所对应公司的信用级别来分组合并的。这有点像我们在学校里，按照学习成绩来分班。按照这个标准，次贷危机爆发前的美国国际的债券，和今天的美国国际公司的债券，所在的"班级"肯定就不一样了。而且，美国的几大汽车制造公司，由于其公司的财务状况一直不佳，所以，它所对应的公司债券的CDS，也只能够归在那些慢班里面，和那些不怎么爱学习，或者"比较笨"的孩子，在一起。

也有的是直接根据地区来组合的。这些指数主要由两个公司来经营，由此产生了两个不同的大类：CDX 和 iTraxx。

从理论上来看，对于以房贷债券为参照债券的CDS，由于美国每个人都有信用等级分数，再加上一些适当的地区性和其他的调整，每一笔房贷的归档信用指标应该不是太难确定的。以他们为基础来分类，理论上也不是不能够做到。

最简单的情形，那些信用分数为720—799的，可以归于"安全"的一档。那些650—719的，可以作为"比较安全"的一档。而800以上的，则可以作为"最安全"的一档，那里的利息收入也最低。

从资料来看，CDS市场的组织者似乎不太愿意花时间去做这种分类工作，他们用了更简单"可行"的办法，实际上是搞了很多"混合班"，但最后都成了快班。在你无法测量学生成绩时，这种做法能够带来很好的"业绩"。

CDS指数基金的种类

总共大约有十多种CDS指数，就相当于将很多人，分成了十多个班级。每种指数每半年更新一次，相当于每半年根据学生的成绩调整一次。违约的CDS成员将被剔除出指数，换入交易更为活跃的新成员。在这里，一个贷款违约，相当于一个学生已经死亡，他当然就没有必要再在教室里占一个座位了，所以，它对应的CDS就被单独处理。

表2—1 欧洲iTraxx指数

类别	指数名称	实体数	说明（Description）
基准指数（Benchmark Indices）	iTraxx Europe	125	调整前6个月最活跃的（Most actively traded names in the six months prior to the index roll）
	iTraxx Europe HiVol	30	iTraxx欧洲指数中风险最高的部分（Highest spread (riskiest) names from iTraxx Europe index）
	iTraxx Europe Crossover	50	信用等级在BB[+]及以下的部分（Sub-investment grade names）

第二章

类别	指数名称	实体数	说明(Description)
部门指数 (Sector Indices)	iTraxx Non-Financials	100	非金融部分(Non-financial names)
	iTraxx Financials Senior	25	信用级别比较高的金融部分(Senior subordination financial names)
	iTraxx Financials Sub	25	信用级别比较低的金融部分(Junior subordination financial names)
	iTraxx TMT	20	电信、媒体和科技(Telecommunications, media and technology)
	iTraxx Industrials	20	工业(Industrial names)
	iTraxx Energy	20	能源(Energy industry names)
	iTraxx Consumers	30	消费品制造商(Manufacturers of consumer products)
	iTraxx Autos	10	汽车工业(Automobile industry names)

例如,在次贷危机之前,雷曼公司是一个信誉不错,交易也很活跃的CDS所保债券的对应公司。该公司的债券所对应的CDS,就被归在某一个"快班"里,成为聪明孩子的一员。而当他要破产时,自然就被赶出了快班。而备选名单中相对而言最活跃的、信用同等级的公司债券所对应的CDS就会成为快班新的成员。

在这十来个指数中,最活跃的指数有:北美优质评级企业债券(CDX IG)、北美劣质评级企业债券(CDX HY)、欧洲企业债券(ITRAXX Europe)、北美资产抵押债券(ABX)、房贷抵押债券(CMBX)、企业贷款债券(LCDX)、金融业债券(FINANCIALS),还有日本债券和亚洲剔除日本外的企业债券等。

在处理亚洲的金融和经济指标时,人们经常将"日本"和"亚洲除日本以外的其他国家"区别对待。联系到CDS指数也是一样,因为日本和其他亚洲国家的经济发展水平不同、经济规模不同。其他比较发达的亚洲国家和地区之间,又因为规模相仿,而没有区别对待的必要。

在你读DTCC的数据时,注意有些交易是重复计算的。

如果不抵消重复交易,土耳其以1,886亿美元的CDS票面总额,占据最高的地位。但是,如果抵消掉重复交易之后,净额只有76亿美元。

如果冲销掉那些重复的交易,那么,在各国国债的CDS交易中,意大利国债的CDS的交易净额最高,为227亿美元,有3,253项交易。

其次是西班牙国债的CDS,它的交易余额为166亿美元,1,900项交易。

排在第三的,是巴西的122亿美元和超过1万项的交易数。

其后的,分别为德国的114亿美元,俄罗斯的83亿美元,希腊的82亿美元,和土耳其的76亿美元。

在几个大国中,英国的CDS的交易净额为29亿美元,有381项交易。美国的国债则为16亿美元和129项交易。中国排在其后,为19亿美元和1,667项交易。日本的为18亿美元和293项交易。相比而言,市场对于中国国债的交易比较频繁,似乎对中国国债的信任程度不是很高,至少和美国及英国相比是这样。

次贷与债券CDS价格的变化

下面,我们再来看看,当次贷危机爆发之后,市场是如何反应的,也就是说,那些CDS的价格是如何反应市场对于风险的担忧的。

先来看看两个发达的国家,意大利和西班牙的情形。

在雷曼兄弟公司在2008年9月15日正式宣布破产保护之后,人们对于次贷危机可能造成的,对国际宏观经济的影响很担心。这种担心也反应在国债的CDS市场上。

第二章

一个月后的10月24日,是一个让市场难以平静的日子,意大利10年期国债的CDS价格,在那一天达到138个基点(1.38%),意味着担保1000万美元10年期的年保费是13.8万美元,达到最高点。其后下跌,在11月5日时,收盘价是108个基点,但也是同一年8月保费的两倍。

如果你认为市场上对意大利国债安全的忧虑是多余的,如果你对意大利政府有信心,那么,你就可以在10月24日这个"美好"的日子,以138基点的价格卖出该国国债的CDS。你可以等到该国国债到期,如果没有违约,你收了钱不用干任何事情。你也可以等到CDS的价格下跌之后,再买回来,完成你的一个交易回合,赚取差价。

西班牙的情形类似。次贷危机对于西班牙房地产市场的影响,在2007年底时已经表现出来,这从西班牙马德里股指可以看出来。房市低迷,西班牙经济也在15年中,第一次陷入危机。伴随而来的信贷市场的冻结,导致各大金融机构的股价大幅下跌,由此拖累了整个股市的走向。西班牙35种股票指数(IBEX35,相当于西班牙的道琼斯指数),从2007年10月份的15,800点左右,下降到2008年10月份的7,800点。西班牙国债CDS的保费,在2008年10月24日达到112个基点的最高纪录,与9月初的47个基点相比,上升幅度很大。其后,一度恐慌的情绪有所控制,在11月5日时,收盘价格回落到80个基点。

如果你在市场恐慌时,还对西班牙政府有信心的话,以112个基点的价格卖出西班牙国债的CDS,再在其后,以80个基点的价格买回,你的获利空间就是40个基点的差价。具体的投资回报率,得根据你的本金、持有时间的长短,和你贷款的利息来综合计算。想想看,如果你只需要10,000元的押金,就可以卖出1,000万元债券的CDS,获得11.2万元的"保费",那么,在你以8万元买回那笔CDS时,你获得的利润是11.2-8=3.2(万元)。于是,你的利润率就是320%!

图 2—2　西班牙股指 IBEX 35

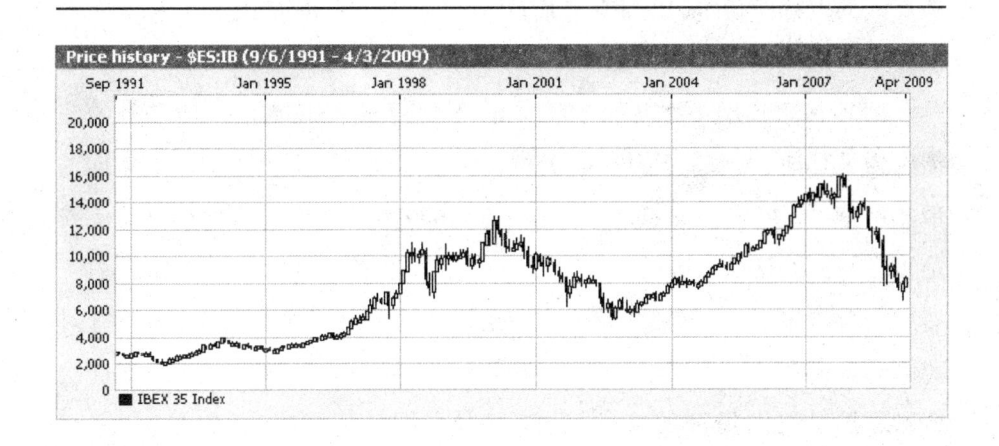

（图片来源：MSN.COM）

在恐慌时，人类是没有多少理性的，这时候就是机会，当然也是挑战。

在 2008 年晚些时候，由于受次贷危机的影响，很多国家国债的 CDS 价格大幅上升。在所有的国债中，CDS 保费最高的国家是冰岛，它也因此成为一个变相"破产"了的国家。

冰岛（Iceland）这片"冰冻的陆地"，游离于北欧大陆之外，绿草茵茵、地热丰富、渔业发达，美丽富饶。它被称为"世界上最幸福的国家"，其高福利、高待遇和高税收，让人民的贫富差异不大。在那里，犯罪率几乎为零。由于环境的无污染和社会竞争力相对较小，冰岛妇女成为世界上最长寿的妇女，平均年龄为 80 岁。

冰岛的危机，起始于银行，其后转嫁到所有的经济领域。一些获得了抵押贷款的冰岛人，其后面临着双重的经济打击：房地产价格的不断下跌让他们的资产大幅缩水；更可怕的是，很多抵押贷款是以外币的形式获得的，而在危机发生之前，冰岛的汇率一直在上升，这意味着，即使房价不

第二章

涨，他们也能够凭借有利的汇率赚到不少钱。而在危机发生之后，随着冰岛克朗的大幅贬值，房屋拥有者们必须归还由于汇率变化而一下子变得极其昂贵的欧元或者美元贷款。

CDS 保费仅次于冰岛的是阿根廷、巴基斯坦和乌克兰。最安全的国债则为马耳他、加拿大、德国、美国、英国、日本、法国、芬兰。中国 5 年期国债的保费是 140 个基点（1.4%），意味着 1000 万美元中国国债每年的保费是 14 万美元，这是美国国债 CDS 保费的 4 倍左右。

由此看来，当时在国际市场上，投资者对中国国债的信心，远没有对美国的来得高。这无疑增加了中国在国际市场上的融资成本。即使这次金融危机对美国经济的打击，远高于对中国经济的损伤，但是，就透过 CDS 所表示出的投资者的信心，对中国还是不如对美国。这提示中国还要走很多路，才能在国际大家庭中建立自己的信誉。而信誉就是金钱，已经成为不争的事实。

第四节 CDS 价格与股票价格

在前面的例子中，我以房贷为例来说明 CDS 的机理。但是，从理论上看，任何有风险的债券，都可以产生出对应的 CDS。更广义地说，任何拥有定期支付现金流的"东西"，都可以产生出一个对应的 CDS，来"保证"那个现金流能够按约定完成。在这节里，我们来看看企业债券 CDS 的变化规律。

企业债券的 CDS

在次贷危机最危急的 2008 年第四季度，在参照物为企业债券的 CDS 中，德国最大的银行德意志银行（Deutsche Bank）的 CDS 交易余额最高，达到 124 亿美元。投资者对德意志银行在股市和信贷市场的资本实力的担忧越来越大。德国这家最大的银行机构在达克斯的股票一天就滑落到25.53欧元,跌幅8.8%。在2007年5月时,公司的股价一度达到160美元一股,而在2009年2月时,则跌到21美元附近。

随着该银行债券CDS的价格大幅上升,借贷成本也随之越来越高,越来越多的投资者不愿意承担该银行的可能破产风险。在法国的巴黎银行在投资方面的惨重损失曝光之后,人们开始担心,高度依赖于资本市场的德意志银行是否能挺得过去。摩根大通的分析师预计,在2009年第四季度德意志银行的损失将高达23亿欧元。

CDS交易余额位居第二的,是美国的GE(通用电气)。它有121亿美元的CDS交易余额。GE是一个分散经营做得很好的美国公司,在美国经济和社会的各个角落,你都能够看到GE的影子。和美国国际的情形类似,一个如此优良的公司,却被自己手下一个小的金融分公司,折腾得半死不活。股价也从52周的最高37.9美元一股,跌到最低时的每股5.73美元一股,写作本书时的2009年4月3日,其股价是10.94美元。

图2—3 德意志银行(DB)股价走势图

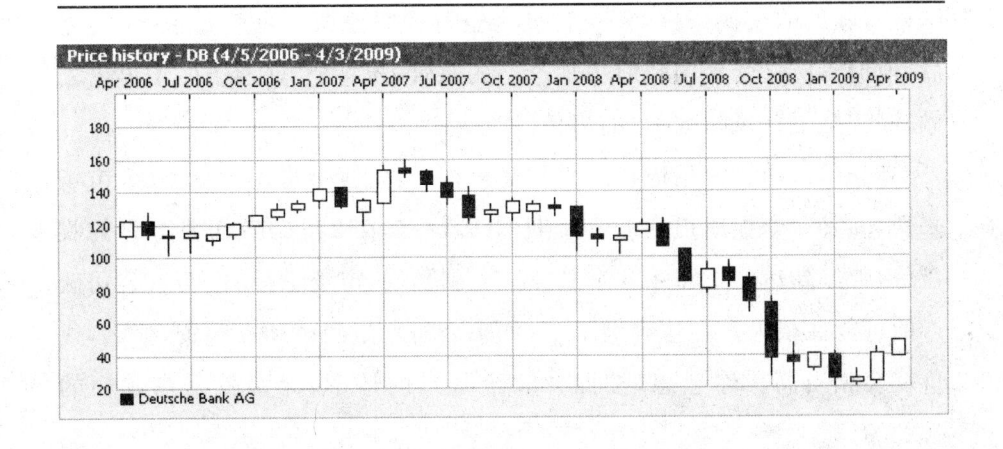

(图片来源:MSN.COM)

第二章

排在德意志银行和GE后面的,则几乎全部是华尔街的金融机构。他们分别是:摩根斯坦利(83亿美元)、美林(82亿美元)、高盛(69亿美元)、全美金融公司(67亿美元)、花旗(60亿美元)、瑞士银行(60亿美元)、瑞信集团(58亿美元)、巴克莱银行(55亿美元)、摩根大通(54亿美元)、伯克希尔·哈撒韦(51亿美元)。所有这些公司都因为CDS而受到创伤。

这最后一家是巴菲特的公司,不过,区区51亿美元,似乎对巴菲特的庞大基金没有太大的影响。不过,由于质量和交易关系的复杂性程度不同,仅仅看数据似乎还不能够全面说明问题的严重性。

有评论说,即使不看CDS价格的变化情况,就这些CDS交易余额的排序,也能够大致看出,投资者(CDS市场)对这些金融机构债券违约的担忧。

就在雷曼兄弟申请破产保护(2008年10月)之前,美林集团被美国银行收购,说明美林已经意识到自己的危险,已经无力自救了。接下来,高盛和摩根斯坦利,这两家美国的老大和老二的投资银行,作为接受美国政府救助的交换条件,宣布转型为银行控股公司。也就是说,从此之后,他们答应接受美国政府更加严格的监管,当一个"好孩子",不再出去做一些"捣蛋"(风险太大)的事情。

同时,这两家公司还在内部精简机构,力争渡过难关。从CDS市场来看,高盛和摩根斯坦利的5年期CDS价格,在2008年11月5日的收盘价,曾经高达311和423个基点。也就是说,市场觉得,这两家公司破产的可能性很大。在这种情形下,如果公司期望到市场去融资,那么,代价就会相当高。你想想,按照423个基点的情形,保费就是借款额的4.23%。

在CDS价格如此之高时,估计是没有多少人敢借钱给你的。即使有人借钱给你,不仅借给你钱的人要求的利息会很高,而且可能还没有什么人敢为你的借款提供安全保障。这时候,你就是一个标准的"高危病人"。

2008年11月4日,DTCC[①]公开了交易数据,迈出了CDS市场透明化的第一步。其后,欧洲央行(ECB:The European Central Bank)也与监管机构、参与交易的银行和投资机构,专门讨论了如何能够在欧洲CDS市场增加透明度的问题。美国证监会也在CDS市场的监管方面,加强了工作的力度。

CDS价格与公司的股价

你向人家借钱,人家要你拿出抵押。如果没有抵押,人家要你找一个担保人,这相当于间接抵押。担保人必然是借贷人相信有足够的财力,来承担债务安全的人和机构。这原本是天经地义的事情,相当简单明了。可是,一到了华尔街,事情就变得很复杂,那帮人就是那么聪明,他们能够让每一个金融产品发挥它能够发挥的极致作用。

这个简单的保人身份,也被华尔街用来操作对应公司的股票价格,或者对应国家的汇率,并且通过合法的阻击,来从中获得利益。在他们眼里,对于公司而言,除了正常的卖空和股权交易之外,CDS也能够成为一种打压股价的曲径通幽的办法。

为什么一个简单的违约保险,却可以用来打压一个公司的股价呢?

如果你仔细想想,这也不无道理。借款给你的机构,为什么需要一个"保人",一个"贷款安全保证",不就是因为担心你的公司会出问题吗?而你公司将出现什么样的问题,才会让借款给你的机构承担风险呢,不就是你的破产或者经营出现麻烦吗?

那么,公司股价为什么会下跌?是不是投资者担心,你公司的赢利

[①] The Depository Trust & Clearing Corporation.

第二章

不佳,会出现经营上的问题?如果你公司破产的可能性增加,那么,你需要花费的保人"费用"是不是就变高了?那样,你的CDS的价格(保费)就会升高,对应而言,你公司的股价就应该下降。

由于只有机构投资者才有权利参与对CDS的投资和交易,于是,很多机构投资者就利用这种垄断性和相关性,来买卖CDS,并且从中获利。

还有,虽然CDS本身的规模、相互关系等方面的信息不是很透明,但是,CDS的价格信息却是透明的,这方便了机构投资者在OTC柜台上的交易。这次金融危机中能够赚大钱的几个投资大鳄,不少就是通过在柜台上交易CDS而获得巨额利润的。

一般来说,债券市场对于一个公司的财务健康状况是很敏感的,成堆的人时时刻刻在注意着那些他们盯着的目标。一旦有了某个公司财务健康状况方面的负面消息,往往首先是在CDS市场有反应,其后才在公司的股价上体现出来。

有经验的人不难发现,当一个公司有重大的财务健康状况变动之前,该公司的债务所对应的CDS的价格,就开始在CDS市场体现出来了。CDS就是一个公司财务健康状况的温度计。如果大家都去买一个公司债券的CDS,由于需求强于供给,就会把该公司债券CDS的价格抬高,于是,也就说明了,大家对这个公司不是很放心。其后,这个在CDS价格上所体现的信息,就会很快传递到股市中公司的股价上。统计分析发现,这两者之间的关系,很明显,也很准确,所以,CDS市场对股市的影响非常大。

反过来也是一个道理。在2007年当美国国际的股价在每股60美元的高位时,市场感觉到的是:美国国际这家公司的财务状况很健康。这时候,即使公司的财务状况已经开始恶化,如果市场没有感觉到,公司的股价没有因此而受到负面的影响,那么,公司债券的CDS价格也不会受到太大的影响。

当美国国际还是一个财务状况良好的 AAA 级公司时,该公司债券的 CDS 价格,一般只有很低的 20—40 个基点,比中国的国债还安全很多。当公司的财务问题出现之后,公司的股价从 60 美元跌到 10 美元时,伴随的 CDS 价格也必然会上升。如果你在 20 个基点时买进,在 100 个基点上卖出,你的获利就是 4 倍,那么 10,000 元的投资,就值 50,000 元了。当然,如果你发现这个 CDS 与股价的反向变化特性,但变化不是同比例时,你或许还可以搞对冲。

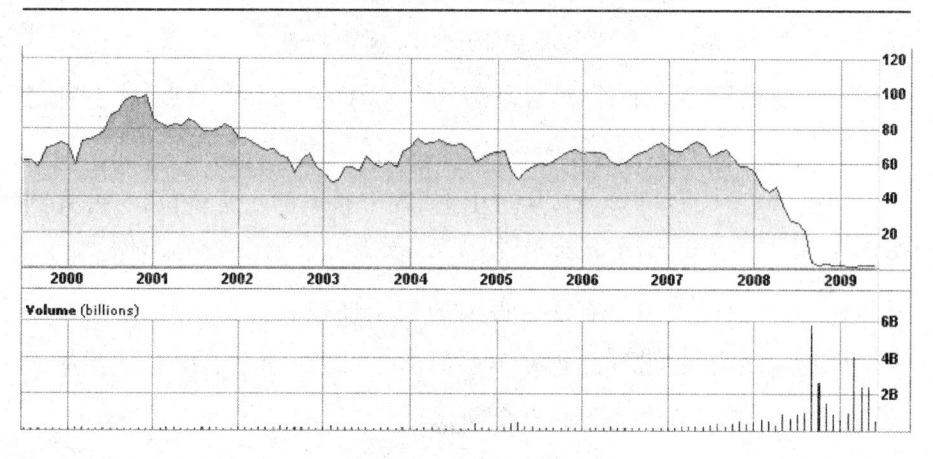

图 2—4 美国国际集团最近十年的股价变化图

(2009 年 4 月 3 日的股价为 1.12 美元,市值 30 亿美元。)
(资料来源:纽约证交所)

美国的对冲基金投资者约翰·鲍尔森,就是在发现房地产贷款经纪人的贷款行为不太"正常"之后,觉得那种不顾后果只管贷出款项的做法,必将给提供贷款的银行带来很大的风险。他为此而赌房贷相关的

第二章

CDS 的价格必涨。结果,在 2007 年一年的时间里,在大家都亏钱亏得欲哭无泪的时候,他的投资还获得了 600% 的回报,个人净赚 37 亿美元。①

从统计分析来看,在 2008 年时,股市下跌,而 CDS 市场的指数均出现大幅上涨。从总体看,在 3 月份时,CDS 的价格达到了历史的最高水平,股价也到了低点。其后,在 4—5 月份,当美联储开始救市时,回落了一点,但是,很快又重新往上走。这说明,投资者对美联储的救市行动不是很有信心。

以获得破产保护的雷曼兄弟为例。在 2008 年 6 月时,它的 CDS 的指数价格是 240 点左右,而在 7 月份时,则上升到 400 个基点,最高时曾经达到 450 个基点。当雷曼肯定破产时,这个指数到了什么价格,我不知道。按照最后的结果看,只有高达 92% 以上(9,200 个基点)才能打平风险。

美国"两房"的情形类似,从历史上 35 个基点的正常价位,一度升到 77 个基点。之所以没有再升,是因为美国政府出面,来当他们的保人。自然,没有人会对美国政府这个保人的安全性担心。实际上,里面也还有不少的风险,我将另行分析。不然的话,中国领导人也没有必要那么担心,中国资产投资在美国的安全问题。

和股市中股票的价格走向一样,投资者看重的是公司未来的财务健康状况。即使是一家 AAA 级的优良公司,如果市场预期它的信誉等级即将调低,那么,它的 CDS 价格就会上涨。我们从股市中也经常能够看

---

① 关于鲍尔森的故事,在第四章中有专门的分析。这个 37 亿美元是在 2007 年一年赚得的,参阅:John Paulson made a fortune betting against mortgages. Now he spies opportunities in the wreckage,Economist.com,Mar 12th 2009。而 27 亿美元的记录,则不是一年的完整记录,参阅:Anthony Effinger,Paulson Housing Bets Make ＄2.7 Billion,Beat Citadel,Bloomberg.Com,November 29,2007。

到这种情形：公司没有任何消息，但股价一开门就跌了不少。再细看，你会发现，公司的信誉级别被调低了，或者市场估计很快就会被调低。

由于不是公开的信息，只有那些参与 CDS 交易的人员，才有可能获知各个指数的价格变化。这和公司股价不一样，现在你几乎可以很容易找到任何一家上市公司的股价，不同的是，有可能有些时候你得到的是 15 分钟的延后价格。但那已经是很及时的了。

CDS 价格的变化，作为一个公司财务健康的重要指标，对于一般的个体投资者，可能没有太大的意义，然而，它对于中国这个国家的很多机构投资者，却是不应该忽视的重要参数。而且，CDS 价格，还是影响国家外汇牌价的一个重要指标。CDS 本身也是不少人用来对冲外汇风险时，经常使用的手段之一。

我注意到，中国国债的 CDS 价格很高，说明国际市场对于中国国债的安全性不是特别放心。这意味着，中国国债的风险被高估了，在这种情形，中国自己的企业，完全可以在自己国家的国债"保人"身份上投资获利。你甚至可以对冲：卖出中国国债的 CDS，再来买进类似的美国国债的 CDS。由于这两者之间的差价较大，如果你持有到期，同时相信两者都不会违约，那么，那个差价就是你的利润。

不过，详细的分析比这要复杂很多，里面还涉及汇率变化、短期国际形势变化带来的 CDS 价格的波动所导致的保证金的变化，等等。

第五节　CDS 市场的交易

上面我们已经说过，CDS 只是一种"保险"合同，在市场交易时，又没有解约一说。每转手买卖一次，都需要重新计算，这就产生了重复计算的问题。如果抵消这种重复计算，估计 CDS 市场也在万亿美元之上。

根据估算，整个 CDS 的市场规模一度有 62 万亿美元。截至 2009

第二章

年5月5日,根据DTCC的数字,这个规模是28万亿美元的样子。不过,实际的资金量可能并没有那么大,因为,这个数字包含了多重计算。

CDS市场的混乱和投资者的贪婪,是制造这次金融危机的最重要推手之一。没有CDS市场的疯狂,就不可能有CDO市场的轻浮,美国的房市也不可能那么狂热。

一个全世界范围万亿美元规模的CDS市场,最后逼得美国政府斥巨资来救市。这也不能不说是美国人创造的一个奇迹。根据有关的统计数据,从2008年11月到2009年3月底,美国政府用于经济救助的资金总额,已经累计上涨73%,由之前的7.4万亿美元上升至了12.8万亿美元。这12.8万亿美元相当于每个美国纳税人为经济危机付出了约42,105美元,这一数字也是美国8,998亿美元市场流动资金的14倍。值得注意的是,2008年美国GDP总值只有14.2万亿美元,两者非常接近。此外,美国政府已经承诺向联邦储蓄保险公司(FDIC)提供总额为5,000亿美元的信贷额度。①

CDS 市场的谋利手段

CDS的合约是每季度结算一次,合约期限一般是5年。有人就此作出估算:每个季度交易的CDS合约规模至少是500亿美元,由于每人既买又卖,扣除这个因素的话,估计每次CDS换手的现金量至少有50亿美元。

CDS市场如此之大,CDS的价格变动又对相应公司的股价有很大的影响,而且,交易CDS还不需要很多的账上资金,那么,是不是可以利用这三个特点,来谋利呢?

从理论上看是可以的。例如,当你听到一点点风声,就将一家公司

---

① 资料来源:美政府救市规模接近美国2008年GDP总值,2009年3月31日,腾讯财经。

(例如,房利美)的股票大量卖空,即从市场上借来大量的房利美的股票卖掉。然后,你同时在CDS市场上买入房利美公司债券的CDS。需求增加,供给固定,价格就会上涨。CDS的价格一涨,股市的投资者就会用心来解读这个信息的意思:投资者对房利美的财务未来不看好,不少人就会很"理性"地卖出公司的股票,卖出压力就会导致公司的股价下跌。这时候,你就可以在市场上以压低了的价格来买进房利美的股票,还给那些借给你股票的股东,你赚取其中的差价。

从理论上看,这似乎是一个可行的方案。但是,在实际的市场操作中不是太常见,有人认为,这主要是因为人们担心"坏信用"的问题对公司长期经营的不良影响。

在我看来,事情远不止这么简单。

首先,你想"凭空"撼动一家公司的CDS价格,你需要买进大量的该公司债券的CDS,这需要很大的实力,不是一般人能够做到的。

其次,即使你做到了,那也是很短期的股价变化。你在股价下跌以后平仓,那么,股价也会在你的需求推动之下上升。这又会给CDS市场一个反信号:公司的财务状况在投资者眼中在向"看好"的方向变化。于是,该公司债券对应的CDS价格就会下降,那么,你手中的大量CDS价格也会下降,你的这部分投资可能会亏损。结果可能还是得不偿失。

其三,操纵股价一直就是一个非法的事情,如果你被逮住,那可就不是一个"坏信誉"的问题,而是一个犯法的问题。

这也是为什么,在CDS市场上,那些操盘者,多数只专注于CDS市场,而不是在CDS市场和股票市场来回操作,虽然他们很关注两者的变化所释放出的信息。正常情形是,很多搞CDS投资的人,都是在做对冲套利,在力争赚一些比较稳妥的"小利",积少成多。这种套利策略,在2003—2006年是很流行的。问题是,即使是"稳妥"的对冲,如果市场环境发生大的变化,原来"安全"的投资策略也可能变得很不安全,甚至

第二章

致命。

在这方面,我自己就有很多教训。我的很多亏损,就是在"安全"的对冲中实现的,虽然那不是在 CDS 市场,但原理和策略是一模一样的。

举个例子,在微软公司的股价下跌不少之后,华尔街认为已经是很低位,不太可能再跌多少了。从 40 美元一股,到 25 美元。这时候,如果我卖出一个 22.5 美元的股票购买权(PUT),再买进一个 20 美元的股票购买权对冲,这两者之间有一个正的价差。如果股价在到期时停止在 22.5 美元之上,那么这两个 PUT 之间的价差就是我的利润。如果掉到 22.5 美元之下,我可能就会亏钱。如果掉到 16 美元,而我又大量卖出了这种对冲,那我就麻烦大了。问题实际上就在这个"大量"上。

我十多年的投资经验告诉我,不论是在实业还是金融,在战战兢兢时的很多投资,反倒是结果不错。而在自己信心满满,觉得很安全的投资,很多时候,却是铩羽而归。这也印证了那句老话的价值:在别人恐惧时贪婪,在别人贪婪时恐惧。

不过,你还得加一句:在你自己也和别人一样恐惧时,鼓起勇气,贪婪一点。而在你和别人一样得意洋洋的时候,最好"谦虚"一点,胆小一些。那时候,到处都是鲜花,同时也可能到处都是陷阱。[①]

对人的认识也是一样,如果你觉得一个人太能够获得你的信任时,可能也会有问题。太完美的事情,往往就会有问题。如果你在找对象,这点就更重要了。完美的,通常很可能是假的。外在的完美,也只是给外人看的。

还有人举例说,这次贝尔斯登的倒闭,就是因为"职业道德"不佳的原因。CDS 怎么交易,只有跟你交易的人是知道的,别人都是不知道的,但是如果你总让交易对手吃亏的话,可能就会影响到以后的信誉,这

[①] 参阅我的《价值投资:股市投资制胜之道》(崇文书局,2009 年 1 月版)。

就是贝尔斯登为什么会倒闭的原因,实际上贝尔斯登当时也不是说非要倒闭不可,只是到最后所有的人都不帮它了,它才走投无路。而这,才是贝尔斯登倒闭的最重要的原因。从1998年长期资本管理公司破产到现在的每次风波,贝尔斯登基本上都会借别人的危机去渔利,也会去欺骗交易对手。它的做法从法律角度是合法的,但没有道义。业界对贝尔斯登的印象就是这样,所以到最后没有人给它提供流动性,它就倒闭了。对于这种解释的真实性和合理性,我有点怀疑。人们不救,更可能的原因是,救它从财务的角度不划算,或者说,可能的风险太大,不值得去冒险,特别是当你正处于风头上时,还是采取守势为好。

CDS 市场的退出

在金融危机发生以后,特别是在雷曼倒闭以后,数家结算机构对重复的CDS交易进行解套(unwinding)、对销,简化了交易各方的关系,并且也使CDS市场的规模大幅度减小。

所谓交易解套,就相当于保险中的退保,解除保险合同的意思。解套有两种类型:主动解套和被动解套。

主动解套,就是交易双方主动地解除双方的保险合同。这之间可能会有解约罚金。在贝尔斯登事件后雷曼倒闭危机之前的几天,主动解套达到了巅峰。很多以前的这两家公司的交易对手,都主动要求和他们解除合同。这些公司可能得为此支付罚金,但他们乐意,为的就是避免更大的可能风险和损失。这叫做"两害相权,取其轻"。

还有的交易者,通过和第三者谈判,将原本与这两家公司签订的合同,转给同意接收的第三家公司,为此,他们可能也得支付一定的费用。这些转手在很多时候,也只是交易对手变了,而所涉及的条件和保费保期等可能没有什么变化。转手的原因,也只是为了避免和那两家公司继续发生关系。这叫做"缠不起,走得起"。

第二章

在摩根大通收购贝尔斯登之后,前者自然就得履行后者所有牵涉到的 CDS 交易合同了,该担保的还得继续担保。收购增加了贝尔斯登公司的财务实力,对于该公司债券的安全性无疑有正面的影响,相当于是有了一个大靠山。在该消息公开之后,贝尔斯登的 CDS 价格就应该下跌。那些赌该公司破产的投资者,如果不及时卖出哪怕是已经升值的该公司 CDS 的话,也可能会落得一个亏损的结果。所以,时效性很重要。

雷曼破产后,各大机构又开始主动解套与摩根斯坦利的交易,因为他们担心这家公司也会步雷曼的后尘,因得不到政府的救助而破产。不过,这些投资者算错了,因为摩根斯坦利没有破产,他们为了早点摆脱与它的关系而支付的罚金也算是白付了。而且,那时候的 CDS 价格还应该是很高,相当于是在高位买进。

被动解套,则对应于保险中的保险赔偿发生。例如,以 CDS 作为债券保险的债券本身,因破产原因发生时,那个债券也就相当于一个购买人寿保险的人已经死亡,那么,卖给该人保险的公司,就得按照保险的投保额来支付保险了。人家买了 100 万的人寿保险,即使第二天因为飞机失事死亡,哪怕是只支付了第一个月的保费几百元,保险公司也得按照 100 万元来支付保险。这是被动的,没有选择的余地。

雷曼和华盛顿互惠银行的破产倒闭,他们所发行的公司债券所对应的 CDS,就是典型的违约事件发生。这类 CDS 就必须解套。那些卖出 CDS 的金融公司,就有义务,来赔偿那些向他们买了 CDS 保险的公司,因违约所造成的任何债券本金余额方面的损失。

被政府接管的情形,也通常被视为违约事件,所有以这些机构的债券为参照物的 CDS,也获得全部解套。

还有一种被动解套,就是 CDS 交易对手的违约。以雷曼为例,作为 CDS 市场的主要市场制造商(market maker),其本身又是一个很活跃的交易者,它与大量的机构投资者有规模庞大的衍生品交易。在雷曼破产之后，这些交易也因此被被动解除。这就像是市场上的庄家，如果你破产了，自然就失去了当庄家的资格，你相关的交易，也得有一个了结。人们估计，雷曼涉及的 CDS 交易，可能不低于 50 万项。

此外，在 CDS 市场，还有很多重复的交易存在，这让不少人感到很奇怪。重复交易，就是指两个交易对手，在不同时间里，在对买对卖同样的债券保险。举例说，老王的公司，在某月 5 日，从老李的公司那里，买来了王麻子公司 100 万元债券的 CDS 合同，在第二个月的 10 日，老李的公司又从老王的公司，买了同样数额同样公司的 CDS 合同。一模一样，对买，也是为了对冲。为什么不直接买回解套，其中可能是因为交易手续和费用及解套涉及的补偿问题。

对于这样的"无聊"的重复交易，各大券商会在每个季度定期协作，解除和冲销，以达到简化关系的目的。雷曼破产后，市场估计，它的债券 CDS 的票面总额，高达 4,000 亿美元。在冲销掉重复交易之后，人们发现，实际的票面总额，实际上只有 52 亿美元。

这个数字，对于市场的压力，特别是制造恐慌的作用，远远小于 4,000 亿美元。但是，在恐慌时，特别是当人们感到"特别"恐慌时，市场是没法理智下来的。如果对比一下在恐慌时的市场 CDS 价格，与知道实情后的"理性"情况下的 CDS 价格，我们不难看到，恐慌的破坏性。这也是为什么，监管需要考虑压缩重复交易，简化交易关系，让市场的真实交易规模更加透明的重要原因。

第三章　CDS 的定价基础

人生如对弈，与你博弈的是你的命运。

只要不认输，你就还有机会。

CDS（信用违约掉期）这枚金融"核弹"，是在 1997 年由摩根斯坦利的金融分析家们设计出来的。当初设计 CDS 的动机，就是为了减少类似亚洲金融危机再次出现时，债券投资者的投资损失，是为了保险的目的而设计的，没有任何制造危机的"阴谋"。没想到，结果是给更多的债券投资者带来了更大的投资亏损。

在次贷危机发生之后有人说，是一个叫做李祥林的中国人，在世纪之交时，在华尔街埋下了一枚"次贷病毒"，让所有的人都感染并因此而病入膏肓。这到底是怎么一回事？他和 CDS 有关系吗？

第一节　成也萧何败也萧何

自从 Alfred W. Jones 在 1949 年发明对冲（hedge）投资的方法以后[1]，

---

[1] AIMA Roadmap to Hedge Funds, November 2008.

第三章

面对一次次的金融市场大波动,很多人开始寻找能够避免市场波动、比较稳定获利的手段。对冲方法在20世纪80年代中期以后得到了大发展。从那时起,华尔街就开始雇佣大量的数学、统计和工程出身的专业人士,来设计和建造各种名目繁多的数学与统计模型,并基于这些模型来寻找和"创造"各种新的获利途径。

CDO的出现和随后CDS的产生,又让这种狂热上升到一个新的高度。那些崇拜模型魅力的投资者,各自陶醉在自己优美的模型中,看着通过模型的运转而获得的大量财富,许多人陶醉了,麻木了。结果,为模型而模型,一个个更加稀奇古怪的模型被生产了出来。模型所基于的理论,却被人遗忘了。没想到,在2007年下半年,基于模型所进行的很多投资决策开始出现问题,投资出现亏损。最后,"莫名其妙"地引发了这场全球性的金融和经济灾难。

一位勤奋的中国人

在次贷危机发生之后,一个名叫David X. Li(李祥林)的中国人,在华尔街金融界,常常被人念叨着。在几年之前,这个名字,可能在不少的高级酒吧、鸡尾酒会等社交活动场所,也时不时被提到。原因在于,他在2000年时所提出的高斯相依函数(Gaussian copula)公式[1],其后成为CDS、CDO定价的理论基础。有人说,如果没有次贷危机,李祥林这样的数学天才也许会在某一天受到诺贝尔经济学奖的眷顾[2]。

---

[1] 李祥林的原始论文发表在:David X. Li (2000),On Default Correlation:A Copula Function Approach,Journal of Fixed Income,9:43-54。

[2] 这句话调侃的成分更大一些,不可当真的。如果CDS最后真的能够让与它的产生和发展相关的人员获得诺贝尔奖,那么,第一个可能的候选人很可能就是摩根斯坦利设计出它的那个小组的组长,Blythe Masters。其后,才是那些在风险衡量方面做出突出贡献的学者。李祥林做的就是这后一部分的工作。关于Blythe Masters的故事,参阅:(1)Teather, David. "The Woman Who Built Financial 'Weapon of Mass Destruction.'" The Guardian. September 20, 2008. (2)Engdahl, William (2008-06-06). "Credit Default Swaps the Next Crisis". www.financialsense.com/editorials/engdahl/2008/0606.html。(3)Tett, Gillian. "The Dream Machine:Invention of Credit Derivatives. Financial Times. March 24, 2006。

李祥林的开创性工作，是衡量投资风险，具体说，是衡量投资债券的风险，特别是房贷债券 CDO 的风险。如果从对金融理论实践的意义来看，他的成果与在他之前的一些获得过诺贝尔奖的学者的理论相比，应该是有更大的实际影响力。

然而，在他的理论提出的第七个年头，世界也由于他而发生了翻天覆地的变化。不少人在因他而赚到大钱之后，又将他当作替罪羊来鞭打。世界有时候就是这么的势利和不公平。

2008 年，次贷危机袭击全球，全世界因此而陷于经济衰退。晕头转向的银行家、政治家、监管者和投资者，在这场百年一遇的金融大崩溃的废墟中挖掘事发根源时，他们发现了这个"可怜虫"，一个"难得"的中国人。

有人说，"可以说是 David X Li 一手造就了今天波及全球、摧毁华尔街的金融危机"。李祥林能够有如此之大的影响力，能够被给予如此之高的"评价"，我觉得他太应该为自己感到自豪和骄傲了。

从一个侧面，也可以看出我们这代华裔在美国社会生活的困境：你做不出成绩，当然就没有饭吃。你做出来成绩，也只能够喝点汤。如果你做出的成绩，让一些人因此而受伤，不论什么原因，那都是你的过错。

你给我肉吃，它的味道虽然不错，但是，因为你没有告诉我，吃多了也会撑坏肚子，而且还会让人长胖。这自然就是你的过错了。这不能不说是一种强盗逻辑。

幸亏他还有一个中国作为祖国，不然，还真的，如一位美国人说的，"他更应该庆幸的是，自己还有一份金融业的（在中国的）工作"。因为在危机之后，他被作为替罪羊，在华尔街受到排挤。

李祥林其人

按照来自美国方面的记载，20 世纪 60 年代，李祥林出生在江苏连

第三章

云港灌云县的农村。父亲曾经是一名警官,李祥林是家中八个兄弟姐妹中最小的一个。

他大学读的是数学本科,其后在南开大学读完金融硕士。不过,那时候在中国的大学,经济学和金融学都很初级,经济学理论也主要是基于马克思的《资本论》。

1987年毕业之后他去了加拿大,其后在那里获得魁北克拉瓦尔大学的MBA学位。毕业时,本来要回国的他,因当时国内政治大环境的变化,而改变了主意,留在了加拿大。人的命运有时就是这样,一环套一环,像是舞场上的舞者,身不由己地在跟着音乐的节奏翩翩起舞。

当时,北美保险公司对精算师的需求量很大,而每年相关专业的毕业生数量相对有限。他看到了自己的背景优势和职业前景的互补,在加拿大就读了精算专业。其后,他获得了加拿大滑铁卢大学的精算学硕士学位和统计学博士学位。他又参加了精算师的考试。

"大部分人是先学了理工科,再去学经济,我是来回走了两三遍。"李祥林在一次被采访时这样说。不过,他做的是统计和保险结合部分的数理模型,可能算得上是金融工程的一部分吧。

1997年,出国十年之后,他在加拿大帝国商业银行,开始了自己与金融相关的职业生涯。他在2000年发表的那篇论文,让他在华尔街打响了名声。后来,他跳槽到影响力更大的巴克莱银行资本,并从2004年起,担负起重建该公司数量分析模型小组的工作。

中国来美国的学生中,有不少是学理工出身的,特别是李祥林那个年龄层的人,当时受《科学的春天》那篇报告的影响[1],不少优秀的学子,选择了数理化和工程作为自己的专业。来美国后才发现,学数理的人,除了精算和统计那一块比较好找工作外,学其他领域的,社会需求量相

---

[1] 《科学的春天》——郭沫若在全国科学大会闭幕式上的讲话,1978年3月31日。

对比较小，对语言能力不是很强的中国人而言，就更是如此。

也因此，在精算和统计分析领域，出现了大量的中国人的名字。而且，因为在公司工作的待遇还不错，有时候甚至比搞纯数理理论的还要好一些，大量数理背景的博士硕士们走进了华尔街，开始从事与精算、统计、金融衍生工具的创造和定价相关的工作。

李祥林其事

李祥林是从事研究工作的。他的工作是确定证券资产之间的相关性(correlation)。更严格地说，他是要在一些看上去很不同的事件之间，用数学模型来"找到"他们之间的关联度。他研究的重点，是在当时已经开始热火的房贷债券 CDO 市场，找到不同债券之间的相关性。这在当时还是一个尚未解决好的关键性难题。

他基于自己的直觉，提出了一个简化处理的思路，并由此构建了被称为"高斯相依函数"的公式，能使大家用数学手段将关系极其复杂的各类债券的投资风险，在一定程度上进行量化处理。

在李祥林之前，人们一直被一个债券块（CDO）的风险分割和各部分的合理定价所困扰。一个 CDO 的风险到底有多大？投资一个 CDO 应该获得的收益率应该是多少才算合理和公平？当时还是一个没有解决的问题。

正是基于李祥林的模型和公式，金融机构能够对 CDO 的价格和"风险"进行很方便和快速的计算，其后定价和销售就容易多了。

李祥林对于 CDO 市场的"生产"效率的提高，起到了关键性的作用。问题是，很多使用他的公式的金融界人士，并没有真正理解公式成立的条件和前提。

由于当时正处于美国房市的"牛市"期，面对牛气冲天的大环境，人们似乎也不太在乎那些前提和条件。华尔街需要的实际上并不是什么

第三章

真正的规律和真理,需要的只是一个借口和理由。只要牌面上能够说得过去就可以了。在李祥林的模型提出之后,CDO 市场得到了空前的扩张,与 CDO 紧密相关的 CDS 市场也呈现一派生意盎然。从债券投资者到华尔街的银行,从评级机构到监管机构,几乎每一个与次贷债券有关的人,不管他们面对的是 CDO 的定价还是风险评估,还是 CDS 的"保费"计算,都在直接、间接地使用李祥林的公式,或他的公式所提出的原理。很快,利用这一公式来衡量风险的方法,就成为 CDO 和 CDS 领域的经典,成为人们最基本的使用工具。

李祥林公式的作用,就像是为那些以前靠两腿走路的人提供了汽车一样,至少那些使用者是这么认为的。定价速度的加快,让无数的投资银行和金融机构得以卖出更多的 CDO。而这又反过来,让美国的房贷金融机构,得以获得更多的资金,来更多地发放房屋贷款给那些想买房子的人。美国的保险公司,则得以卖出更多的 CDS 合同,而没有人会想到自己最终对于那些保险合同 CDS 所应该负有的责任到底有多大。

可是,没有人注意到,有了汽车还得有公路,也还得有一些路标和地图给人们指示方向。一般的路汽车跑不快,自然它的使用效率也不会很高,虽然在那上面马可以跑得不错。再者,还得有交通信号系统,否则,混乱很容易造成交通事故,而且大家都没有办法跑快。而交通信号系统的有序性,还得有一个相应的交警系统来保证。同时,你可能还得沿路修建一些必要的加油站。

中央结算系统,应该就相当于公路和路标与地图,帮助市场上的交易者理清关系、透明信息。而政府的监管和相应的法规,则相当于交通信号系统和交警系统,让大家有规可循。可是在当时,这一切都很不完善,似乎也没有人在乎。

很多机构在使用李祥林的模型之后赚了大钱。投资银行通过发行 CDO 获取大量的"劳务费",卖出 CDS 的保险公司得以收取巨额保费而又没有索赔也大赚了。钱来得太容易了，大家都是赢家。在这时，任何对此模型局限性的警告都被有意无意地忽视了。

问题实际上来自于对 CDO 定价和风险分析方面的"随意性"，是它埋下了后面的次贷与金融危机的隐患。虽然李祥林自己一再强调自己模型的局限性，但人们还是将责任推到他的头上。

我不知道，当西方人之间开始使用火药进行对杀时，是不是有人指责过中国人，不该发明黑色火药。当日本遭到美国的原子弹袭击时，是不是责怪过爱因斯坦和玻尔等人，是他们的过错，才使原子弹的研制成功成为可能。这实际上是类似的逻辑，同样的无聊。

第二节　华尔街的困惑

在李祥林之前，最早时的房贷债券包是以 MBS 的形式，由 GNMA、房利美和房地美之类的政府、半政府性质的美国公司经手处理的。这样的公司同时提供了债券包 MBS 违约风险的赔偿保险，所以问题相对比较简单。

在其他私营金融机构参与 CDO 的打包（证券化）业务之后，由于"打包者"没有同时提供任何违约风险的赔偿保险，这些风险必须由投资者来完全承担。在这种情形下，如何衡量风险和给予相应的"补偿"回报，就是一个很关键的问题。

前面在第一章里，我讲过，华尔街在解剖债券包"内容"太费时费力的情况下，采用了一个"曲径通幽"的解决办法：通过划分等级（tranching）对投资者进行"分类"。从最安全的 AAA 级开始，到 A 级和 B 级，再到最后面的没有级别的"残余"部分，也就是"渣子"。这部分的内容，

第三章

我在"房贷按揭证券化过程"里有很详细的说明(表1—4)。[①]

前后相比,虽然CDO还是一样的,但是,由于分清了责任和回报,找到投资者就很方便容易了。那些保险公司和退休金、养老金基金,他们不太喜欢风险,于是就投资那些风险等级低的安全债券。而那些敢于冒险以换得高回报的投资者,则选择BBB级甚至B级。特别是那些对冲基金,他们是一些专业的投资者,这些风险大一些的债券,对他们更合适。他们也因为自己的专业知识,可以给他们的投资者带来更高的投资回报。

看上去,似乎是已经解决了问题,但是,最核心的问题还是留在了那里:债券包的整体风险到底有多大?在做了分析分割之后,各个部分的风险又到底有多大?他们和比较安全的国债相比,他们的投资收益率和作为指数的LIBOR相比,又应该有什么区别?

在李祥林的工作之前,人们比较难回答这些问题。即使有,也比较烦琐,利用它来实际操作很费时间。这也是为什么人们常常会说,李祥林的工作,让CDO的定价速度大大加快了。在不该快的时候太快,也是一个问题。

房贷债券的特殊性和风险

CDO和企业债券比,有太多的不一样。企业债券的特点是一般企业发行的债券数量通常比较大,那家企业的经济实力你不太难计算出来。没有听说过,一家公司为了获得十几万元借贷,而向市场发行债券的。

但是在房贷市场,却有不少的贷款是十几万数额水平的,几十万的就更多了。这些规模很小、信用质量差别很大的小块被合成一个大块的CDO之后,就导致了组成CDO成分的"细小和分散"。对于这个由很

[①] 注意,在后面讲解鲍尔森的CDS投资时,我对风险的分割说明视BBB级为最下面的一级。那是为了说明简便的缘故。比较接近实际的分类是前面第一章关于CDO分割的分析。

多"细小和分散"的小块组成的CDO块的风险分析,就比对一家公司作为一个整体的风险分析要难很多。

不仅如此,各个借贷者还可能根据自己的不同情况,来确定不同的还款时间和数额。有的人提前将贷款还清,有的人则由于可能的原因,拖一拖。而企业,则没有这个问题,他们要还,也是一次性进行,因为里面有个手续费比较高的因素。企业在市场上发行了1,000万美元的债券,它不可能说,今天手头有13万美元了,我就先还掉这13万美元,将借贷总数降低一点。但房贷按揭的借款人却可以这样做,他甚至可以每个月多付10元钱,来个积少成多。

房贷债券的投资者,所投资的住房按揭贷款CDO,通常是由成千上万个信用等级(或者其他指标)"同类"的住房按揭贷款构成的。这类债券的市场规模已经很大了,根据统计,美国房贷债务的CDO的名义价值,在2006年时已经达到2万亿美元左右。[①]

由于上面说到的原因,按揭贷款资产组合成的CDO的情况比公司债券市场更繁杂,更没法预测。对于投资者而言,从数学关系来看,在同一个"组合"里面,从总体上讲,房贷借贷者每个月偿还的现金量,既是"组合"中借贷客户个数的函数,也是因违约而不能够偿还债务的客户个数的函数,也还是其他不少变数的函数。

如果说,对于企业债券的投资者而言,只要这家公司还在健康运行,你基本上可以很准确地知道,你每个月将要得到的现金量。而对于房贷债券的投资者,却没有这么奢侈的期望。他们的投资,不存在保证性的每个月的确定回报。

再者,房贷债券投资者,可能也无法确定一个很肯定的还款到期日。因为,虽然是一份三十年到期的房贷合同,但是,美国人平均是每五年搬

---

① 参阅第一章。

第三章

一次家,也就是说,平均而言,每五年房贷就中断了。有人可能不明白,既然是五年就得搬家,那为什么要锁定一个三十年到期的房贷呢?而且,在美国,锁定的期限越长,你支付的利息也就越高,有时候差别很大。不少人这么做,原因可能是因为每个月的还贷数额比较低的原因,也就是没有办法的办法而已。

由于借贷人锁定的贷款期限和实际的还款情况不一致,有些人会因为在锁定的期限内卖掉房子,提前解除借贷合同,而这在美国是很普遍也是银行允许的事情,通常是没有罚款的。所以,在一个房贷债券的"组合"中,不仅不能够确定每个时间段内的还款数,而且,也没有办法确定里面的借贷人的数量。

虽然这些变量给数学模拟带来困难,但对于投资者而言,还不是最关心的事情。最让他们关心的还是违约的数量和出现的时间。但是,一直到现在,研究者还是找不到一个好的办法,来给违约的出现时机和概率,和风险之间,确定一个比较可靠的函数关系。

大数定理

当企业打算靠发行债券借款融资时,它得给那些可能购买自己债券的投资者,比较详细的公司财务报表。投资者会基于这种财务信息,来判断公司是不是有足够的能力,在到期时偿还贷款。如果投资者,那些最终的债券放款人,认为公司的经营有风险,或者公司的财务实力不是很雄厚,贷款的风险比较高,他们就会索要高一些的利息率。这就是为什么,那些信用级别高的公司,他们所发行的债券的利息率就低一些的原因。

回到这次发生危机的房贷上,大量的来自美国的房屋贷款,被合在一起制成一个个债券CDO,在分割之后,卖到世界各地的投资者手上。对于这种债券,由于其中容纳了太多、太难以比较的借贷者、投资者,那些最终的放贷者，如果想很详细地搞清楚自己投资的风险，实际上是做不到的。

在这种情形下，有人分析说，作为债券类CDO的投资者，他们所能做的就是赌"大概率事件"，也就是"多数人"的情况。

如果大多数人都能够按时还款，只有很少的一部分人违约，那么，这个生意就可能会不错。不过，这里的关键是这个"很少"会少到什么程度。用统计理论的说法，如果债券违约的概率是1%，而投资者可以获得额外2%的利息作补偿，那么，他们还是能够获得一个1%的利息差，这也是一个不错的结果。只要是这种正的利息差存在，就会有投资者愿意购买它所对应的债券或者债券包。

这和赌博公司开赌场是一个道理：在赌场里，不可能每一个赌徒每一次都输，否则，就没有人去那里碰运气了。因为，必然的事情是没有"运气"（可能性）可言的。赌场必须让有些赌客赢，有些赌客输；相同的赌客有时候输，有时候赢。问题是，从总体上计算，赌场必须确保自己多数时候赢，少数时候输。

比如，当赌客很多时，如果赌场能够确保自己哪怕在51%的情形是赢，那么，从概率的角度看，它最终还是赢利的。保险所遵循的逻辑也是一个道理。这就是我们常说的大数定理。

所谓"大数定理"，是指当分析的样本接近于总体时，样本中某事件发生的概率（可能性），将非常接近甚至等同于总体的概率。这里的样本，是总体中的"代表"。

问题是，大数定理在CDO市场不太好用。赌场的风险几率是能够比较准确计算出来的，但是CDO的风险计算却是一件很困难甚至不可能的事情。

风险确定的重要性和复杂性

如果按照第一章所说的分割风险的办法，将一个以房贷债券为基础

第三章

合成的CDO(或者叫MBS)里80%的部分,标为AAA级几乎无风险的债券,那么,当这个CDO中违约的比例高于20%时,即使那些投资最安全的AAA级部分的债券投资者,他们投资的本金也面临损失的风险。现在看来,违约率超过20%的可能性,在当时可能还是人们所不可想象的[①]。

那时候,几十年的历史数据显示的违约率才不到2%!正是因为这种原因,让人们对美国房地产市场拥有很强的信心,没有人会觉得自己有什么风险。理由也很简单:他们相信,在一个CDO中,可能"包裹着"数万个房贷者的按揭贷款。在这数万个贷款者中,不太可能在同一时间内同时大面积地发生违约行为。在某一时段,可能会有人丢掉工作,也有可能会有人生病而不能工作,从而没有钱继续支付房贷造成违约。从大数定理的角度看,这只是给CDO作为一个整体,带来重大影响的个体不幸事件。对于整体而言,个体的影响是微不足道的,所以违约出现的比例不应该太高[②]。在比例比较低时,部分违约的出现,只会影响那些获得高风险、高利息的投资者,不应该影响到那些安全的AAA级的投资者。

这是一个自以为是的假设,很不可靠。它忽视了一个问题:并非所有的灾难性事件都具有个体性,当一种风险得以迅速扩散而变成整体风险时,这种期望通过等级划分来避免风险的做法,就会出现很大的问题。

例如,房价可能下跌的事件,会同时影响到一大批人,而不只是几个个体。在美国,房价的影响是相互的,在一个小区里面,如果一家住房的卖价过低,那么,整个小区的住房价值可能也会跟着下跌,这就叫做相依性。同样,如果一家的房贷没有及时支付,那么,在这个小区甚至附近小区的住房房贷,发生违约的可能性也会加大。

---

① 关于美国房市泡沫的详细分析,参阅第九章。
② 这个假设的根据非常重要。

CDS 的定价基础

　　这里的相关性，是指一个变量变化与另一些变量的关系和对后者的影响程度。用比较数理化的办法，来度量这种关系和关系相依程度的高低，是确定按揭贷款债券风险大小的重要部分。

　　投资者是一群特殊的动物。只要他们能够对风险定价，他们就愿意冒险。任何风险都值得冒，问题是值得到什么程度，这个"什么程度"就是一个价格的问题。投资者并不害怕风险，他们厌恶的是不确定性，即那些无法确定大小的风险。

　　从理论上看，任何风险下的投资都有价值，如果投资的可能回报比可能风险要大很多的话。投资者不是十足的赌徒，他们在一定程度上厌恶风险，他们看重的是把握的程度：也就是我们常说的希望有点谱。

　　这又回到了保险的原理：如果我们能够比较准确地测量风险，任何保险都是有利可图的。怕就怕你在黑暗中，不知道风险到底有多大。

　　正因为如此，债券投资者为了投资获利，房屋抵押贷款的放款者为了获得更多的资金来源，都在拼命地想着法子，期望能够找到可以度量和模拟相关性，并基于这种度量，来对 CDO 和 CDS 进行定价的方法。

　　在计量模型应用于金融市场之前，让房贷债券投资者感到投资安全的，主要是由联邦政府，通过房地美、房利美两家公司进行隐形担保，和通过 GNMA 进行直接担保的那些债券。在很长一段时间内，这三家公司也充当着这方面证券化的仅有选择。[①]

　　最近十几年来，世界经济的繁荣和全球的一体化，所带来的流动性的增加，让世界各地数十万亿计的美元成为游资，其中不少资金期望找到一些风险程度比较低的投资机会。而美国的房贷债券的 CDO，最终成为一个很好的候选对象。你可以说这就是命运，也是缘分，因为两者在都需要对方的情况下相遇、相爱了。他们的相遇和结合似乎又有某种历史的必然性。

---

　　① 对于这两家公司的发迹和业绩演变的介绍和分析，请参阅《价值投资：股市投资制胜之道》（汪翔 著，崇文书局，2009 年 1 月版）。

第三章

华尔街在算计着,如果能够"找到"一种方法,让投资者"理解"每一个债券包的风险,特别是每一个CDO经过风险分割之后不同部分的风险,那么,华尔街的聪明人,就有办法说服那些手上握有几十万亿美元的金主们,将他们的资金投入到这一个个CDO里面去。

正在这众多的精英们束手无策的关头。李祥林发现了一种办法,可以用来确定任何资产间的相关关系。虽然他自己说,他的方法有局限性,有必须具备的使用条件,但华尔街似乎是找到了一根救命稻草,已经顾不得那么多了。

不仅如此,华尔街在广泛使用这个李氏方法时,并没有警告那些CDO的投资者,让他们明白,在这里对风险的计算是基于某种前提条件,用并不是很完美的方法进行的。华尔街当时可能认为也没有那个自找麻烦的必要。在这里,华尔街需要的,并不是真的很准确、很可靠的方法,而是一个说得过去的,能够帮他们大量卖出CDO的办法。

李祥林方法的推广,倒是在让华尔街和美国众多金融机构大赚特赚的同时,也让这位幸运的李祥林打出了名声。他的工作,是不是已经引起了诺贝尔奖委员会的关注,我不知道。但是我看到,至少在那个领域里最权威的美国学者,都认为李祥林的工作是值得夸奖的。

有时候我想,如果李祥林在发表那篇文章,在华尔街工作几年之后,就去一所好的大学的商学院当个稳妥的教授,继续他的研究;如果华尔街的那帮人,不那么贪婪,稍微收敛一点,让次贷不那么快就造成灾难;那么,这位李祥林,如果继续他在那个领域的研究的话,可能还真的有机会,成为第一位获得诺贝尔经济学奖的中国人。谁知道呢。

人死与破产的相似性

早在1997年时,李祥林就给出了他的那个金融数学模型。当时他也没有意识到那个模型的实际价值,更没有想到,他将由于那个小小的模型,而名扬(华人)世界。

他的生活和工作,也因为那个模型,而彻底得到改变。

李祥林是怎样获得思路,让他找到那个让华尔街梦寐以求的方法的呢?有一次,在接受一家中国期刊的采访时,他谈到了自己的思路来源:对于爱情及夫妻关系和死亡关系的思考。

李祥林是搞精算的,学了很多人寿保险相关的内容。从中,他注意到一个事实,即夫妻之间寿命的接近性。对此,有理论认为,可能的原因是,夫妻俩因为同样的生活习惯和多年的亲密相处,不仅习性慢慢相近,生命也被紧密地联系在一起。

所以,当夫妻双方的一个人死亡之后,另外一个人今后几年内死亡的概率也就会有所提高。这种名叫"破碎的心"的现象,对于保险公司设计和出售人寿保险和夫妻联合的年金及寿险,都显得非常重要。

关于长久生活在一起的配偶,当一方死亡之后,对另一方生活、健康、甚至寿命的影响,有不少人做过研究。精神分析学家西格蒙德·弗洛伊德[1],对此也有过分析。

在李祥林看来,这种夫妻之间生命的联系,和债券市场中一个公司倒闭之后,对另外一个公司的影响是相似的。为此,他将这种相依性用在了自己的分析模型中,来描述一定的经济环境条件下公司倒闭的相互关联性。

"一个公司的毁约,也就相当于一个人的死亡,而公司的生存曲线和人的死亡表是一样的。"李祥林曾经说。

李祥林的模型,也给 CDS 的定价和风险确定,带来了一个可以量化

---

[1] Sigmund Freud(1856 年 5 月 6 日—1939 年 9 月 23 日),奥地利医生兼心理学家,精神分析学派的创始人。他早年从事神经学的研究,随后在夏尔科、利博尔特和布罗伊尔的影响下,应用催眠法治疗精神疾病。1893 年他在与布罗伊尔合作发表的《癔病的研究》中提出了一个假设:精神病病人的病根在于,他们把曾经有的情绪和经验有意识地排除到意识之外,从而阻碍了自己的许多正常的心理活动能力;当病人通过催眠回忆将情绪发泄之后,病就会痊愈。这就是后来精神分析技术的基础。

第三章

的工具。在此之后,信贷衍生债券市场得到了爆炸式的发展。而这个大发展故事的开始,是基于对"信用"概念的重新认知。"信用衍生债券,把信用本身当做一个产品来交易,是证券业的革命性变化。"李祥林说。

在传统的证券市场中,当借款者和贷款者一对一直接交易时,投资者购买了公司的债券,也就承担了这个公司毁约的风险。因为,当公司没钱还你的时候,你的贷款就变成呆账、死账。借贷之间的关系非常简单明了。他们之间能够插入的,最多是一个提供服务的中介机构,负责从借款的公司收取利息,再将收到的利息分发给那些投资者,从中收点手续费。这种中介机构,对于贷款的安全与否,没有任何责任和义务。

而在引进了信用衍生债券之后,有了CDS这种贷款安全保险产品,投资者就可以把自己的投资风险单独拿出来,作为一个产品,在市场上出售。投资者还可以按照自己的风险喜好,组成各种不同形式的风险组合,在金融市场上进行交易。

传统债券,是借款人和贷款人之间的一对一关系,你借钱给我,我以后慢慢还钱给你,外加利息,也就是时间价值外加风险补偿,实质上是一种单一的买卖。而这种基于传统债券而衍生出的CDS衍生品,却是几乎可以无限制地通过变换组合交易下去。这就是为什么,巴菲特说,CDS的空间和精神病人的想象空间一样大。这是一件很可怕的事情。

1996年时,李祥林在加拿大的皇家商业银行实习。有人说,这家银行虽然小,但在信用衍生证券方面可以算是先驱。"那时候信用衍生证券是一个全新的概念,"李祥林说,"每天很多问题需要解决,需要考虑。"

按照李祥林的说法,也是在那个时候,投资银行界开始讨论这样一个概念,即把企业债券汇集在一起,构成债券的联合体。基于债券联合体的CDO,将债券联合体的信贷风险,以债券发行的形式转移给信贷债券的下游投资者,下游投资者的购买者可以得到定期的现金补偿。

当债券联合体发生信贷损失时,高风险(低信贷等级)分支首先以降低现金回报的方式，承受损失直至该分支的预定损失饱和点，从而延滞较高信贷等级分支的信贷损失。这恰恰是 CDO 市场如此火爆的一个重要原因。他这里所说的，就是我在前面谈的划分等级的办法。

这种划分等级的办法，将投资者进行分类，区分了风险，有了差别。但是，对于最关键的投资对象，那些债券包，他们的风险是什么？有多大？却没有人给出答案。

按照李祥林的说法就是，当 CDO 最先在业界出现时，怎样在一定时间范围内预估多重毁约的可能性，成为它最基本的技术挑战。而他的那个李氏模型，恰恰解决了这个问题。

第三节　相关性和相依函数方法

在次贷危机发生之后，将李祥林称为罪魁的，是一个叫做"连线"（Wired.com）的美国网上杂志。根据该文作者的统计，在 2001 年时，CDS 市场规模是 9,200 亿美元，2007 年时，已经高达 62 万亿美元。这个 62 万亿美元是当时次贷总规模的 48 倍，是美国当年国内生产总值的四倍有余。

"连线"是一个科技新闻网站，曾经是 Lycos 公司的一个子公司。关于李祥林的消息，还有一篇《华尔街日报》[1]有过报道，其他的美国新闻媒体，似乎不太想发表类似的无聊评价和指责。不过，这篇文章，至少让不少人知道了，李祥林所做的工作是什么。

下面是那家"连线"杂志给出的例子。它用一个很简单的假设例子，来说明"相关性"这个概念，让读者比较容易理解。

---

[1] 参阅：(1) Felix Salmon ,（February 25, 2009）"Recipe for Disaster: The Formula That Killed Wall Street". (2) Mark Whitehouse ,"Slics of Risk: How A Formula Ignited Market That Burned Some Big Investors", September 12, 2005, The Wall Street Journal.

第三章

两个小女孩的故事

假设有一个在读小学的小孩爱丽丝,她父母今年离婚的可能性是5%,她头上长虱子的可能性是5%,她看到她老师在教室里因踩到香蕉皮摔倒的可能性也是5%,她获得班级朗读比赛冠军的可能性还是5%。

还假设,投资者们要交易一种,基于爱丽丝身上发生的这些事件的概率的证券,他们的出价可能会差不多,因为这些事件发生的概率是一样的。如果他们有某种把握知道这些概率的话。

如果同时考虑两个小孩的情形,在爱丽丝之外,还有她的同桌布兰妮。

我们要问,如果布兰妮的父母离婚,那么,爱丽丝父母离婚的概率会是多少?一般来说,也还应该是5%,因为,爱丽丝的父母"跟风"布兰妮的父亲离婚的可能性很小,因为婚姻毕竟是一件很严肃的事情。用数学的语言来说就是,她们在父母离婚这个事件上的相关性,应该是接近于0。

如果布兰妮头上长了虱子,爱丽丝头上也长虱子的可能性,因为她们太接近,就会高很多,假设是50%。这说明,她们在这件事情上的相关性是0.5左右。

如果布兰妮看到老师在教室里,因为香蕉的原因而摔倒,那么,因为她们是同桌,爱丽丝也同时看到的概率会非常之大,假定为95%。那么,她们在这件事情上的相关性就接近于1,是一个几乎肯定的事件。

如果布兰妮获得了班上朗读比赛冠军,那么,爱丽丝获得冠军的可能性就是0,因为冠军只有一个,有排他性,那么,在这件事情上,她们的相关性是-1(负一)。

在这次美国总统选举中,人们就设定了一种指数(Index),让投资者来赌奥巴马和麦凯恩获选总统的可能性。他们成功的相依性也是-1,

CDS 的定价基础

也是因为美国每大选一次只能够选出一位总统的原因。

如果投资者交易的证券,是基于这些事件同时发生在这两个小孩身上的可能性,他们所下的赌注就会很不一样,因为每一个事件之间的相关性的差别很大。

同时注意,确定这里相关性的精确数字也是一件很难做的工作。为了获得一个比较准确的数字,人们通常的做法是:收集这类事件的历史数据,并基于这些数字来进行统计和误差分析,并在此基础上获得所需要的参数。在这里要做到这一点,工作量太大。如果在此基础上,你还需要据此来判断另一个人,在这个第三者发生同样事件条件下的条件概率,就更复杂了。而且,你可能还找不到相关的历史数据,于是,所分析结果出现误差的可能性就会更大。

在住房抵押贷款市场里,要完成一个借贷者发生违约,而对另一个借贷者还款安全性的相关性的计算,就更是难上加难了。首先,你要计算某个地区房价下跌的概率,你可以基于该地区房价的历史走势,来进行趋势外推预测。但是,这种趋势在很大的程度上是受国家的宏观经济形势影响的。而这种宏观经济的变化,是趋势外推法很难预测的。当然,你可以用计量经济模型,将宏观经济作为一个指标变量,但是,对于这个变量的变化,也是很难量化的。

在此基础上,我们还要判断跨地区的影响:如果一个州内某栋房子的价格下跌,另一个州内某一栋类似房子的价格,同样下跌的概率又是多少?对于区位在其中起很大作用的房价问题,这种分析几乎是不可能的。

这是一件不可能的事情,这也是为什么在那么长的时间内,金融学界没有一个比较可行的解决办法的原因。正是在这个时候,在这个方面,李祥林取得了突破性的进展。

当时,李祥林用相对简单的数学方法建立了一个数学模型。他绕开

第三章

了当时人们面临的困境,基于市场效率理论的正确性,[①]避开了找不到可供参考的历史违约数据的尴尬,而是使用"表象"违约变化的"指标",那个CDS价格的变化,来"反过来",作为判断违约相关性的依据。

这种做法作为一种预测手段,在"正常"(通常)的情况下是可行的,也有一定的道理。不然的话,华尔街那么多的聪明人,也不会自己糊弄自己。

我们是不可以低估这帮人的智慧的。

一种CDS的价格上涨,就表明其标的债券(这份保险所担保的那份债券),违约的可能性在上升。相反,如果一个标的债券的违约可能性增加,它所对应的CDS价格,自然就会上涨。这说明他们之间有着一一对应的关系。从数学角度看,这个CDS参数,就是债券违约风险的一个非常好的"代表"指标。不同的只是比例而已。而对于计量经济分析而言,对一个变量,改变一个常数倍,对于该变量的重要性程度是没有影响的。

所以,从逻辑上看,李祥林解决了那个难题。

李祥林模型的价值

李祥林的模型,帮助预测在特定的信用衍生品下,投资者能期待什么样的回报,不同的CDS应该怎样定价、风险有多大,以及应该采取什么样的策略来降低风险。

有业内人士指出,在最近几年,在世界范围内,几乎所有的大投资者,都在使用这个模型来做交易,每天仰赖这个模型运作的交易达到上

[①] 李祥林是不是意识到,自己假设的正确性,依赖于市场效率理论的正确性,我不知道。从论文中也看不出来。但是,对于我,只要市场效率理论是正确的,那么,他的"反推"假设,也应该是没有问题的。这有一点类似当初供给经济学对传统需求经济学的"反推"。传统经济学假定,先有需求,才有供给的生产去满足这种需求。而里根的供给经济学则认为,供给本身能够创造需求,先有供给,其后就会产生需求。人类不断发现和创造新的需求。对于发现的需求,产生供给去满足,对于新创造的需求,供给在需求产生以前就出现了。虽然学术界意见相左、争论很大,但我认为,各有道理、角度不同。

百亿美元。

"李的模型让产生和交易担保债务凭证(CDO)变得容易很多,而且他的模型很快就成为这个产业的当前标准。"英国诺丁汉(Nottingham)商学院研究金融风险的教授凯文·多德(Kevin Dowd),在一篇文章中这样评论说。

这位凯文教授,是对这个行业颇有研究的专业人士。美国加州斯坦福大学的金融学教授达雷尔·达菲(Darrell Duffie),也对李祥林的工作给予了不错的评价。

李祥林最重要的贡献是:他不需要你去浪费时间,等待搜集足够的实际违约数据,因为实际违约在现实中比较少见[①]。取而代之,他利用CDS市场的历史数据,来作为判断违约情况的依据。

如果是在只有两个借贷人的情形,我们很难通过他们过去实际违约的情况,来计算他们的违约相关性。原因可能仅仅是,他们过去没有违约过。这是最普遍的情形,因为,在美国,违约过的房贷者,是很难再次获得房贷的。而且,在那里,你造一个假身份证的可能性也比较小。即使你凭空造了一个假的,那个全新的个人,也没有信用记录,自然也不是一个好的房贷对象。

按照李祥林的办法,这种直接考察违约的不方便性,可以比较容易地通过观察对应于这两位借款者的 CDS 的历史价格变化来确定和解决。对于不少的房贷而言,已经在市场上存在了好几年的时间,这种 CDS 数据是很容易得到的。

如果这两者对应的 CDS 价格的走势比较一致,也就是有着比较强的正相关,那么,就可以反过来很安全地认为,他们之间的违约相关性也比较大。正是利用了这个捷径,李祥林得到了一个实际可行的确定相关

[①] 历史数据是这么说的,不过,作为一种重要理论的基本前提,这是一个很可怕的假设。严格来说,正确的说法应该是:那个时候能够观察到的违约现象很少!

第三章

性的模型。而对于风险的分析而言，相关性的确定是最关键最核心的部分。

再者，如果李祥林的假设是正确的话，在计算相关性时就完全没有必要，去考虑一个CDO债券包中各个贷款按揭之间复杂的关系变化。

例如，如果一个CDO债券包中的贷款数目增加，对于整体的违约风险，会发生什么影响？如果将具有负相关性的贷款和具有正相关性的贷款，组合在一起组成一个新的CDO，那么，新产生的CDO的风险又会发生什么变化呢？

这些在过去很重要的问题，在李祥林看来，已经不再是值得忧虑的事情了。在李祥林模型的基础上我们需要的，只是一个最终的相关性数据。而这样一个简单明了的数据，就能够代表所有我们需要考虑的东西。这不能不说是一场"革命性的飞跃"。

影响与"阴谋"

从结果看，华尔街看到了李祥林工作的价值。他的发明，对资产证券化市场具有"放电效应"。有了他的这个风险定价公式，华尔街的精英们就马上着手"制造"大量新的AAA级"最安全"的证券了。

在过去，对于CDO的等级评价，对于像穆迪这样的评级机构，是一件很苦恼的事情。现在，评级公司再也不用担心这些AAA证券的背后所代表的资产的个体风险。他们所需要的，只是上面说的那个简单的相关性数据。在有了这个简单数据之后，就可以基于它来很容易地算出一个评级，从而"明白"地告知投资者，这些资产的风险到底有多高。

从这个角度看，那些责怪评级机构没有尽责的投资者，似乎也应该原谅这些机构在评级方面的无能。[1]因为他们实在是没有更好的办法，

---

[1] 从这个角度看，中国必须在自己的评级机构建设方面加大力度，不能够老是基于他人对一个个投资对象的风险评价，来做出自己的投资决策。

但同时，他们也没有明确告诉投资者，他们的评级系统有着很大的问题。

也就是说，他们没有告诉投资者，他们的级别判断是"打哈哈"得出的，没有什么值得信赖的依据。他们没有这么说，也不会这么说。你现在总算看到了，这些评级机构的真正"本事"了，太相信他们的评级结果有时候是会误事的。

在这之后，AAA 债券就一年比一年多了起来，连格林斯潘都在那里乐呵呵，为的是美国债券的高质量。他就像是一个不负责任的家长，看到自己的孩子在外面顽皮，作弄他人，自己还在家里暗暗的乐，欣赏自己孩子的聪明和能干。

投资者不知道，也不会想到，利用李祥林的办法，几乎任何资产都可以被捆绑在一起，变成一个 AAA 级的证券，而不管这种债券是公司债券、银行贷款，还是住房抵押证券。

这里面有一个很大的猫腻：按照这种办法形成的 CDO，即使里面没有一个个体的 AAA 债券，通过将资产池分级，也能够打造出很多的 AAA 级证券。这就是为什么，次贷债券也能够那么快地卖出去的理论基础：原本属于垃圾债券的次贷债券，现在变脸，变成了 AAA 债券的一部分！

这应该就是人们猜测中的那部分"阴谋"，它将垃圾债券变成了最安全的 AAA 级债券。这种行为，更应该说是欺骗和犯罪。问题是，对于这种高智商的犯罪，没有几个人发现。连华尔街投资银行的那么多行家，很多都被骗了，更何况那许许多多无知的，购买了大量迷你债券的人。

在李祥林的工作之后，CDS 和 CDO 市场就得以相互依存、共同壮大。**数据显示**，2001 年年底，在外流通的 CDS 总额高达 9,200 亿美元。到 2007 年年底，这一数字飙升至 62 万亿美元。同样，CDO 市场总规模在 2000 年仅为 2,750 亿美元，到 2006 年扩大至 47,000 亿美元。

第三章

注意这些数字，CDS 是基于 CDO 来产生的，没有 CDO，CDS 就没有担保的对象，而 CDS 的规模，可是远大于 CDO 的规模的。虽然不是一个年份的数字，但差别也似乎是太大了。这至少说明了一个问题，在 CDS 市场，有太多的投机者！

按照连线杂志作者的说法，这些市场发展的基础就是李祥林的公式。如果你问一些市场参与者，他们都会用"极好、简洁、好处理"这一类词来形容这一公式。这一公式几乎是普遍适用，于是，无论是银行打包新的债券，还是交易员、对冲基金对这些债券进行复杂的交易时，大家都会用到这一公式。

曾就任穆迪的学术顾问委员会委员的斯坦福大学教授达雷尔·达菲曾经指出，CDO 市场几乎完全依赖这一相关性模型，高斯相依一词已经成为全球金融界普遍接受的词汇，就连经纪商都依据这一公式对某个级别的债券进行报价。[①]

李祥林是当前世界上，在 CDS 的定量性分析方面最权威的学者之一。虽然他觉得不分条件地普遍使用这一公式的风险太大，而且还在一再告诫华尔街，那样做"很不理性"，但是，他的呼声，看来在当时没有被人认真当做一回事。

第四节 被忽视的陷阱

至此，我们已经理解了什么是 CDS，和在市场上人们是如何确定

[①] "David Li deserves recognition," says Darrell Duffie, a Stanford University professor who consults for banks. He "brought that innovation into the markets [and] it has facilitated dramatic growth of the credit-derivatives markets." The problem: The scale's calibration isn't foolproof. "The most dangerous part," Mr. Li himself says of the model, "is when people believe everything coming out of it." Investors who put too much trust in it or don't understand all its subtleties may think they've eliminated their risks when they haven't.

CDS 的风险的。那么,这种关于 CDS 的风险确定又包含什么问题呢?是 CDS 本身"罪大恶极",还是其他原因让它产生灾难的?

风险评价模型的隐患

华尔街采用李祥林的公式,来指导 CDS 的定价和风险评估,实际上是没有办法的办法。我们用直觉来看看,到底问题出在哪方面。

如果一个债券是由一个公司发放出来的,例如,王麻子公司向市场借了一笔 30 年到期数额为 10 亿元的人民币,它通过冤大头证券公司,将这些债券卖给市场上无数分散的直接和间接的投资者。小的投资者通过债券基金可能买了几元钱的份额,而大数额的投资者则可能几百几千上万元直接购买。

无论你的投资是多少,如果作为投资者你想了解这个债券的安全性,就应该去研究一下这家公司的经营状况,不仅是过去的历史,更重要的是未来的前景,看看是不是光明。即使这笔债券在市场上已经存在了 10 年,也还有 20 年才到期。那么,我们更关心的,显然是这未来 20 年内,公司是不是能有健康的财务表现。

债券持有人和股票持有人的着眼点不同。股票持有者强调的是公司未来的现金流甚至是公司赢利的成长,因为,根据价值投资的原理,股票持有人的回报,实质上是公司未来利润的折现值。而作为债券持有人,只要你这家公司能够一直存在到支付完那笔债务时,就可以了。至于是不是有赢利成长,那不是很重要。

这就是我们在做投资决策时的基本面分析,也叫"价值分析"。[①]

如果王麻子这家公司是一家黑白电视的生产公司,它在过去 10 年的业绩都相当好,公司的销售成长很快,利润成长也很快,公司借钱,是

[①] 参阅《价值投资:股市投资制胜之道》(崇文书局,2009 年版)。

第三章

为了扩充产能,多赚钱。这些过去的业绩看来非常完美,显示出公司的财务状况很健康。

如果你基于这种分析来做该公司债券的购买决策,那么你可能就会面临麻烦:因为,市场上已经开始出现彩色电视,彩色电视已经在开始压缩黑白电视机的市场占有率。而你这家王麻子公司,却是一个没有研发部门的公司,技术上没有任何创新之处。明眼人能够看到,几年之后,这家公司只有一个结果:被彩色电视机生产商逼得破产关门。

如果你用公司过去的历史数据来进行统计分析和回归预测,你是不可能看到这种结果的。这和趋势投资者在股市面临拐点时的问题是一个样子。

说了半天,这和 CDS、和李祥林的公式,又有什么关系呢?

仔细分析一下,你会发现,在房贷债券市场,由于一个债券包里面包含了成千上万个房贷者,还可能涉及很多不同的地区,相互之间有很大的差别。对于这些个体的未来"赢利能力"去做基本面的分析,不仅成本巨大,而且基本上是不可能的。唯一可以得到的重要基本面的信息,是在银行放出贷款之前,对各个借贷者财务和信用状况的分析,可是,那也是一些历史性的数据。有很大的价值,但依然有很大的局限性。

作为投资者,你没有办法去研究这个债券包所对应"公司"的基本面。但是,如果这个"包"已经在市场上存在了很长一段时间,那么,在市场是"理性的"和"有效率的"这两个基本假设前提成立的情况下,你可以认为,CDS 的市场价格,能够真实地反应"公司"的基本面。[1]

---

[1] 对于公司基本面,公司内在价值方面的分析,如果读者不是特别熟悉的话,还是请仔细读读我的《价值投资:股市投资制胜之道》一书。那里分析得很详细,而且用了大量的例子,很容易理解。

类似的例子

仁者见仁，智者见智。市场效率理论认为，公司的股价和公司内在价值是一致的，所以，一个"聪明"的投资者，没有必要花时间去研究公司的基本面，那样费神费力，也没有什么意义。华尔街有很多投资者相信这种理论，于是，他们花大价钱，请了很多数学和统计方面的博士毕业生，来为他们研究股票价格的变化，从中找到"基本面"的变化规律。

而在巴菲特看来，这种从历史股价来考察"基本面"的办法太滑稽，市场效率理论也太无聊。他甚至说，如果市场效率理论是对的，那他这个世界首富，现在可能还是一个无家可归的流浪汉。在他眼中，一些获得过诺贝尔经济学奖的金融领域的学者，就他们的"贡献"而言，应该是找不到一份教职工作才对[①]。李祥林采用的方法，就是基于这个市场效率理论做出的，而且，在他所研究的 CDS 市场，这还是唯一能够做的研究。也就是我说的没有办法的办法，从这个角度来看，他的贡献绝不小。

如果用一个人的健康和这个人的体能上的活动能力来说明，似乎也有道理。

如果一个人得了病，那么，在体能上就应该能够表现出来。所以，如果我们能够搞清楚一个人的健康状况，就应该能够很准确地预测他（她）在运动场上的表现。

但是，这种检测很困难，也很费事。

同时，我们也注意到，当一个人活蹦乱跳时，就表明他很健康。我们很多时候对小孩的健康就是这么判断的，至少我是这么做的，至今效果

---

① 这也是他当年为什么从那么鼎鼎有名的宾夕法尼亚大学沃顿商学院退学的原因，因为他觉得那些大牌教授所教的东西确实是价值太小，浪费了他的时间。彼得·林奇也是这么认为：沃顿商学院只是期望证明，我那些在公司投资中赚到大钱的办法，为什么应该是错误的。更详细的说明，请参阅我的《价值投资》的有关章节。

第三章

还不错。

如果有一天,我们发现自己的孩子不怎么爱动,有气无力,饮食也不是很好,我们就会去测试一下体温什么的,看孩子是不是发烧生病了。这比我们每天去给孩子搞体检要省事很多,而且,还挺管用。

我们这样做,用的也是一种一对一的对应关系。李祥林也是一样。类似的例子太多了。读者自己可以思考一下,在什么时候这种方法是可行的,什么时候又是不能够、不应该使用的。

同样的问题,在这里出现了。李祥林的模型或者那些基于李祥林的模型建立的预测和风险评价模型,都是基于过去的历史数据来进行的。但是,那个过去的美国,其房市一直处于上升的牛市期①。在牛市时,你是不用担心房贷的违约风险的。

房价在上涨,拥有房子的人,每时每刻都在享受财富成长的快乐。他们没有任何原因和理由,让自己的房贷合同违约!这也是为什么,在研究 CDS 合同风险的历史数据时,人们能够找到的违约数据太少的原因。

过去太少,并不意味着今后还是很少。

如果你在上证指数在 5,000 点时,用前三年的指数数据来进行回归分析搞预测,你很容易得到一个指数达到 10,000 点的时间区间。如果你基此来出卖一种保险,保证这个 10,000 点在那个时间区间内可以达到,那么,你今天的惨景,应该不难想象。

在国内的报刊和网络上,读者可能读到过这样的悲惨故事:一个人,在股指 5,000 点时,建立了一个私募基金,并且还保证投资者的本金外加最低的投资回报,结果,股指除了在很短的时间内给他一点兴奋外,就立马下滑。而这位还觉得那是正常的修正,继续寻找资金加码。结果自

---

① 关于美国房价的变化数据和规律,参阅第九章。

然是惨败,最后在输掉所有家产还欠债累累的情况下,结束了自己年轻的生命。生命诚可贵,没有必要这么大赌。股市如战场,但是,如果你大搞歼灭战,结果可能不会太好。从这点看,对垒股市,毛泽东的游击战战术可能更好一些。

而另一位保守的基金管理者,则在3,500点就解散了自己管理的大笔私募基金,保证已有的成果,最后是让自己保持"价值连城"的地位。这位的聪明在于,他看到了价格对于价值的严重偏离,看到了人们的不理性。看到了市场效率理论的愚昧,至少在某个时刻的愚昧。

声音太小的警告

公平而论,市场效率理论有它的合理之处,在不少时候是有借鉴价值的。价值投资理念,也不是在每一个时段都是最好的投资标准。如果你能够看到他们各自的优点和弱点,你就能够成为股市里的常胜将军。

你在股市上的失利,不应该是这些理论的过错。这和马谡守街亭时的对策使用一个道理:"居高临下,势如破竹"没有错,但是,在别人的火攻面前,你却是居高而不能够下,破竹而没有势可言,只能成为被烧毁的破竹。这跟股市投资是一个道理。

毛泽东的哲学思想,对于我们理解金融市场的很多原理,有相当不错的参考价值。学好自然辩证法,对你的金融决策的正确性,会有很大的帮助。

美国金融界也有人看到了这个问题。连线杂志说,衍生品大师珍妮·塔瓦科里(Janet Tavakoli)曾经指出,基于相关性模型而进行的CDS交易,已经像一个极具传染性的思想病毒,感染了金融市场的每个角落。

而在李祥林发表他的论文之前的1998年,另一位数量金融学家,鲍尔·魏尔莫特(Paul Wilmott)就曾经说过:不难看出,金融变量之间的相关性关系是很不稳定的。这种关系是一个变化着的关系,如果你基于

第三章

恒定不变的关系(常量关系)来建立预测模型,结果自然就会有问题。他强调说,任何理论都不应该建立在这样一些难以预测的参数之上。他的言下之意是,李祥林的模型,只是一个过于简单化的模型,是一种理论研究的结果,不具有现实的应用价值。

当时,美国的投资银行还经常打电话给斯坦福大学的达菲教授,这位数量金融界的大佬人物,邀请他解释李祥林的这一公式。每一次,他都会警告投行,这一公式并不适用于风险管理和风险评估。但是,从结果来看,他的警告是没有人愿意听的,也没有人看重。

为什么华尔街的金融大鳄们,宁愿相信李祥林这个不知名的小字辈,也不愿相信那些学术界的大佬?这完全是因为利益的驱使和个人贪婪心的作用。

连线杂志分析说,这不难理解:投行们没有理会这些警告,一则是因为,第一线的投资经理们,没有搞懂金融工程精英们对于该模型异议的分量,也无法理解各种数学模型的真正含义;再则,他们赚了太多钱,贪欲已经让他们无法停下来了。

其实,对房贷进行资产证券化的银行也明白,这一公式对房价的上涨,有很强的敏感性。也就是说,当房价继续上涨时,这个模型就能够成立。然而,如果房价下跌,特别是大幅下跌时,这个模型就是一个基于错误假设和不正确的参数值,而得到的被严重低估的风险评价结果。

数学假设的局限性

实际上,早在2005年秋,李祥林就在《华尔街日报》上表示,很少人能够真正理解这一公式的核心。可是,他的意见也没有人当回事。

李祥林的模型,有两个很关键的前提假设,而在现实中,这两个假设通常是不能够得到满足的。首先,它假设投资者(市场)能正确给信用风险定价,即CDS当前的市场价格准确全面地反映了所有风险参数。所以从 CDS 价格中提取相关系数是准确的和唯一的。当经济大环境发生变化时，这个条件就不成立了。

其次，它假设这个神秘而又很关键的相关系数，是一个稳定的常量。如果它是个变量的话，模型就不成立，自然就不能够在实际操作中应用它了。很遗憾，这个系数在大多数情形下是个变量而不是常量。不过，从数学的角度来看，在很短的时间段内，假定它为常量应该是没有问题的。这就是我们常说的逼近法中常使用的假设。问题是，如果这个时间段太短，对于实际的应用而言，也没有什么意义。

一般而言，经济学中数学模型和数学理论的错误，主要体现在两个方面：一个是数学（公式）推导的逻辑错误；另一个是其前提假设根本就不成立。在这里，推导的逻辑没有错误，基于的假设也没有问题，只是对于实际的应用来说有很大的局限性罢了。

用数学模型来搞预测，就像是让电脑来为我们思维一样：垃圾进，垃圾出。数学模型缺乏灵活性，而社会是由人组成的，人的心理作用对于数字"规律"的影响很大，有时候还会"扭曲""规律"。

预测也还有个自成功和自失败性的问题，这也是为什么，在最近几年里，对策理论才如此流行的原因吧。[①]

这让我想起来，自己十多年前，在美国一所大学学习经济学时的情形：那里的教授学问功底很深，他们非常强调直觉（Intuition），也就是"常理上讲得通"的意思。如果直觉没有太多的道理，就请不要继续用数学模型去推导。而且，你再好的结果，如果没有理论做前提，那也会被他们枪毙掉。

在他们那里，有一个常规的要求：你的论文演讲，必须在开始时的前五分钟内，做到让外行明白你在做什么和那样做的价值。这也是为什

[①] 参阅《理性预期宏观经济学》（汪翔 著，中国人民大学出版社，1989 年版），那里对于人类预期变化对政府政策的影响，有很完整详细的分析和解说。

第三章

么，每一次的学术论文演讲，都有很多不同领域的人在那里"凑热闹"。不少那个时期的中国学者，毕业于美国最好的大学经济系，写出来很好的论文，最后都因为没法达到这个"常规"的"五分钟要求"，而难以在那里获得一份教职。①

实际上，美国的经济学大家都是这样做的，这和国内的"学者"似乎还是很不相同。在美国很多经济学大家眼里，并不是像我们想当然地认为的，他们都是一帮只会推导数学的家伙，不看重经济理论的作用。如果你那么看，就大错特错了。大师就是大师，他们在做一些"可能的情况下能够得到的最好的结果"的工作。②

这和李祥林的模型是一个道理，他所做的，是在目前能够得到的最好结果。这就是他的贡献。如果因为婴儿没有任何"能力"，就消灭掉所有婴儿的话，那么，我们人类早就不存在了。进步是站在前人的肩膀上，一步步向前推进的。虽然有时候有些进步在事后看来可能非常的微不足道。

第五节　CDS在中国的价值

中国的金融还是一个比较封闭的系统。外面的很难进来，里面的也不容易出去。国内民众和公司的资金被紧锁在国内，民众投资渠道过窄，同时，又有很多中小型公司融资困难，这样一对矛盾，一直是困扰人们的一个大问题。

---

① 出现这种结果的原因在于：我们这些来自计划经济的年轻人，对于市场经济的一些基本规律，有时候都很难做到深入理解。而且，国内的那种"死读书"的训练方法，可能也有形无形地扼杀了很多人的直觉性和本能悟性。这也是为什么，今天你能够看到的，在美国经济学界做出比较好成绩的来自国内的华裔，基本上都是在数理经济领域的原因。他们的学术贡献自然不可否认，但同时，那种"偏科"，可能也会对国内经济学的发展产生某种不良的影响。

② 陈招顺，汪翔："论经济学中的公理化方法"，《上海社会科学院学术季刊》，1996年第2期。

CDS 市场在中国的作为

在我看来，CDS 在中国市场的合理使用，对于企业融资会有很大的帮助，同时，对于投资大众，也能够提供规模庞大的新的投资渠道。这又会促进内需的扩大。CDS 在中国大有可为，初步来看，这至少可以表现在下面几个方面。

其一，目前国内企业所发行的债券，都有银行或者有实力的机构来担保。对于购买债券的投资者来说，偿付的风险基本没有，但同时，所能够获得的利息收入也比较低。而且，这种担保还无形中增加了那些提供担保的银行和公司的风险。

出现这种现象的原因，很大程度上可能是，能够发行企业债券的都是大企业，而大企业目前基本上都是国有公司，或者叫做国家这位大股东的控股公司。同时，银行的主要持股人也是国家。于是乎，就有意无意出现了很多关联交易。这种关联交易的存在既好也不好。记住美国国际的教训，不要因为一个小部分的问题，而将整个庞大的身躯拖垮。既然国家已经将很多国有企业上市了，就应该尽可能按照市场规律来管理自己的投资。该分散的风险，就得按照科学的办法来分散。

从道理上讲，既然公司已经上市了，不管它是中国银行还是中石油，所代表的已经是不同股东的利益了，是"两家人"，也就应该是亲兄弟明算账了。

CDS 的引入，可以将这种直接的担保，变成市场价值引导的风险与利益之间的挂钩，做到各个公司自己"单独核算"，独立经营。

其二，地方债券和专项债券的发行也类似：现在由国家担保来发行这些债券，好处是，投资者的利益得到了保护，坏处是，国家在很多没必要涉足的地方，承担了许多不必要承担的风险。

而且，在国家担保的情形，地方拿到钱之后，由于背后有国家在那里

第三章

担着,自己实际上就没有积极性去用好那些钱,并且最后负责任地还贷。这也是目前看到的现实。

如果将这个担保责任放给市场,给市场一个机会,同时也给予一定的权利,来制约借贷者的行为,那样,就能够增加借款的使用效率。

同时,通过国家担保,虽然可以为债券带来比较低的利息,减少成本,但并不能够保证这种减少具有积极的意义。因为,效率比成本更重要,而效率又不单单是由成本的高低来决定。再低的成本,即使是无息贷款,如果结果是浪费,很可能还不如高利贷来得有效率。

再者,通过国家担保,从一定程度上是在通过国家的垄断权力,将社会资源吸引到低效率的公共部门,这对于经济的长远发展是没有好处的。因为,从经济学的角度来看,市场和私人个体对资源的使用效率更关心一些。公共部门的作用不应该是追求效率,也做不到追求效率。美国的政府部门做不到,中国的国家部门也做不到,这是人性的结果,与社会制度没有关系。

打破国家的垄断权力,或者说尽可能制约国家垄断权力的显示欲望,将国家控制的资源尽可能多地转移给私营部门,应该是中国今后政治与经济改革的基本着眼点。

其三,缺少为中小企业融资的债券。目前,在国内,中小企业实际上是没有资格发行债券来融资的。原因当然很简单,他们的"信用"等级不够。但是,在一个经济越来越依赖于中小企业创造的就业机会的情况下,为他们提供更多的融资渠道,应该是一个该做的事情。美国这么大的经济体中,中小企业的作用也相当巨大,不仅后来的不少大公司都是从小公司开始发展而来,而且美国大部分的就业机会也还是中小企业提供的。这也是为什么,奥巴马在救市时非常强调对中小企业扶持的原因。

有了CDS,中小企业就可以在付出相对高一点的债券利息之后,获得他们需要的资金。而且,通过这种渠道,向市场注入了利息比较高的债券,对于投资者也是一件好事。

而且,一般来说,中小企业相对于大企业而言,还有很多优势,其中不少的企业,将成为今后国家的经济支柱。如果这种情况不会发生,那么,中国的经济也就不可能有什么大的长期发展前景。而如果要想让它发生,你就得主动地给他们提供机会。

其四,缺少房贷债券。房贷债券虽然是在美国债券市场引起次贷危机的部分,但这部分的作用不可低估,特别是对于中国未来而言。目前中国的房市,实际上存在了太多的优良借贷者。还有太多可能不是那么优质的后备借贷者,他们的机会和潜力,将是今后中国拉动内需方面的重要力量。

在这方面,政府目前实际上是将比较稳妥的赚钱机会,垄断地给自己控股的国内大银行,这是对市场力量的滥用,是不合理的。放开这部分市场,让大量的普通投资者,能够有机会参与享受这部分投资的收益,也许是应该做的事情。一个规模足够庞大的债券市场的存在,对于一个国家的经济稳定和经济持久的发展,都有不可低估的作用。

也许你会说,投资者可以通过投资银行的股票来获得这种收益。但是,这是完全不同的两件事情。而且,在利用自己的资金在其他方面的投资中,从目前的结果来看,中国的银行做得并不是很好。

如果将银行目前得到的很多垄断权力打破,许多大的银行可能就会面临很多困境。是到了将他们丢到水里,让他们自己学会游泳的时候了。

有时候我想,如果国内放开一部分房贷债券市场,通过 CDO 的形式,卖给国际上的投资者,从国外吸引进 1 万亿美元的 CDO 投资,哪怕用十年时间,那么,这对中国所获得的内需将是如何巨大的一个推动呀。

注意,这里的关键是,你得想办法让人家借钱给你来投资在你的土

第三章

地上，而不是你借钱来让人家投资在他人的土地上。我前面已经说过，这次金融危机，虽然表面上看对美国经济造成了打击，但是，结果可能已经是美国大赚了。因为，大量的外国投资者将钱借给了美国人，最后是以亏损退出。而美国人得到的长期就业机会的提高，通过经济繁荣建起的房屋，都还是被留在了美国，只是他们的价格被暂时下调了一些而已。

金融现代化意义重大

已经有国内学者注意到，CDS对于中国经济发展和投资市场繁荣的价值了，同时，也看到了目前这种债券担保的问题。人们看到，目前的企业债券大多是长期债券，横跨不止一个经济周期。时间长对于企业有利，不用老去融资，而且还能够锁定利息。

但问题是，在一个跨越几个经济周期的时间段里，企业信用状况也会发生变化。而一旦发债企业发生财务问题，偿还债务力不从心，责任自然就转到了担保企业身上，而这可能会将一个经营不错的企业压垮。

再者，很多企业，实际上是不应该参与这种债券担保的金融业务的，因为，他们原本就没有那方面的兴趣，可能也没有那方面的技能。债券担保也是一个"学问"很深的行当，不在行，就会吃很多愚蠢的亏。

前几年，企业间大量的三角债的存在，不仅将企业之间的关系搞得异常复杂，而且，还让企业的经营者没法搞清楚，自己的责任到底在哪里。这和这次次贷危机之前，CDS市场的不透明所导致的混乱，实际上是一个道理。

三角债的问题，不能够老是期待国家来处理。理清内在机理，让参与者自己去判断和承担风险，并获得相应的收益，才是我们应该做的事情。

还有人注意到，在目前的这种担保格式下，在担保机构承担债券偿付责任之后，企业债券就由可交易流通的债券，转变成失去流动性的担保机构债务。

由于失去流动性，投资者也就失去了资产组合操作的灵活性，从而，也就没有办法调整自己的投资资产组合的风险价值，或其他风险指标。从而，当市场利率环境发生变化时，投资者也不能通过买卖交易，来获得收益或规避利率风险。

从这个角度看，发债企业的信用风险，还是会导致投资者的投资损失，尽管它并不会带来投资者本金，或预期票息收益的损失。原因就在于，你将投资者锁定在一个比较低的利息上了。在通货膨胀的情形，投资者连保住自己资金的购买力都成问题。

建立自己的信用评级机构也是一件很重要的工作。随着中国国力的增强，在很多方面应该有自己的系统，而不是老"借用"他人的系统。信用评级就是一个很重要的部分。可能在开始时，使用你这个评级系统的机构不是很多，但你可以将之慢慢规范化和建立信誉。

西方的现有评级机构，在这次的次贷风波中，失去了不少的可信度，这是一个中国借机建立自己的评级机构的良机，不可错过。很多时候，市场也需要竞争性的信用评价系统，中国已经有自己的朋友圈子，或者叫做生意圈，在这个圈子里面，应该是有很多可以做的事情的。

在CDS市场上，在整个金融衍生品市场，中国还有很多机会。这个市场给予中国的机会，和当时互联网给予的机会一样大，甚至更大，利润更多。要想长期致富和保住富有之后的财产，金融市场的现代化势在必行。

第四章　CDS市场的"股神"

> 一部分人的灾难，
> 就是另一部分人的机会。

金融风暴前所未有,结果对于大多数人而言是一场大灾难。而只要有灾难,就有机会。而且,灾难越大,所对应的机会也越大,至少说对那些智者而言是如此。这次的金融危机再一次证明了这点。

第一节：从两百万到六十亿

次贷危机源于对房市的热炒,制造出一个个房市大泡泡。通过金融工具的创新,通过国际金融联动,又将这个泡泡越吹越大。最后,泡泡破灭,让无数的投资者和房屋拥有者受尽磨难,经济上的、还有精神上的。

鲍尔森和他的对冲基金

美国纽约的对冲基金投资者,约翰·鲍尔森(John Paulson),在人们疯狂失去理性时,看到的是房地产泡沫即将破灭所可能带来的机会。在人们尽情欢笑、享受房贷市场的繁荣所带来的投资机会时,在大量的

第四章

银行、投资银行和各种各类的金融机构和投资者,在"安全"地投资次贷打包债券,以为自己的投资很安全的时候。他在暗暗下注,赌定这些大众和银行是在无视风险,赌定美国的房市一定会逆转。

结果,他那个位于纽约的对冲基金公司 Paulson & Co.,在 2007 和 2008 年,在一个个银行和金融机构开始破产倒闭的时刻,每年还能够获得一百多亿美元的投资回报。他自己也在 2007 年获得了高达 37 亿美元的收入报酬,成为美国和世界投资史上的一个奇迹,创下华尔街年度投资获利的新纪录。他的业绩,让"股神"巴菲特的和对冲奇人索罗斯,都只有保持沉默的份。

他将赌注压在了美国楼市的看跌上,成为一个不折不扣的逆市投资高手。在短短的几年时间里,他一跃成为美国十亿美元富豪俱乐部的新成员。在 2008 年的福布斯 400 排行榜上,他位居美国第 78 号富豪之列,所拥有的个人财富大约为 60 亿美元。[1]

鲍尔森 1955 年 12 月出生在纽约。从纽约大学获得学士后,又进入哈佛大学,并在那里以优等生的成绩获得 MBA。毕业后,他先在波士顿一家金融咨询公司工作,其后,到投资银行贝尔斯登的一个负责公司兼并的部门工作。

几年之后,他决定自己独立组建一家投资公司。1994 年时,他以区区两百万美元的资金,开始了自己的对冲基金投资生涯。当时,除了他自己以外,他只雇有一名助手。他完全是靠自己不菲的业绩,一步步吸引投资者的到来。

到 2007 年 6 月 1 日时,鲍尔森的基金已经管理着 125 亿美元的资金,其中 95%来自机构投资者。这一数字到 2008 年 11 月时,又上升到 360 亿美元。

---

[1] The 400 Richest Americans, #78 John Paulson, "The Forbes 400", *Forbes magazine*, 2008-10-06.

他是华尔街上比较早看到美国房贷疯狂的智者之一。实际上,如果你比较理性一点,在 2006—2007 年时,你是不难看到,美国的房贷市场存在泡沫的。不同的是,很多人看到了,但不相信那个泡沫会那么快就破灭。而且,即使他们相信泡沫最终会破灭,也没有几个人认为,这将导致很大的金融危机,会让全世界再体验一下大萧条是什么滋味。

鲍尔森主要是通过卖空房贷打包债券,来赚取巨额利润的。通过卖空,当房贷抵押债券的价值大幅下跌之后,他就能够从卖出和买进的差价中,获得丰厚的利润。在他看来,房贷抵押债券的价值下跌,还将持续相当长一段时间,不是几个月就能够结束的,持续好几年的可能性都有。①

在谈到投资哲学时②,鲍尔森说自己是个保守的人,不是什么赌徒。他投资首先看重的是风险底线,他坚信,一旦把握好了自己的风险底线,确保自己的投资安全,投资的结果自然而然就不会差到哪里。他的这种投资理念和巴菲特的实际上是一样的。安全第一,在安全第一的前提下,去寻找投资获利的机会。他不做那种高风险高回报的狂赌投资。因为,很多时候,高风险实际上并没有与之相应的高回报。

看到次贷市场的疯狂

早在 2005 年初,鲍尔森就开始注意到美国房地产的疯狂和泡沫问题。从那时开始,他就专门雇佣了一些对房地产抵押贷款相关业务,对美国房贷违约方面比较有经验的专业人士来为他工作,帮助他搞明白美国当时的房地产市场到底处于一个什么状态。他知道是房市过热,但热

---

① 注意,到 2009 年 5 月初时,美国银行业的股票价格已经有不错的恢复,如果这个趋势一直保持,如果鲍尔森在这之前没有改变自己的悲观看法及时出手自己的卖空寸头,很多开始时靠卖空获得的利润可能也会化作烟云。也就是说,见好就收是很重要的。

② Excellent timing: Face to Face with John Paulson, by Christine Williamson, July 9, 2007.

第四章

到什么程度,泡沫到了什么状态,他还是需要得到比较专业的评估意见。

注意,那时众多的对冲基金还在热衷投资CDO,而且,即使到了2007年时,很多投资银行为了这种投资还加大了对金融杠杆的使用倍数,来狂炒美国房市相关的债券和其他金融资产。在那种情况下,鲍尔森敢于逆市而行是需要胆识的。但同时,他并没有不顾风险在那里狂赌,鲍尔森是一个非常理性的投资者。

从2005年4月开始,鲍尔森就通过购买房贷打包债券的CDS,来赌房贷类债券的市场价值,将会随着住房市场的泡沫破灭而下降。

我们知道,CDS(信用违约掉期)作为CDO本金安全性的保险产品,它的价格走向,与它所对应的债券的价值刚好相反。CDO的投资者出于安全的考虑,就会买下为这个CDO提供安全保险的CDS。如果房贷的借款者违约不支付合同中约定的本金和利息,提供还贷安全保险的,也就是卖出CDS的公司,就得出面向购买CDS的投资者,支付因为违约而损失的CDO价值。[①]

在一个CDO中的借贷人没有违约时,这个CDO对应的CDS的"保费",算是卖出CDS的公司白收了。这和保险公司卖你一份五年到期的人寿保险,你支付了一定数额的保费,但五年之后你还活得好好的,保险公司自然也不用支付任何赔偿金,是一回事。

在房贷债券CDO作为参照资产的CDS上,如果那批CDO比较安全,没有什么违约的风险,债券的价值比较稳定,自然人们愿意支付的CDS价格(保费)就比较低。

在2005年初时,是没有几个人会觉得房贷债券的CDO是有很高违约风险的,自然他们所对应的CDS的价格就比较低。正是在这个低

[①] 注意,这里卖出CDS的投资者是在支付买入CDS的投资者,而后者手中不一定就有那个CDS对应的CDO。而投资CDO的投资者,如果他们没有购买CDS,就没有人对他们的投资损失给予补偿。

位,鲍尔森利用手下的基金,买了大量美国房贷按揭 CDO 的 CDS。换句话说,他自己没有直接投资任何 CDO,但却买了很多 CDO 的违约掉期(保险单)CDS。他在赌,那些"保人"在房贷按揭借款人大量违约时会出现大麻烦。

那时候,许多公司都很乐意出售房贷按揭 CDO 的 CDS,由于喜欢卖的人多,那种 CDS 的市场价格就比较低,他趁机以低价吸进来大量的 CDS。

按照后来鲍尔森在给美国国会作证所写的报告的说法,当时,那些次贷打包债券在卖给投资者之前,已经被分过类,按照亏损支付的先后顺序,被分成 18 到 20 个先后等级。比较低的一级是 BBB 债券,处于整个债券比较底层,大约占到一个 CDO 的 5%。按照合同约定,如果这批债券的借款者违约,违约带来的最开始时的 5% 的价值损失,就得全部由这批拥有 BBB 等级部分的投资者来承担。作为补偿,他们获得的利息最高。[①]

举例子来说,假定有一个价值 1 亿美元的由次贷抵押债券组成的债券包 CDO。假定某投资银行将这个 100 个百万(1 亿)美元按照投资者承担的风险来分成 20 个等级,最低的那级是 BBB 债券,承担最开始的 5% 的违约风险。也就是说,如果在这个 1 亿美元的房贷抵押债券中,只要有违约发生,最开始时的 500 万美元的违约损失,就要由这些投资 BBB 债券的投资者负担了。

所有购买这个 BBB 级债券的投资者的投资额度为 500 万美元,正好是 1 亿美元的 5%。当这个 1 亿美元的房贷按揭,因为违约而开始出

[①] 很多时候,在 BBB 级下面还有风险更高的等级。这里的等级分类说明并不一定是准确的,它实际上是在假定 BBB 就是最下面一级的那个 5% 的部分。不过这里的目的只是为了说明问题。而且,对不同情形的分类也相差很大。对于次贷债券打包证券化和等级处理,请参阅前面"证券化过程"那部分。

第四章

现了 100 万美元的坏账,那么,BBB 等级的投资者就得完全承担这个 100 万美元的损失。这种损失相当于自己投资本金的 $1/5 = 20\%$。其他的投资更高级别的投资者,他们这时候还没有遭受任何投资损失。这又有点像打仗,在战场上,阶衔最低的冲到最前面,他们先阵亡。这些 BBB 等级的投资者投资的,就是阶衔最低的"士兵"的生命。

如果违约造成的损失是整个 CDO(1 亿美元)的 3% 时,BBB 部分的投资者的损失就是 300 万美元,相当于自己投资本金的 $3/5 = 60\%$。

如果违约率造成的损失达到 5% 时,这些可怜的 BBB 部分的投资者就将本金亏尽,他们所得到的不过是已经支付的利息。

按照常理,任何风险都值得保,问题是保费的高低问题。风险越大,作为保险方,你应该收取的保费就应该越高。投资也是一样,你承担的风险越大,那么,你可能获得的潜在投资回报也应该越大。

但是,在当时,这种风险和可能的投资回报之间有着很大的不对称。由于热炒的投资者太多,对打包债券的需求量太大,即使那些风险非常大的 BBB 债券的拥有者,所能够获得的利息,和作为比较参考的 LIBOR[①](利息)相比也高不了多少。换句话说,债券市场存在着很大的泡沫,那些投资债券的人,实际上正面临着很大的投资风险,但他们却没有意识到这种风险的存在。

效率市场与对冲机会

注意,绝大多数对冲基金所基于的理论基础,就是"市场效率不完全性的存在"。他们的工作,就是找到那些风险和回报不对称的地方,然后在这种不对称上采用对冲的办法,来锁定自己的获利机会,等待市场回归到效率状态。

---

① the London interbank offered rate,一种银行之间拆借利息的指数。

效率市场假说的全称是证券市场的效率性,又称为有效率的资本市场假说:证券价格对影响该价格变化的信息的反映是及时和客观、准确的。在后来,人们称这种极端的理想状态为完全效率市场状态。

后来,对于效率市场人们又进行了一些细分,目前比较流行的有三个不同程度的效率状态:弱效率市场(weak form),次强效率市场(semi-strong form)和强效率市场(strong form)。

所谓弱效率市场,是指这样一种状态:市场上证券的价格已经完全反映了所有的与价格变化相关的历史信息。证券价格的未来走向,则与其历史变化之间是独立的。你没法基于对过去历史数据的分析,来预测价格的未来走向。市场价格走向的随机漫游理论,就是这种状态的最好描述。

按照这种理论,股市股价的走向是一个完全的随机漫游,没有什么规律。投资者是没有可能,通过对证券价格变化的历史趋势的分析(也就是我们常说的技术分析),来做到获得一贯性地高于市场平均结果的超额利润的。大量的实证研究者声明说,他们的研究已经证明了:在扣除交易成本之后市场基本上是一个弱效率市场。不过,巴菲特和彼得·林奇不相信这种证明。鲍尔森和大多数的对冲基金管理者也不相信这种"证明"的有效性。[1]

在次强效率市场,证券价格对于各种相关的公开信息的反应非常快速和公平,一经公布,证券价格会很迅速地调整到其应有的水平,使得任何期望通过对这些公开信息对证券价格的走势预测获得高于市场平均投资回报成为不可能。

强效率市场则认为,证券价格完全反映了所有与价格变化有关的信息,而不管这些信息是否已公开发布。按照这种假设,投资者不仅不能

---

[1] 关于这方面的论述,参阅:(1)Fox, Justin (2009)。*Myth of the Rational Market*。(2)"Poking Holes in a Theory on Markets"。*New York Times*。2009-06-05。

第四章

通过基于对公开信息的分析预测来获得高于市场平均水平的投资回报，及时采用内部消息也做不到这点。①

在金融危机爆发之前，鲍尔森相信自己发现了一个很大的市场非效率性状态。他知道这个非效率性的存在应该是短暂的，市场最终还是会调整到风险和回报对等的效率状态。要想赚高于市场平均回报水平的利润，你就得尽可能早地发现市场的非效率状态。

想想看，只要一个债券包出现5%的违约，那些投资BBB债券的投资者，将会出现血本无归的投资结果，因为是他们在承担最初的那个5%的违约损失。在房屋市场被热炒，在几乎任何人只要想买房就能够获得贷款的时候，不仅房贷违约发生的概率会很大，而且发生的违约率还可能会很高，可能远远高于5%。

鲍尔森当时想，如果这种判断是正确的，那么，赌那些BBB级债券的可能违约，就是一项有利可图的事情。这就是机会，而且是一次难得的机会，很可能这一辈子就只有这么一次如此之大的机会。

对冲的基本策略

鲍尔森没有去赌那些规模最大的AAA级债券的可能违约。在每一个CDO中，有80%的被划定为AAA级。只有5%的被划定为BBB级。不过，在他看来，这个5%的部分就已经足够他赚的了，而且应该是可能获利最大的一部分。

当然，这只是理论上可能的收益。虽然泡沫总有破灭的时候，但是，如果泡沫持续太久，那些赌泡沫破灭的投资者，很可能等不到破灭的那

---

① 详细的分析，参阅：(1) Mandelbrot, Benoit & Hudson, Richard L. (2006). *The Misbehavior of Markets: A Fractal View of Financial Turbulence*, annot. ed.. Basic Books. ISBN 0465043577. (2) Taleb, Nassim Nicholas (2008). *Fooled by Randomness: The Hidden Role of Chance in Life and in the Markets*, 2nd ed.. Random House. ISBN 1400067936.

一天,就已经耗尽资金。由于泡沫持续的时间,超过自己能够承担的等待时间,曾经让不少的准确地预测到趋势的投资者也铩羽而归。鲍尔森不想成为那样的失败者。

那么,可能的投资风险又是什么呢？一般来说,债券的收益都是和零风险的LIBOR来比较的。由于所有的债券都多多少少有一些风险,所以,他们的利息一般要高于LIBOR的同期利息。而且,风险越高,相比LIBOR的利息也就越高。当时的这类BBB级的次贷债券CDO的收益率,和期限对应的LIBOR相比,只有1%的差额。

LIBOR是没有风险的利息,而BBB债券是风险非常高的投资产品。风险很高,但所给予的利息却只比没有风险的高1%,这是很不对称的。这种不对称就是一个机会,一个能够让自己安然对冲风险而获得利润的机会。

当时鲍尔森研究了用LIBOR指数来和这些BBB房贷打包债券CDO的CDS对冲的可能性：卖出LIBOR指数,买进CDS！由于两者相差1%,如果美国的房贷市场继续健康发展,就像很多投资者所期望的那样,他的投资损失就是1%,这是他的投资损失底线。

每年1%的投资损失风险,即使连续10年每年都错了,泡沫在这10年之内还在继续,那加在一起也只有10%的损失(不计算时间价值)。而且,在泡沫很明显的情况下,还继续持续10年之久而不破的可能性也太小。很多情况下最多也就是个3—5年的样子,泡沫就会破灭。而且,只要市场感觉到泡沫可能破灭的风险,就会很快调整自己。只要市场已开始调整,鲍尔森的对冲就应该能够看到利润,不必非得等到泡沫完全破灭的时候。市场从理性到非理性的调整也是很快速的,有时候还会高度调整,而这种调整对于他的投资就意味着利润。

如果次贷市场像他估计的那样,在泡沫膨胀到一定程度之后破灭,那么,只要这种破灭带来的违约损失高于5%,那么,那些BBB次贷债

第四章

券CDO就没有存在的价值了,他投资购买这些CDO的CDS所能够获得的收益将接近于100%。以1%的风险代价,来赌将近100%的可能投资回报,自然是一件风险小而投资收益大的事情。①

金融市场的投资,实际上玩的就是一种逻辑游戏。和玩桥牌、围棋等智力型的逻辑游戏本质上是一个道理。不同的是,金融市场的逻辑游戏不是在一个桌面上就能够摆出来的,你得有某种敏感性去发现和感知。市场在短期内对于一般人看来还是很有效率的,这也是为什么一般的人的投资结果,长期而言很难高于市场的平均结果的原因。

不说一般的人,就是绝大多数的基金投资者所管理的专业基金的长期平均投资回报率,也没法高于市场的平均值。这也是为什么指数基金那么流行的原因。

第二节　约翰·鲍尔森的秘密武器

次贷债券很多通过CDO的形式流向了市场,流向了全世界不同地区的投资者手里。是那些世界各个角落的投资者,在将自己的积蓄,源源不断地汇到美国房贷者的手中。而这些美国的房贷者,则在用这些来自世界各地的资金来买地、买材料和支付人工费,最后建成一栋栋漂亮的美国别墅。这一切带来了美国的房市泡沫,而这个泡沫的破裂最终将让这众多的投资者亏损巨大。鲍尔森要成为这个零和博弈中胜算的一方。

---

① In a typical securitization, you have 18 to 20 different tranches with the lowest ... taking the first loss. The triple-B bond has about 5% subordination, meaning that if the loss is greater than 5%, the bond will be impaired. And if it's more than 6%, the bond will be extinguished. The yield was only 1% over LIBOR (the London interbank offered rate) so by shorting this particular bond, if I was wrong, I could lose 1%, but if I was right, I could make 100%. The downside was very limited but it had very substantial upside, and we like those types of investments. 节选自:Excellent timing: Face to Face with John Paulson, by Christine Williamson, July 9, 2007。

可能的赚钱办法

在中国,只有银行才有资格发放贷款借钱给人买房子。而在美国和其他可以和美国金融系统对接的国家和地区,在次贷债券市场,投资者有好几种办法投资"赚钱"。

其一是直接购买已经形成 CDO 的债券赚取利息。这相当于是将钱借给了那些买房的美国人去买房子了。如果他们不违约,你就可以获得利息和本金,你付出的是等待。

这里最重要假设就是对方不违约。也就是说,借你钱的人最后会按时按量地支付你利息和本金。问题是,结果刚好相反,很多人违约了。不少国内的银行和金融机构,在这方面做了不少的投资,结果也是损失惨重。雷曼公司的两个下属对冲基金,也是做的这种投资,而且还是使用了 30 来倍的金融杠杆借钱来炒作,结果巨亏,最后倒闭。

从 2004 年到 2006 年间的每一个季度,次级贷款几乎一直占到所有新发放房贷的 20%。也就是说,平均而言,每发出的五笔房屋贷款中,就有一笔是次贷,是原本不应该发出的贷款。到 2007 年第四季度,次贷按揭的违约率已经是 16%,到 2008 年 1 月时,违约率已经上升到 21%,2008 年 5 月时,更是上升到 25%。①

在 2004 年到 2007 年放出的房贷中,20% 的是次贷,而这些次贷中,又有 25% 的已经违约。即使将全部房贷放在一起来计算,整个在 2004 年到 2007 年之间放出的房贷,也大约有 20% × 25% = 5% 的违约率。这个比例已经让鲍尔森所说的那部分的 BBB 级的 CDO 债券全部失去

---

① 数据来源:(1)Ben S. Bernanke. "Financial Markets, the Economic Outlook, and Monetary Policy" Washington, D. C. (2008-01-10). (2)Bernanke, Ben S. "Mortgage Delinquencies and Foreclosures" Columbia Business School's 32nd Annual Dinner, New York, New York (2008-05-05)。

第四章

价值了。

如果再注意到有不少的绩优贷款被一些保守的银行自己留住了,没有放到CDO里面去,那么,在市场上流通的CDO里面,次贷的比例就远远不止20%了,由此算来,制成CDO的房贷按揭债券所涉及的违约率也就远远不止5%了。

截止到2007年3月,美国次贷的规模是1.3万亿美元。如果其中有20%的违约损失,那么投资者的亏损就是2,600亿美元。鲍尔森的几个基金,在2007年一年中赚到的利润,就超过了这个数的5%。

其二,是直接买或者卖那些为房贷债券CDO提供保险的CDS,也就是"保人身份和担保责任"。美国国际主要做的就是这部分:它做的是卖出部分,给那些CDO债券投资者提供保险,向投资者保证美国的房贷借款者是诚实的而且有能力,他们不会违约。

如果这帮房贷借款者真能够按期按量还贷,那么,它美国国际就可以只收钱不办事,赚取那些为数众多的CDS保费了。在好几年时间里,它也确实是通过这种办法赚了很多容易钱。但是,好景不长,最后的结果是误信和高估了美国人的诚信度和伦理道德的价值。结果也是将自己送到了破产的边缘,如果不是美国政府出大价钱来救助,美国国际应该是已经破产了[①]。美国国际最后亏损的结果,远大于几年时间所赚的钱的加总,这说明从长期看,冒那种风险是没有价值的。这种教训也是很多专业和非专业投资者所难以吸取的:短期的赚钱和长期的可能亏钱之间的把握和权衡。

注意到,在这里美国房贷按揭的违约,在很多时候还不是一个道德

[①] 值得说明的是,美国国际的投资主要还是以对冲为主,但是,即使是对冲,在所投资的对象波动幅度大到一定程度时,在你使用的金融杠杆倍数大到一定程度之后,你的风险也会很大。风险的大小任何时候都是相对的,问题是,在那些几乎不可能出现的情况突然出现时,你对冲安全的基础也就没有了。

问题。在没有收入的情况下,你再想坚守自己的道德坚持还贷,可能也还是力不从心。

CDS 市场上的投机者

从最初的设计动机来看,CDS 的功能是给债券的持有者提供一个保护和对冲的手段。CDS 是在亚洲金融风暴之后设计出来的。当时的动机就是为了帮助投资者避免在亚洲金融风暴中出现的类似的投资损失,特别是那些期望安全的债券投资者的投资损失。

不过,和其他金融衍生品一样,CDS 后来被华尔街更多地用来作为一种投机工具,而不是一种保护产品:很多购买有 CDS 的人并不拥有对应的 CDO,很多投资了 CDO 的人却没有购买 CDS。

大量的投资银行和对冲基金投资者,利用 CDS 来对冲和投机。很多人连那些 CDS 所对应的 CDO 到底是怎么一回事都没有太搞明白,除了知道评级机构给的风险级别外,还知道那是由来自美国的房贷按揭组成的。在这种热炒之下,在短短的 10 年时间里,从 1998 年到 2008 年,CDS 的市场规模就增长了 100 倍。据估计,在 2008 年底时,CDS 所"保险"的债券的价值高达 33 万亿到 47 万亿美元。

美国的几大金融保险公司担当了 CDS 市场的最大卖家:美国国际集团、MBIA 和 Ambac。在次贷危机爆发之后,随着房贷违约的增加,这三家公司的信用等级都面临被下调的风险。其中,美国国际因为卖出的 CDS 承保的 CDO 价值高达 4,400 亿美元,而面临最大的风险。最后只有美国政府出面,才让这家公司存活了下来。[①]

作为美国最大债券保险商的 MBIA 的日子也不是很好过。2009 年 5 月公布的第一季度财务报表显示,由于它所担保的 CDO 的加速贬值,

---

[①] "Bloomberg-Credit Swap Disclosure Obscures True Financial Risk". Bloomberg.com. 2008-11-06.

第四章

公司一季度净亏损 24 亿美元,成为公司连续第三个亏损季度。在这一季度,公司每股净亏 13.03 美元,而且,公司账面上还有未实现的 35.8 亿美元的金融衍生品亏损。而在 2008 年第一季度,公司每股还有 1.46 美元的赢利。与此对应,该公司市值在一年中下滑了近 90%。

2009 年 4 月,信用评级机构穆迪将 Ambac 金融集团旗下的债券保险部门和公司在英国的分公司的财务信用评级,连降 5 级,由"Baa1"下调至"Ba3"——距离"垃圾级"仅 3 级之遥。调降的理由是,这两个部门所卖出的 CDO 的 CDS,可能会蒙受更大的经济损失。同时,穆迪还将 Ambac 金融集团的高级债务评级连降 6 级,由"Ba1"降至"Caa1"。也就是说,公司在 CDS 市场投机失利导致亏损巨大的结果,不仅危害了那个专营 CDO 保险的部门,也危及整个公司的财务安全。

这样一次性地下调 3 至 6 级的暴降,让市场难以接受,同时也受到来自金融市场的批评:要么是因为评级公司漫不经心,没有能够在应该发现问题时及时逐步降级;要么是评级机构没有能力及时发现问题,在问题变得严重之前就通过逐步降级来给予投资者必要的警告。

投机 CDS 和投资股票有一个很大的不同:投资股票还有一个双赢的结果,所有股东将在所投资公司业绩的成长中获益;而投机 CDS 则是一个完全的零和博弈,一方的所得就是另一方的所失。换句话说,CDS 投机的结果就是财富的再分配。不过,这种再分配在市场规模庞大和秩序混乱时,可能最终的合同双方在大的违约灾难面前,变得难以履行各自的义务。在雷曼公司 2008 年 9 月宣布破产保护时,就出现了这种情况。

美林在 2008 年的巨额投资亏损,是因为公司通过高倍数杠杆放大所投资的大量房贷债券 CDO,而这些没有办法及时出手的 CDO,很多又没有足够的 CDS 保护。在次贷危机发生之前,美林的 CDO 投资都有足够的 CDS 保护,美林做得很保守。但是,在危机发生时,很多 CDO 的保险合同到期之后没法续约,而且在市场上也找不到新的愿意和有能力的公司卖给自己需要的CDS了。而这又让美林的交易伙伴对它失去信心，结果是带来美林自己业务量的萎缩。对于一个非常依赖交易量获得手续费的公司，交易量的萎缩，投资部分的大量亏损和所带来的短期内对大量现金的需求，成为压得公司喘不过气来的巨石。最后在无奈之下，美林将自己贱卖给了美利坚银行（Bank of America）。[①]

在次贷危机已经被人们认识到时，也就是在那些CDS价格被炒到很高时，巴菲特的公司还卖了一批CDS。其后危机恶化，违约增加，市场状况朝着对他越来越不利的方向变化。他老人家错估了市场的演进方向，当时也亏损了不少。结果是，他在2009年第一季度，拿出来一个亏损的公司业绩报告，其中就有不少来自金融衍生品的亏损"贡献"。

不过，在2008年底当CDS价格继续走高之后，他的公司又追加卖出了更多的、更高价位的CDS。他实际上是在赌，美国的金融危机没有人们想象的那么严重，或者最坏的情形已经出现。他事后回顾说，那时候的CDS价格已经被人们的悲观情绪所左右，从而被市场严重高估。美国抵押债券的风险，特别是一些美国银行债券的风险，远没有其CDS价格所表明的那么高。

如果以花旗银行为例来看，巴菲特在2008年底时的判断看来还是对的。在2008年年底和2009年年初时，花旗银行债券对应的CDS价格曾经高达600多个基点（6%），那时候市场觉得花旗应该是快倒闭了。到2009年5月时，花旗银行的财务似乎开始稳定，CDS价格又掉到200基点附近，下降了三分之二。如果巴菲特开始时卖出的，比如，是1亿美元100基点的花旗CDS，那么，在价格升到600点时，相当于他亏损5亿美元。如果他在那时候又卖出6亿美元价值的CDS，到价格跌到200基

[①] (1) Morgenson, Gretchen (2008-11-08). "The Reckoning: How the Thundering Herd Faltered and Fell". *New York times*. (2) Paulden, Pierre (2008-08-26). "Merrill, Wachovia Hit With Record Refinancing Bill". *Bloomberg News*.

第四章

点时，他的第一笔还亏损1亿美元，但是，他的第二笔就大赚了（4亿美元）。两者合在一起，他还赚了3亿美元。注意，我在这里视CDS为一个投资产品在谈CDS本身的价格变化。

据我估计，如果在2008年底时巴菲特要卖出银行债券的CDS的话，他不太会选择花旗银行，倒是会选择富国银行和运通公司等。

鲍尔森怎么赚钱

和巴菲特的做法不同，鲍尔森没有兴趣买卖银行本身债券的CDS，而是在购买那些能够导致银行出现亏损的房贷按揭CDO的CDS。而且，他的动机也不是仅仅从CDS本身的升值中获得收益。如果那是他的目的，他就得依靠很高的金融杠杆，可是，他却不想冒如此大的风险。

鲍尔森是在赌那些BBB级的CDO最终会因为房贷违约的出现而遭致巨额损失。由于自己也还有一个时机把握不很准的风险，他不愿意也觉得没有必要承担这种风险。

基于这种判断，他感觉到，如果他卖出作为指数的LIBOR，再购买同样数量的次贷类BBB级的债券，而且，如果他有100万美元的投资资金，也只买100万美元价值的次贷债券所对应的CDS，那么，他就有很好的机会赚大钱。

由于CDS的价格和LIBOR相比只贵1%，如果他赌错了，那么损失也就是1%。如果他的判断是正确的，那些BBB级的CDO最后因为所对应的CDO的违约损失比较高，比如高于5%，那么，他所买的CDS所保障的那部分债券就完全失去市场价值了，这时候，卖给他CDS的公司，就得按照那些债券的合同价值来赔偿他。

假定一个CDO价值2000万，它所产生的BBB债券全部价值为100万。这个100万对应的BBB部分只占到整个CDO（2,000万美元）的5%。他的100万的1%就是1万美元，相当于2,000万美元的

1/2000＝0.05％。也就是说,要想保本,只需要这个规模2,000万美元的债券包有0.05％的违约损失就足够了。达到这么一点的违约率在他看来是太容易做到了。

我下面用一个例子来说明,在这里我假定只有一个时间段(比如一年)。

假定鲍尔森有100万元,他用这100万开了一个对冲账户,用它来搞一个一年到期的CDS与LIBOR之间的对冲。

他先卖出100万元价值对应的LIBOR,也就是相当于他将这100万元借给了某一家"指数"银行,获得3％的"指数"利息。

同时,他又在市场上购买了一个100万价值BBB级次贷债券包的"违约责任险",一个CDS(信用违约掉期)合同。他为此付出的保费是本金的4％,一年下来就是4万美元。假定他必须将其余的资金保持在账户上而且是没有利息收入的。

在一年到期的时候,如果这个债券没有发生违约,那么,他付出的4万美元就算是白付了,和你买房屋财产保险一样,你没有损失,自然也就没有赔偿发生。

这样的结果是,鲍尔森卖出的LIBOR给你带来了3万元的收入,他买的CDS给他带来的是4万美元的成本支出。他100万放在那个账户上,一年下来的亏损是4－3＝1(万美元)。这个1万元相当于他本金100万的1％,也就是LIBOR和CDS之间的差价。

如果一年到期时,那个债券包所"来源"的大包,也就是那个2,000万价值的"母包",发生了6％的违约损失:2,000万的价值现在萎缩到2,000×(1－6％)＝1,880万美元,价值下跌120万美元。由于最开始5％的亏损是全部由BBB部分的投资者承担的,那么,这些BBB部分的投资者所投资的债券价值就全部消失,出现了投资本金100％的亏损。这时,那个卖出CDS来保证BBB这部分债券违约损失的公司,得按照

第四章

合同来支付赔偿了,这时候就是全部的100万美元。

由于鲍尔森购买了这个CDS,他就获得了100万美元的赔偿。这样一来的结果是,他100万美元的那个账户上,成本的支出是4万美元,收入是从LIBOR那里得来的3万美元,外加保险公司赔偿的100万美元,净利润就是99万美元。一个100万美元的账户,现在就有199万美元了,于是乎投资回报率就是99%。

如果违约率不到6%,而是在1%或者2%左右,那么,100万美元账户这时候的价值如何,鲍尔森在这时将获得怎样的投资回报,我留给读者自己去计算。

如果鲍尔森的投资资金是10亿美元,这10亿美元对应的BBB级的次贷抵押债券的CDS价值当时为4,000万美元。他卖掉了10亿美元价值的LIBOR指数"债券",获得3,000万美元的利息。两者对冲,他花了1,000万美元,10亿美元的1%。

由于次贷债券的风险增加,虽然债券还没有到期,但市场会对违约的实际发生和可能发生的预期结果作出反应。这样一来,债券所对应的CDS价格就会变化。

可能后来这些CDS的价格上升了好几倍,比如说从400个基点升到1,200个基点。他如果卖掉这些CDS的话,就能够赚到11,000万。这里有CDS升值带来的8,000万美元,外加从LIBOR卖出获得的3,000万美元。这个数字和他的10亿美元本金相比,也还是一个小数目,11%而已。

但是,如果这些BBB债券最后因为违约超过5%而一钱不值,那么,那些CDS对应的10亿美元债券,就得由那些提供保险(卖出CDS的金融机构)的保险公司来支付了。于是,他就能够获得10亿美元的赔偿。代价也就是那个1%的对冲差价。

当然,我这里是用一个简化的例子来说明鲍尔森是如何做对冲的。实际的情形要复杂得多,需要计算机的帮助才容易获得准确的计算结果。而且注意，鲍尔森的做法和买人家的债券，再买一份CDS债券安全保险还不同。很多投资者是没有买CDS保险，不想花那份保险费，而只是买了债券部分。如果你买的是BBB那部分，在那部分一钱不值时，你的全部投资就是打水漂了。投资BBB部分的都应该是专业投资者。

如果你在投资BBB那部分后还买了一份CDS保险，如果卖给你保险的保险公司最后破产，你的全部投资最后也还是打水漂了。

如果你买了债券又买了CDS保险，同时很幸运，卖给你保险的是美国国际，它被美国政府救助，你获得了赔偿，最后，你的损失就是你付出的CDS保费部分，你的本金由美国国际来继续支付。你还是没有赚到任何钱。

而这位鲍尔森，则是在自己没有拥有任何债券的情况下，买了保险！

需要说明的是，鲍尔森的钱可不是自己拍拍脑袋，或者在办公室里的电脑上做几个小时的功课之后，就做出的。世界上没有容易赚的钱，容易赚的运气钱是投机的结果，总有失败的时候，而且，失败的可能性还会很大。

他的直觉让他注意到问题的存在，而他的投资绝对不是基于直觉进行的。他必须基于某种确定性，才能够最后做出投资决策。

为了搞清真相，他当时还雇人来解析那些次贷打包债券，来搞清楚里面到底是一些什么东西。同样的BBB级CDO，由于里面包含的内容不一样，最后的违约率也不一样。只有那些违约可能性最高的BBB级CDO才能给他带来最好的投资回报。这种对CDO本身的解剖研究，不仅仅能够告诉他那样做在操作上是可行的，而且，还能够极大地提高他的投资回报率。鲍尔森是一个严谨的有心人。

不少的投资者是基于信用评级机构的评级来做投资决策的。如果一个债券包被打上AAA最高等级的标签，很多投资者就会认为那是一个安全的债券产品，和美国国债一样，不可能有违约的风险。

第四章

第三节　鲍尔森的业绩胜"股神"

不要以为,鲍尔森之所以能够赚大钱,是因为他承担了很大的风险。很多时候,风险和回报是不成比例的。高风险高回报,是对方想推销高风险商品给你时的一种借口和理由。很多投资CDO的投资者,以为是在投资最安全、保险的债券,最后才发现那是风险很高但回报却很低的投机品。

鲍尔森不是一个赌徒

鲍尔森是一个很守规矩的人。他所管理的基金只有1.5%的卖空权利,对于他人生难得的这次机会而言,显然不够。于是,他专门成立了一个对冲基金,就是为了最大限度地利用这次机会。那个特殊基金里面的资金,全部来自他自己的家族和他公司的员工,不对外融资①。他将那个基金上的资金全部用于卖空次贷债券的操作了。在2007年,他的这个基金获得了590%的年回报。他个人也因几个基金的业绩而获利37亿美元,这个37亿美元创造了华尔街的新纪录。是次贷危机造就了他的辉煌,给了他机会。

获得如此之高的回报,他又没有冒太大的可能赌错的风险,这就是"神"。不过,你得注意到,如果他要获得高于100%的投资回报的话,他应该是需要使用一定的杠杆的。从上面的例子可以看出,按照100万美元的资本金,即使在一年之内你所购买的CDS所保证的CDO债券全部违约,你要想获得将近6倍的投资回报,就应该购买600万美元价值的

---

① 除了他可能已经从内部获得了所需的资金外,还有一个重要的原因可能是保密的需要。投资的机会在知道的人越少时获利就越多。投资就像是在战场上打埋伏,你得先在对手没有意识到之前就埋伏好。

CDO 债券所对应的 CDS 才行。这时候的风险就不是 1% 了，就应该是 6% 外加你（可能）借款的利息成本。

如果鲍尔森是一个赌徒，在花旗银行或者雷曼公司的公司债券的 CDS 价格在 100 个基点时买入，将全部资金都拿去买这些 CDS，等到花旗的 CDS 价格高达 600 基点时再卖出，获得的就是五倍的投资回报，但是，如果次贷不是按照我们已经看到的情况演进，如果泡沫到现在还没有破灭，如果他赌错了时间段，可能最后他的所有投资都全部打了水漂。他显然没有这么疯狂地狂赌。

一直到 2007 年初时，市场才开始注意到次贷债券的风险，人们才开始关注那些债券里面的抵押债券的质量问题，而不仅仅是那个债券包被评级机构所打上的等级标签。正是这种深入的研究让市场意识到，实际的风险比评级机构所给出的要高很多。于是，市场理性反应的结果导致 CDS 价格的上升和 CDO 价值的下跌。这样一来，他的投资就已经获得利润了。

根据鲍尔森当时的分析，在这么大一个金融危机面前，6% 的次贷债券的价值下跌应该是远远不够的。在 2008 年底时有人估计，美国房屋市场价值从最高峰下跌 15% 到 25% 都有可能，而且可能性还应该很大。如果结果是 15% 的违约率，那么在当时还存在的 BBB 级 CDO，虽然其对应的 CDS 价格已经上升很多，但还是有很大的投机价值。不仅如此，那些级别比 BBB 要高一些的不少债券，最后的价值可能也会归零或者大幅贬值，那么，购买那些债券的 CDS 也是一个值得的投资。

实际上，根据高盛提供的数据，在 2006 年底时，不少 1 美元价值的 BBB 级 CDO，在 2008 年 7 月份时，就只值 5—6 分钱了。如果你付出 1% 的代价，让人来担保你一份 100 亿美元的 BBB 级 CDO 债券，付出的代价是 1.5 亿美元的保费（一年半），在这个 BBB 级 CDO 的价值从 1 美元跌到 5 美分时，对方按照合同得付给你 95 亿美元的价值损失赔偿。

第四章

你的利润就是 93.5 亿美元。该类债券的价值在 2007 年 3 月份时在 80 美分附近，2007 年 10 月就掉到 40 美分，11 月掉到 20 美分。正是这种下降，给鲍尔森带来了利润！那一年的 CDO 的价值跌得很快，鲍尔森也在那一年赚得最多。

鲍尔森的业绩无人可及

由于投资次贷债券市场，在 2007 年，鲍尔森所管理的几个基金总共获得 150 亿美元的投资利润。2006 年时，他的所得是 1.5 亿美元。他 2007 年时 37 亿美元的进账，主要得益于 2007 年下半年时次贷危机所带来的对 CDO 价值的冲击。

从一定程度上，你可以说他是在发"国难财"，甚至是"国际难"财。发这种财，将自己的幸福和富裕建立在他人的痛苦之上，是否不道德，美国政府在事后开始了调查。鲍尔森本人不认为那是一个不道德的事情，虽然他也为那些在金融危机中遭受创伤的投资者感到难过。不过，他还是主动拿出了 1,500 万美元，来帮助那些因为次贷危机而失去住房的按揭房贷者。

有意思的是，他还在 2008 年第一季度买进了 5,000 万股雅虎的股票，如果他是在 20 美元一股附近买入，其后在 28—30 美元左右抛出，他还真的是很神。在 2009 年 5 月份的持股超过 1,200 万股的雅虎股东中，没有他个人或者他基金及公司的名单。这时候的股价是 15 美元不到，见图 4—1。

同样在 2008 年初，他还雇佣了格林斯潘为他的公司服务，可能是要"感谢"格老在制造次贷危机方面的功劳，让他得以大发横财，同时，也是在借机和政府部门拉近一点关系。

下面这个图（图 4—2），是鲍尔森基金的业绩图，以及和其他对冲基金、相关指数的比较。从 1994 年 6 月开始到 2008 年 9 月，他的基金成长了9.46倍。对冲基金指数成长了3.73倍，比同期的标准普尔500指数（S&P 500）的3.39要强一点。由此你能够看出差别。

图4—1 雅虎公司股价的变化图

（资料来源：MSN.COM）

谈到一般对冲基金的业绩，许多人以为他们挂上"对冲"的名字就会有神力，实际上，你已经看到，他们的平均水平比标准普尔指数也强不了多少，而且，由于缺乏监管，你还可能碰到骗人的对冲基金，从而风险更大。同时，这个比较数字还是得从1994年算起。从2003年开始，对冲基金的业绩几乎和标准普尔的业绩没有区别。从1994年到2000年，对冲基金的业绩要好于标准普尔500指数。但是，那还可能不是他们水平高的原因，而应该是他们投资了大量的科技股的结果。而且，这种高于标准普尔500的业绩，还在其后"吐回去"了。

而鲍尔森的那个基金，则在这段时间里一路高歌。从1994年开始，100美元的投资，在2007年底时的价值是946美元。在14年时间里，他

第四章

给投资者带来的年平均复合回报应该是 17.4%[①]。并且,他的对冲基金还没有出现其他基金那样的大幅下跌的情形。也就是说,他的投资结果比较平稳。很明显的是,从 2005 年开始,他的业绩远高于平均结果,这就是鲍尔森投机次贷债券的那个 CDS 的结果。

图 4—2 约翰·保尔森的基金的业绩图

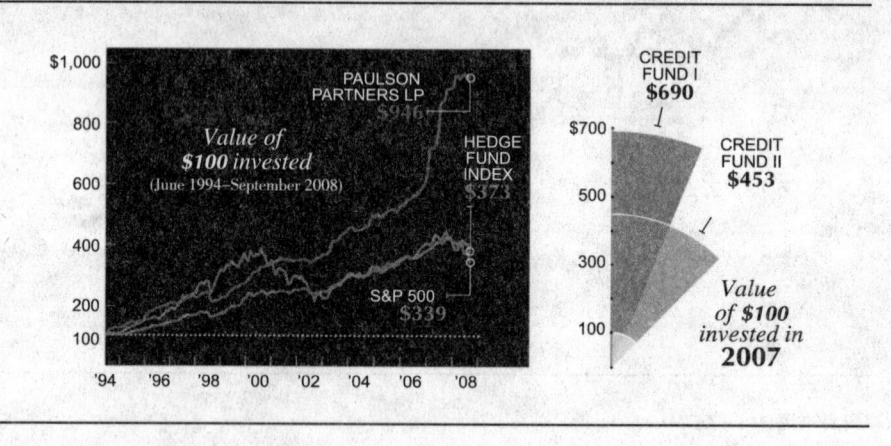

(资料来源:路透社)

最好的年份是 2007 年,从那年初开始,到 2008 年 9 月份,总共 7 个季度,他管理的一个基金 Credit Fund II 增长了 3.5 倍,另一个 Credit Fund I,由于使用了更大的金融杠杆放大倍数,获得了 5.9 倍的投资回报。

在次贷债券这个机会过去之后,他能不能再找到一个远比对手更赚钱的方法和途径,就是一个大问号了。有时候机会是千载难逢,稍纵即逝。而且,在"发现是机会"的人越少时,你所拥有的机会也就越大。这就是说,你得与众不同。

---

① 9.46^(1/14)−1 = 0.17410384。

第二部分 泡沫与危机

第五章 一声惊雷噩梦成真

拥有一栋郊区别墅和两辆汽车，
就是我的美国梦。
——玛丽莲·沃斯·莎凡特

金融风暴来自次贷危机，次贷危机又源自美国房市泡沫的破灭。美国房市大泡沫的形成，又在很大程度上与美国人的美国梦想息息相关。那么，我就从美国梦来展开逻辑分析之旅，探寻一下金融风暴的深层次根源和演进过程，看从中能够吸取怎样的教训。

第一节 一声惊雷！一个阴谋？

2008年9月25日，一个沉闷的星期四。

位于美国西部的华盛顿互惠银行，被美国政府部门的储蓄管理局（OTS：Office of Thrift Supervision）接管。其后，美国政府部门的联邦储蓄保险公司又擅自做主，将这家接管的银行以19亿美元的低价，转手卖给了摩根大通银行。速度之快，价格之低，让华盛顿互惠银行的股东

第五章

和管理层连反应的时间都没有。世界也一时傻了眼。

华盛顿互惠银行

接管华盛顿互惠银行,并将其转手低价卖给摩根大通,这项交易是在未获得华盛顿互惠银行管理层和股东认可的情况下进行的。相当于是美国政府的储蓄管理局(OTC)将华盛顿互惠银行当作一件"走私品"给没收了,然后,转手就将该"走私品""拍卖"给了摩根大通银行,而且是以极低的"跳楼价"卖出的。

第二天,也就是2008年9月26日,作为控股公司的华盛顿互惠公司宣布破产。在被政府接管之前,华盛顿互惠银行是美国第六大银行。根据2007年公司的年度报告,华盛顿互惠公司拥有的资产价值高达3,279亿美元。

华盛顿互惠公司(Washington Mutual, Inc.,简写为WaMu),是一家银行控股公司,是华盛顿互惠银行的母公司。华盛顿互惠银行,曾经是美国最大的一家互惠储蓄和贷款机构(savings and loan association),具有119年的历史、拥有1880亿美元的存款。

截止到2008年6月30日[1],华盛顿互惠银行拥有43,198名雇员,4,932台自动取款机(ATM),在美国15个州拥有2,239个分行。它当时的总资产为3,070亿美元,负债包括1,883亿美元的储户存款,829亿美元联邦住房贷款银行的欠债,和78亿美元的次级债(Subordinated debt)。在它的贷款账户上,有1,189亿美元的独立房屋(Single Family,也就是国内说的别墅)贷款。其中,529亿美元的贷款是基于变动利息(Option ARMs:option adjustable rate mortgages)发放的。

华盛顿互惠银行的被接管和转卖,就像一声惊雷,炸醒了沉睡的人

---

[1] "OTS Fact Sheet on Washington Mutual Bank" (PDF). Office of Thrift Supervision. 2008-09-25. http://files.ots.treas.gov/730021.pdf.

们。

  2008年对于美国来说是极不平凡的一年,先是雷曼公司的破产,其后是华盛顿互惠的破产,还有美国国际的濒临破产和被政府救助,外加作为第二联储的两房的濒临破产和被美国政府接管。

  这一切似乎都在说,美国房市的繁荣已经正式终结,可能的经济衰退成为人们开始忧虑的重要议题。记得那个时候,人们还在谈论,奥巴马和麦凯恩几乎打平的均势,为什么在2008年9月之后发生逆转?到底是哪一根最后的稻草,压死麦凯恩,让奥巴马脱颖而出,成就自己的总统梦的?[①]

  这最后的一根稻草,就是房市泡沫的正式破灭,就是次贷危机的爆发,就是美国经济萧条的开始。

为成就美国梦的努力

  华盛顿互惠以帮助美国大众实现美国梦为己任。长期以来,它立志做一个银行业的沃尔玛(Wal-Mart),为此,它将自己的经营目标,对准那些一直被银行界认为"油水很小"的顾客——那些人数众多的中下层收入的美国人和美国家庭。帮助他们实现美国梦成为公司的主打目标。

  华盛顿互惠在房市泡沫期间发放了大量的次贷。有那么一阵,华盛顿互惠几乎到了有求必应的地步——只要你想贷款买房子,我华盛顿互惠就会让你实现自己的梦想。作为一家百年老店,做生意做到如此大方和慷慨的地步,在一个角度体现了美国当时房贷市场疯狂的大环境。

  结果,在2005年美国房价见顶之后,公司开始感觉到来自次贷按揭上的亏损压力。从2006年开始,公司进行了大幅度的经营方向调整,期望能够扳回败局。

  [①] 详细的分析,请参阅《奥巴马智取白宫》(汪翔 著,崇文书局,2009年6月版)和《奥巴马大传:美国历史的创造者》(汪翔 著,长江文艺出版社,2008年10月版)。

第五章

首先，自然是收紧信贷标准。从 2006 年晚些时候开始，面对明显开始下降的房产价格，公司三管齐下：收紧信贷标准；停止收购来自经纪商的次贷按揭；全面停止对次级房贷按揭的发放。与此同时，公司还通过转卖账户上已有的房贷按揭，来大幅削减自己拥有的房贷按揭规模。

其次，削减公司的运营成本，节省开支。从 2007 年 12 月开始，华盛顿互惠银行宣布将重新调整房贷业务部门，削减 2600 个工作职位，关闭 190 个房贷中心和销售办公室，同时关闭 9 个房贷贷款文件处理和顾客服务中心。

其三，提高资本储备比例，减低金融杠杆的使用倍数。从 2006 年底开始到 2007 年，华盛顿互惠银行开始重新清理自己的投资资产结构，卖掉那些回报率不高的资产，减少负债水平。与此同时，公司还通过发行新股的办法筹集现金，准备过冬。2008 年 4 月，控股的母公司通过发行新的普通股和绩优股，获得 70 亿美元的新资本注入。其后，母公司将其中的 65 亿美元注入到华盛顿互惠银行。至此，华盛顿互惠银行的自有资金达到了一个比较充足的水平，按照美国 FDIC 和华尔街的标准，已经成为资本充足率良好（wellcapitalized standards）的美国银行。在那时谁也没有料到，资本金如此充足的华盛顿互惠银行，短期内会因财务问题而出现危机。而仅仅五个月之后公司就破产了。

屋漏偏逢连阴雨

完成一系列战略调整之后，华盛顿互惠的高层认为可以喘口气了，公司的危险警报已经解除，至少按照美国政府的要求和华尔街的标准是这样。

可就在这个时，屋漏偏逢连阴雨。

在公司公布 2008 年 6 月 30 日截止的季度报告时披露，从 2007 年第四季度到 2008 年第二季度的三个季度中，华盛顿互惠银行的经营性亏损加总已经高达 61 亿美元。而且，公司所发放的房贷按揭将继续面临信贷质量下降的威胁，公司在独立屋住房贷款方面，可能将有高达 190 亿美元的亏损。

为了应付这种可能局面的发生，公司开始增加贷款损失准备金计提 (loan loss provisioning)，数额从 2007 年第四季度的 16 亿美元提高到 2008 年第一季度的 36 亿美元，在第二季度，又提高到 60 亿美元。也就是说，控股母公司提供的 65 亿美元的新资金，基本上到这时候已经用光了，全部被用来作为贷款损失准备金计提，放到一边对付房贷违约可能造成的亏损。

没想到，连绵阴雨之后又是持续的暴风雨。随着美国房市泡沫的破灭，房贷市场违约的增加，人们对华盛顿互惠银行的前途也越来越担心。不少储户开始兑出自己的存款。

这种挤兑压力从 2008 年 6 月开始，就被银行的管理层感觉到了。最可怕的时刻出现在 2008 年 8 月 15 日，10 天之内被挤兑走 167 亿美元，一下子让公司处于严重的流动资金不足状况。公司在短期内没有办法找到所需资金，无钱对付继续的挤兑需求，也无法正常经营。正是在这种情况下，华盛顿互惠银行被美国政府的储蓄管理局接管。

接管是 OTS 主动出击的结果，因为联邦储蓄保险公司不愿意承担可能的巨额亏损，而且它也已经亏不起了。那么，政府为什么不注入流动资金，或者采取及时的办法来降低公司所面临的挤兑压力？这是人们一直在问的问题。公司当时也只是技术性破产，流动资金不足的问题。也可以说是被挤兑搞垮的。

2008 年 9 月 25 日，OTS 正式接管华盛顿互惠银行之后的那一刻，母公司华盛顿互惠公司旗下的这笔曾经庞大的资产瞬间归零。而且，OTS 的接管还不是全部接管，它只是将华盛顿互惠银行的部分"有价值的资产"接管了，而为数也不少的负债，能够留给控股母公司的都留给了

第五章

它。这时候控股的母公司实际上成为一个空壳,而且还是一个负债累累的空壳。第二天,控股母公司宣布破产,这实际上也是当时唯一的选择。

接管之后,FDIC 立刻就将这个还有不少资产,只是流动性枯竭的大银行半送半卖地转手给了摩根大通银行。这样做,一则 FDIC 丢掉了一个大包袱,因为摩根大通答应承担由此产生的所有义务,也就是说 FDIC 在这之后已经没有任何经济责任了。同时,由于被摩根大通迅速接收,华盛顿互惠银行在第二天还能够按时开门营业,也无需动用 FDIC 分文。

2009 年 3 月 20 日,作为母公司的华盛顿互惠公司在美国华盛顿特区起诉 FDIC,控诉 FDIC 毫无人道地剥夺了她做母亲的权利。诉讼要求 FDIC 赔偿 130 亿美元,理由是,对其拥有的华盛顿互惠银行的接收不公正,而且,卖给摩根大通的 19 亿美元的价码低得离谱。随后不久,摩根大通也在特拉华州的联邦破产法庭反诉华盛顿互惠公司,当时,后者的破产案正在特拉华的破产法庭处理。后面你来我往的官司肯定少不了,那些利益受到伤害的华盛顿互惠公司的股东和债权人,也会发起官司,来起诉公司的高层,甚至摩根大通和 FDIC 的。

急不可待的购买者

受华盛顿互惠银行倒闭消息的影响,在第二天的交易中,金融市场的股票指数和期货大幅走低。道琼斯工业指数周五早间开盘大跌 150 点,随后逐步回升。美国参议院也在当地时间周五的上午 11 点半,就 7,000 亿美元救市计划继续展开讨论。

事实上,就在雷曼兄弟在那周的周三公布"自救方案"之后,市场就已经开始揣测下一个雷曼可能是谁?而那天华盛顿互惠的股价就狂泻了 30%,在纽交所的股价收盘下跌 98 美分,报收 2.32 美元(图 5—1)。

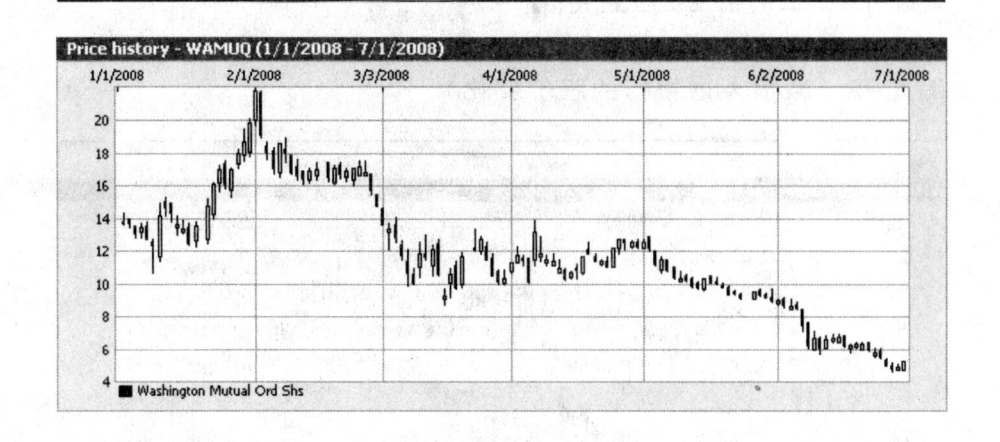

图 5—1 华盛顿互惠公司的股价变化

(资料来源:MSN.COM)

早在 2008 年 3 月中旬,就在摩根大通银行的总裁兼 CEO 杰米·迪蒙(Jamie Dimon)前往贝尔斯登洽谈收购事宜的那个周末,他还派出了特派员前往华盛顿州的西雅图,秘密会晤了华盛顿互惠的高层领导,提出以换股的方式,按照当时摩根大通的股价,以 8 美元一股收购华盛顿互惠。摩根大通当时希望能够尽快地完成交易。

看来,当时的摩根大通,是想乘华盛顿互惠处于困难时刻来占点便宜。从图 5—1 可以看出,当时华盛顿互惠的股价在 10 到 12 美元之间波动,摩根大通的出价低于华盛顿互惠的市场价很多,而且还是用自己的股票购买。那时候,明眼人不难看到,即使是摩根大通,如果房市走向继续恶化,它的股价也很难保住不会继续下跌。那样一来,摩根大通给出的价码就会随着自己股价的走低而下降。

摩根大通的"好意"被华盛顿互惠所拒绝。2008 年 4 月,面对高额的次贷业务亏损,华盛顿互惠银行只好继续裁员,宣布将在全国范围内再裁 3,000 名雇员,再关闭 186 家房贷办公室。同时,该银行还宣布停

第五章

止收购独立经纪公司放出的房贷按揭,也就是说,它停止了自己一直以来最引以为傲的批发房贷业务。

图5—2 摩根大通银行的股价变化

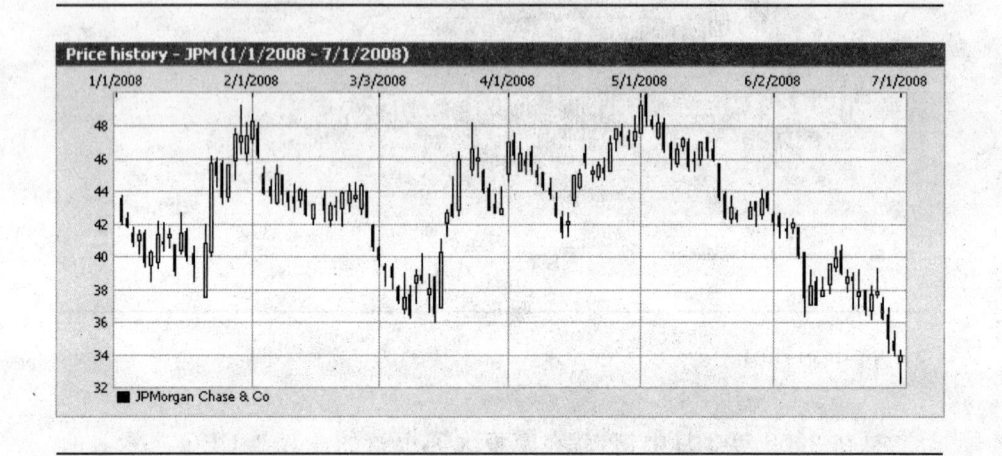

(资料来源:MSN.COM)

高层管理者的提款机

荒谬的是,就在华盛顿互惠银行面临巨额亏损的情况下,公司的管理层在计算自己的年终奖金时,还居然能够以剔除掉房贷损失部分之后的经营业绩来进行。这种做法被公司股东视为无理和不公平。

公司的奖金计算办法,是按照公司当时的CEO兼董事长克里·基林格(Kerry Killinger)的意愿设计的。从表面看,他也设定了不少看上去"很伟大"的经营目标,但是,如果你稍微仔细推敲一下就能看出,那都是一些很容易实现的目标。

不仅如此,在那些目标中还隐藏着一个秘密:公司的高层奖金不受风险较高的投资项目的投资结果的影响。这一特殊的设计,得益最大的就是克里·基林格本人。这种相当于将自己所管理的公司当作自己的提款机的行为,在美国的上市公司中相当普遍。这也是这次金融风暴中暴露出来的一个大问题。

2008年6月初,公司的股价已经跌破8美元。克里·基林格辞去公司董事长一职,但还保留首席执行官(CEO)的职位。三个月后,独立的"监军小组"(董事会)在9月8号,在股东的压力之下,解除了克里·基林格的CEO职位。

随后不几天,由于公司被摩根大通收购,克里·基林格设计的那个美好的奖金计划,最后只能泡汤。接替公司CEO一职的,是来自外面一家房贷公司的艾伦·费雪曼(Alan H Fishman)①。

新任CEO并没有回天之力。其后,公司的股价一发不可收拾,继续跌跌不休。到了9月中旬时,跌到2美元的水平。看来,市场已经看出公司深层次的问题了。想想这家在一年前还有30美元一股股价的公司,再看看2007年初时的45美元的价码,它的股东除了伤心和愤慨之外,只有后悔了。他们后悔对克里·基林格豪言壮语的信任,后悔对于他那个反传统经营理念的接受。

这时候,公司是不是后悔没有接受当初摩根大通在3月份开出的每股8美元的价码,有没有后悔高估自己的自救能力,这些问题的答案可能是一个永远的秘密。

这时候,再想用8美元的购买价,只能是异想天开了。到9月中旬,摩根大通的股价还反弹到45至50美元一股之间。按照这个价码计算,摩根大通3月中旬提出的价码,实际上还要高于8美元一股。

欺骗与"公关需要"难区分

虽然公司内部很后悔,虽然公司在一方面节省成本,进行重大的内

---

① Alan H. Fishman 是一家房贷中介公司 Meridian Capital Group 的董事长,之前还曾经担任 Sovereign Bank 的 COO(Chief Operating Officer)。

第五章

部调整和机构精简,虽然公司也派出大量人员去公关自己的现有股东和潜在的投资者,以便获得更多的资金注入,但这一切似乎已经来不及了。

那时候,在整个金融市场,获得新资金已经很困难了,而且越来越困难。金融市场已经进入寒冬,流动性冻结是那时的流行词。

在这种情况下,对外,公司声称将坚守自己作为一家独立运行公司的地位,在暗地里,则雇佣了高盛作为中间人,为自己寻找可能的买家。这种内外两面性问题,你可以说是公关的需要,是为了自己股东的最大利益,同时,你也可以说是在欺骗。

实际上,很多时候,欺骗和公关需要是很难区分的。如果你期望每一家上市公司都很客观、诚实地说明自己的经营状况,对现有的和潜在的股东负责,那么,你只有被人一再忽悠的份。

高盛的努力也没有获得任何结果。在当时那种环境,人们都选择保守谨慎为主,高盛找不到一家机构能够拿出一个让股东和联邦储蓄保险公司同时满意的出价。

美国对银行有很严格的资金储备要求。如果你的投资有亏损,那么,你就得增加贷款损失准备金计提。毕竟,对于银行来说,你的投资最终还是在用储户的钱来进行的。如果你没法拿出钱来弥补亏损的窟窿,最终 FDIC 得出面为你承担责任。所以,到这时候,给银行压力最大的应该是 FDIC 而不是股东了。股东已经是无能为力,很多人可能选择出仓,自认倒霉了。

华盛顿互惠银行的情况继续恶化,没有金主注资,银行的储户也开始担心自己存款的安全。虽然在美国,对于每一个存款账户有 10 万美元的 FDIC 保证,人们还是不放心。在短短的十天时间里,储户通过电子转账的手段,从华盛顿互惠转走了 167 亿美元的现金!也就是说,你虽然没有看到长长的排队等待取款的人群,但是,无声无息之中,银行已经遭受到了美国有史以来最严重的挤兑冲击。这无异于是雪上加霜,成为压死银行的最后一根稻草。

挤兑现象的出现，使问题继续恶化。美联储和商务部给公司的压力也越来越大，要求公司尽快找到一个买家，因为，FDIC正在面临更大的资金付出压力。由于不久之前印地麦克银行的倒闭，FDIC已经承受了巨大的经济压力，如果再来个华盛顿互惠的破产，FDIC自己都有可能破产。

FDIC 强行接管

在高盛的努力没有达到预期的结果之后，FDIC不得不介入。它邀请了几家金融机构参与了一场秘密的竞投，期望强行将这家银行快速卖掉。9月25日，在华盛顿互惠成立119年的周年那天，摩根大通被通知，成为竞投的获胜者。

9月25日是星期四。这天晚上，在西部银行营业时间（关门）过后不久，美国储蓄管理局接管了华盛顿互惠银行。接管的理由是，该行不能"安全、稳定地进行银行业务"。

随即，联邦储蓄保险公司宣布了美国历史上最大的银行倒闭案。这家有119年历史，拥有资产曾经高达3,000亿美元、存款1,880亿美元的银行，就此被作为垃圾处理掉了。

在正常情况下，FDIC都是等到星期五银行关门之后，再来做这种"没收"处理的，可是，这次FDIC认为情况确实太紧急，不得不提前一天处理。言下之意，实在是没法再等一天了。

人们在怀疑，这里面是不是有猫腻：一则摩根大通的出价那么低；再则，为什么联邦不早一点出面，通过诸如临时调高存款的联邦保险金额，来降低挤兑的压力；三则，摩根大通的收购为什么来得那么容易。是不是摩根大通害怕夜长梦多，会由于某种原因突然冒出一个更高价格的买者？里面的秘密太多。

第五章

不过对于这些,都不是 FDIC 需要关心的。因为,价格的高低,影响的只是股东的利益。对于美国政府方面,最重要的,是摩根大通在收购之后不需要 FDIC 出一分钱!

这桩倒闭案,是自 1984 年伊利诺伊州大陆国民银行倒闭以来,美国历史上最大的银行倒闭案。虽然如此,倒闭倒是没有影响到公司的对外零售业务。对银行现有的储户和其他顾客也没有造成任何影响和不便。该银行在第二天,也就是周五照常营业。

联邦储蓄保险公司,是由美国国会在 1930 年大萧条时期,在大量银行因恐慌挤兑导致经营困难甚至倒闭之后,为了保护储户利益而创立的。大萧条之后,美国政府注意到保护储户利益,光靠银行本身是很难做到的。为了从根源上恢复存款人对美国银行系统的信任,美国在 1934 年,根据《1933 年银行法》建立了联邦存款保险公司。该公司由 5 人组成的理事会负责管理,其成员包括货币监理署总监、储蓄管理办公室主任以及总统任命的其他 3 名理事,其中包含理事会主席。到 2007 年底时,它已拥有 524 亿美元的国家储蓄保险基金,这笔基金,是作为储备,在成员银行发生困难时,拿出来补偿储户损失用的。

按照美国法律,在美国境内经营的国民银行、联邦储备体系会员银行,都必须参加存款保险,而不是联邦储备体系成员的州立银行和其他金融机构,则可根据自愿原则参加保险。其后,要求所有新成立的银行都必须投保。

到目前为止,美国几乎所有的银行都参加了联邦保险,因为,这种保险的身份,能够给客户一种其他办法无法给予的安全保障。联邦存款保险数额,过去是对每个账户最高为 10 万美元,在危机出现之后进行了相应的调整和增加。

联邦存款保险公司的资本来源,是从投保银行收取的保险费,而美国联邦政府实际上担当了最后担保人的角色。从理论上看,如果 FDIC

能够搞好自己的监管工作,那么,可能的最坏情形,将能够被控制在可控的范围内。如果发生重大失误,发生严重的不可控情形,面对大面积的金融崩溃,联邦是不出手也得出手。

1999年以前保费按固定比例收取,其后改为按差别比例收取。具体收取比例,是按照这样一种公式来进行的:先按资本充足情况将投保银行分为上、中、下三组,再按监管情况分为A、B、C三组,然后对不同的档次分别确定不同的保费收取比例。其中,最高的为27/10000,最低的为0。

也就是说,如果你的准备金足够高,FDIC觉得你不可能出现任何风险时,你也就不需要FDIC来担心了。为了应付可能的万不得已的情况,法律还授权,联邦存款保险公司在急需时,有权向美国财政部紧急借款300亿美元。

第二节 "居者有其屋"的理想

华盛顿互惠银行的破产,只是冰山一角。不过,至少从一个角度说明,任何一家金融机构,如果你"胆敢"为美国梦的实现奉献"青春"的话,你的可能结果或许并不好。

理想是美好的,但推动这种理想实现的代价是高昂的。

次贷危机源自美国的房市泡沫,是由于有太多经济实力不够的人,买下了超出经济能力,不该购买的房子,为此他们借了太多的房贷按揭,而这些借款不久之后又大多变成了呆账、死账,形成了大量的房贷违约。

美国人之所以愿意这样做,也应该是理性选择的结果,那么,这个理性选择的基础是什么呢?为什么会有那么多人,要在这个节骨眼上一窝蜂地买房子呢?他们为什么想买?为什么这种想买又能够实现?实现之后又为什么会出现问题,也就是为什么在实现之后那么短的时间里,

第五章

就开始负担不起而不得不违约了？

就是我要做的工作，就是回答这些问题。为此我将一步步展开。

美国梦与消费疯狂

居者有其屋，一直就是美国梦最重要的组成部分。

2009年1月22日，当奥巴马举起自己的右手，宣誓就任美国总统时，美国梦在美国人民和全世界人民心中，又有了一次新的升华。在美国，只要你敢想，只要你还有胆量，你的任何理想和梦想就有实现的可能。

美国梦，鼓舞了无数代人，从世界各地来到这块美利坚的热土，在相对平等的机会面前，为了自己和后代的美好未来而奋斗。美国梦几乎成为美国优势，美国最有吸引力的一种象征。

那么，美国梦的内涵是什么呢？[1]

早在1959年，一个十二三岁，叫玛丽莲·沃斯·莎凡特（Marilyn vos Savant）的女孩，在回答一个专栏提问时，曾经对美国梦做过这样的解释：对我而言，拥有一栋郊区住房和两辆汽车，是每个家庭美国梦的主要内容。花草环绕的乡村别墅，绿树成荫的街道，孩子屋后玩耍嬉戏的欢快笑声，父亲的露天烧烤飘散出来的香味，是美国梦的外在表现。聪明而有教养的孩子，是美国梦的结果。拥有足够的业余时间和物质条件，让家人能够一起外出野营和垂钓，同享天伦之乐，让父母能有时间观看孩子在学校和教会的文艺演出，是美国梦的升华。拥有通向世界的交通、通讯联系，让人们不再寂寞，则是美国梦的深入。

---

[1] 关于美国梦的更多的阐述，参阅：(1) Cullen, Jim. *The American dream: a short history of an idea that shaped a nation*, Oxford University Press US, 2004. ISBN 0195173252；(2) Johnson, Heather Beth. *The American dream and the power of wealth: choosing schools and inheriting inequality in the land of opportunity*, CRC Press, 2006. ISBN 0415952395.

一声惊雷噩梦成真

美丽的生活环境,一定的物质条件,足够的空余时间陪伴孩子,一个良好的教育环境和丰富的业余生活,就是当时少年的她,心中的"美国梦"。今天,这恐怕也是世界上生活在每一个角落的大多数人,所梦寐以求的生活环境和生活方式。

这位玛丽莲·沃斯·莎凡特,可不是一个一般的人物。据说,她是截至目前吉尼斯世界纪录所认定的,拥有最高智商(IQ)的人[①]。她于1946年8月11日,出生于美国密苏里州的圣路易斯。在刚满10岁时的1956年9月,在第一次接受史丹福·比奈智力测验(Stanford-Binet IQ Test)时,所测得的智商就高达228。

后来数十年间,人们又对她做过数次智力测试,测出的智商有167、186、218、230等等。那种IQ检测的方法,到现在,也还是美国各地挑选"天才班"(The Gifted Program)的重要依据,只是细节已经有一些改进而已。[②]玛丽莲后来长期从事文学创作,也编写剧本并兼任报刊的专栏作家。

美国梦一词,比较早时,是由美国作家和历史学家,詹姆斯·特拉斯洛·亚当斯(James Truslow Adams,1878年10月—1949年5月)给出的。

1931年,在他的《合众国史诗》[③]一书中,当谈及"对一个国家的梦想"时,他说:拥有汽车和住房,只是美国梦的一个方面,但更重要的,应该是拥有这样一个社会秩序和环境,让每一个生活在其中的人都能够获得平等的机会,都能够让自己的能力得以充分体现,然后根据各自的能

---

① 根据1986的《吉尼斯世界纪录》(Guinness Book of World Records)。

② 在《奥巴马大传》里,我对美国的 The Gifted Program 的历史和演进,做了比较详细的介绍。美国的第一夫人米歇尔·奥巴马,当年就是得益于这一"天才班"的特殊教育,才成就了她后来的业绩。

③ The Epic of America (1931). Simon Publications,2001,paperback:ISBN 1-931541-33-7.

171

第五章

力和业绩来获得更美好、更富裕和更充实的生活。

他淡化了对物质利益的追求,强调的是实现美国梦的社会环境,有了这种环境,物质结果也就成为自然的了。两者合一,也是目前美国一直在倡导的美国精神。有理想,人们才有奋斗的目标,在当今的中国,重提理想,一个国家现实的可实现的理想,也是一件值得做的事情。[①]

谈理想,重视它的现实实在意义,一直就是美国的特色。今天的美国,"美国梦"中占据压倒性部分的,是物质为上的消费主义。当年的大萧条,根源于人们的消费至上,这次的次贷危机,也同样是根源于人们不顾后果的享乐主义至上。一次次的金融危机,都可以从人类的贪婪、私欲的恶性膨胀,对消费和财富的无尽追逐,来找到原因。而消费信贷这种金融革命的产物,在几次大的危机中,都充当了很重要的角色。

欲望和现实的区别

居者有其屋,一直是美国梦的重要组成部分,同时,也是人类共同的理想。正是这种理想的驱使,让人们勤奋工作。

大家可能看到,许多农村的中国青年男女,成年累月在外吃苦耐劳,辛辛苦苦攒点钱,回家的第一件事,就是为自己和父母、家人兴建一栋像点样子的房子。这不就是中国版的"美国梦"吗?为了拥有自己的住房,中国的房奴们不惜牺牲自己的健康而长期辛苦工作,这也是"美国梦"的中国城市版。

[①] 詹姆斯·亚当斯的英文原文是这样说的:The American Dream is "that dream of a land in which life should be better and richer and fuller for everyone, with opportunity for each according to ability or achievement. It is a difficult dream for the European upper classes to interpret adequately, and too many of us ourselves have grown weary and mistrustful of it. It is not a dream of motor cars and high wages merely, but a dream of social order in which each man and each woman shall be able to attain to the fullest stature of which they are innately capable, and be recognized by others for what they are, regardless of the fortuitous circumstances of birth or position".

这种劲头在美国也有,不过表现的形式可能有一点不同罢了。但是,对于拥有自己住房的渴望是一样的,拥有房屋之后的那份自豪和骄傲的感觉,是相同的。

问题是,这只是一种潜在的需求,这种需求的实现得有相应的经济基础。最极端的情形,如果房子是免费的,而且维护房子也是免费的,那么,每个人可能都希望自己拥有的房子越多、越大越好。

在美国,你拥有房子,不仅有购买房子的成本,还有不低的使用房子的成本,也就是不低的房地产税,在我们这里是房子目前市场价的2%左右。此外,美国的房子基本上都是用木料建起来的。那种房子,改装容易,也容易加装隔热层,让你的房子冬暖夏凉。更重要的是,美国的房子基本上都有中央空调和暖气的中央控制系统。即使你所在的地方非常寒冷,也能够过得很舒服。

住在中央温度控制的房子里,每个房间都能够保持一个恒定的温度,那种良好的感觉,是以大量的煤气燃烧和电能的消耗为代价的。

美国的这种建筑方式,方便而且有效率,但同时,你的维护成本可能也会高一些。而且,美国的房子还有很多相对国内一般房子而言复杂一些的结构。再者,美国人对屋前房后的绿化也很重视,那也是一笔不小的,不能够节省的费用。

总而言之,在美国拥有房子,远不是买下一栋房子那么简单。你在买下房子之后,还得在保持房子漂亮整齐的前提下,承担你住在那里应该支付的公共产品的分担费用。

我有不少的朋友不止一次告诉我,在买了房子之后,才意识到那许许多多的"额外"必须的开支。这些开支是必须的,逃不掉的。很多老年人在退休之后,由于负担不起物业税,而不得不换住小很多的房子。

说这许多的意思是,拥有漂亮的住房人人都想,而要实现这种梦想,你不仅需要有足够的财力来买得起,而且,还得有足够的财政能力能够

第五章

住得了。在美国,如果你欠物业税(地产税),地方政府(物业税的主要受益者),是可以强行将你的房子公开拍卖的。而如果你房前屋后的草坪和绿化,没有达到一个能够容忍的标准,你的邻居是可以向所在市政府投诉而让你吃罚单的。

房市泡沫临界点

房屋,一直就是美国百姓家庭最重要的资产。然而,即使在美国,也不是所有人都有经济实力,拥有属于自己的住房的。同时,全民家家拥有住房,从已有的历史经验来看,对于一个国家的经济繁荣和稳定,似乎未必就是一件好事。

在美国,政治家出于利益的需要,在最近几十年来,一直在推动"居者有其屋"的全民拥有住房的理想。在中国,看来也在大力度推进全民拥有住房的梦想。

直觉告诉我,一个国家对房子拥有的比例,很可能有一个均衡和安全的数量。在这个均衡数量上,泡沫不至于形成,没有能力拥有房屋的民众的积怨,不足以形成任何动荡因素,同时,还能够保持适当的财富饥渴感,以此激励人们勤奋工作,为了自己拥有住房的梦想而奋斗。同时也应该是有一个合理的拥有房贷与房产价值的比例的。当这两个比例有一个过高时,实际上就埋下了危机的种子。

我们来看看美国的历史数据,看从中能不能悟出一点什么道理。图5—3是从1960年到2005年间美国家庭拥有自己住房的比例。从中可以看出,从1980年的65.6%的最高点,下降到1985年的64%以下,相对稳定了好多年,直到1992年后开始上升。1996年达到65.4%,2005年时又达到68.9%。

从数据看,美国的房价就一般水平而言,在2005年上半年时达到顶峰,其后开始下降。而也正是在那一年,美国家庭的房屋拥有率达到了历史新高，接近69%。这个数字和保持房市稳定的65%的比例，也只有区区4%的差别。

美国人住房拥有率要高于加拿大大约2%。在2008年时，美国家庭的平均住房贷款额超过了房产价值的一半。在房价下跌之后，这个比例还要高。而加拿大人的房贷按揭比例不到房屋价值的30%。这说明，美国人更喜欢借钱买房，所以由房贷产生问题的可能性也远比加拿大来得大一些。

图5—3　美国家庭拥有住房的比例

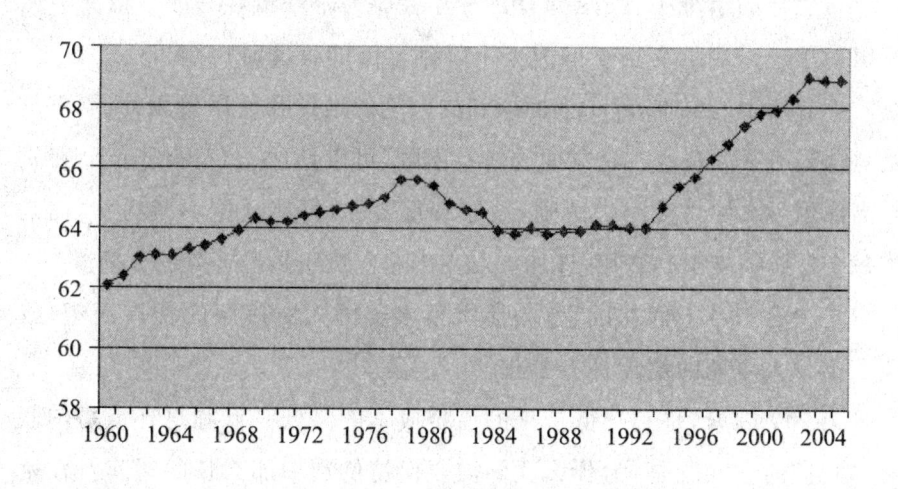

（资料来源：美联储）

同样，从这个图来看，从2000年开始，美国家庭拥有住房的比例，也只是增加了2%到3%而已。区区2%—3%的拥有率的增加，就能够造成如此大的冲击了，制造出后来的次贷危机和金融风暴根源的美国房市大泡沫，说起来似乎有些勉强。

不过，有一点需要注意的是，这里所谈论的房屋，单个所包含的内

第五章

容,在此一时彼一时有很大的差别。每年家庭拥有的住房,虽然也是一栋栋地计算,但这个"栋"的价值差别确实非常之大。

美国家庭购买的房子越来越大,价值越来越高,而家庭的平均收入却没有赶上这种增长。结果是,家庭的负债增长,比人们可以看到的房屋拥有比例的增长,要快得多。所以说,要研究一个国家中家庭拥有房产价值的"均衡"数量,考察收入与房屋价值的比例,分析房贷在整个家庭收入中的比例,可能更有价值。

三大因素激活了对房屋的拥有渴望

在怎样的情况下,民众拥有住房才会成为一件很容易的事情呢?回答很简单——当拥有房子的成本下降到足够的程度时!

拥有房子的成本,除了上面谈到的大笔的维护和使用费用外,剩下的就是购买房子的费用。这方面的成本下降,可以使房子变得便宜了,特别是当你想一次性付清时。否则,对你最重要的,可能反倒不是房价,而是你每个月必须支出的费用,外加你对支出这些费用是否合算的权衡。

至少有三个方面的因素,激活了很多美国人对房屋的拥有渴望,成全了不少人短期的房屋拥有梦想。

第一个因素,是利息低带来的借贷成本的降低。低利息环境是美联储"制造"的。问题是,为什么联储需要保持低利率那么长的时间?在格林斯潘的眼中,那和中国的经济发展策略有很大的关系。[1]

第二个因素,是美国政府对于低收入家庭拥有住房的政策倾斜和鼓励所造就的宽松的借贷环境。借贷条件的放松,让很多投机者有机可乘。而这种宽松环境在很大程度上又是美国政治家一再助推的结果。

收入比较低的美国民众人数众多。对于一人一票制的美国政治而

---

[1] 详细的剖析,将在随后一步步进行。

言,迎合低收入阶层,赢得他们的选票,也就成为不少政治家很在意的事情,特别是民主党这个号称代表普通民众利益的政党。出于政治利益需要而对经济规律进行干预,也是造成美国房屋市场泡沫,最后形成次贷危机的重要原因。①

第三个因素,房屋价格的持续稳定上升,使房产投资有利可图。在美国,借"美国梦"的招牌,有不少人一直在推销怎样通过"投资"房地产发财致富的秘诀。零首付购买地产,既能获得政府税收方面的优惠,又能通过租金收入来养房子,若干年之后,你就可以"空手套白狼"免费获得一栋高价值的住房。这样的故事和说教,在美国的书店、电台和电视频道上,你随时都可以看到和听到。有不少人在推动美国人实现美国梦上做文章,结果是推波助澜。

房市的热炒,前两个因素起决定性的作用。政策倾斜与优惠利率使人们对房子的需求大为增加,在供给增长相对比较缓慢的情况下,结果就是价格的上升。而价格的上升,又让拥有房屋的人的资产升值,这又让那些还没有购买房子的人,更有积极性去买房。结果就形成一个循环,至少在短期内是一个良性循环。

第三节 政治家手中的工具

美国的政治家为什么能够在房屋拥有上做文章,看看美国房屋拥有的现状就不难理解了。作为一个移民国家,种族之间历史背景相异、移民时间长短不同、种族之间的经济和文化的巨大差异,这些决定了他们在房屋的拥有上也有着很大的不同。而这种不同,又成为政治家为自己获得政治资本而采取政治行动的借口和理由。这又为次贷危机埋下了伏笔。

---

① 关于美国政治的分析,参阅《奥巴马智取白宫》(汪翔著,崇文书局,2009年6月版)。

第五章

可以说,"美国梦"一直就是美国政治家利用美国民众的一种借口。

不同种族的房屋拥有比例

图 5—4 是美国统计局公布的 2005 年时美国不同种族的房屋拥有比例。注意,我这里使用 2005 年时的数字,是因为那一年是美国房价的顶峰,那时的数字比现在的更能说明危机的形成和演进。不过所谓顶峰,是就整个国家大体而言的。如果就各个地区而论,顶峰的出现时机并不一致。

图 5—4 2005 年时美国按种族分类的房屋拥有率

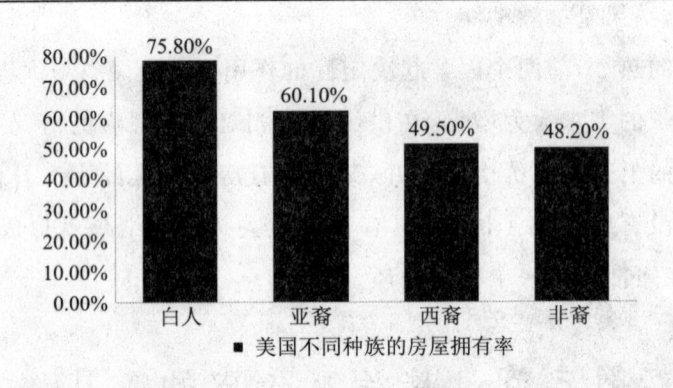

种族	房屋拥有率
白人	75.80%
亚裔	60.10%
西裔	49.50%
非裔	48.20%

(资料来源:US Census Bureau,2005)

从这个图可以看出,白人有高达 75.8% 的家庭住在自己拥有的住房中,这里的白人不包括西班牙裔。亚裔只有 60%,西班牙裔和非洲裔基本相当,在 48% 到 49%,不到一半。造成这种差别的根本原因,当然在于经济收入上的差别,作为少数族裔的非白人,平均而言,经济收入还是不如作为美国"主流"的白人。而在美国,这种收入差异,又主要是由于文化教育差别造成的。

非裔现在是美国第一大少数族裔,西班牙裔成长迅速,有赶超非裔成为第一的势头。西裔和非裔家庭相对贫穷的事实,一直受到政治家的特别关注。而且,美国政府也一直在通过两房和其他渠道,对非裔和西裔在进行房贷政策方面的倾斜。这种倾斜在一定程度上也促成了后来的房市泡沫和次贷危机。如果从动态的角度来看,从1994年到2005年,白人家庭对房屋的拥有比例只成长了8.24%,而其他种族拥有率的成长都是两位数。西班牙裔成长率20%,增长速度最快。非裔(黑人)只成长了13.6%,从42%的房屋拥有率到48.2%的比例。(表5—1)

表5—1 美国不同种族家庭房屋拥有比例的变化

种族	1994	1995	1996	1997	1998	1999	2000	2001	2002	2003	2004	2005	05年比94年增长(%)
非西裔白人	70.0	70.9	71.7	72.0	72.6	73.2	73.8	74.3	74.5	75.4	76.0	75.8	+8.28%
亚裔	51.3	50.8	50.8	52.8	52.6	53.1	52.8	53.9	54.7	56.3	59.8	60.1	+17.15%
美国土著	51.7	55.8	51.6	51.7	54.3	56.1	56.2	55.4	54.6	54.3	55.6	58.2	+12.57%
非洲裔	42.3	42.7	44.1	44.8	45.6	46.3	47.2	47.7	47.3	48.1	49.1	48.2	+13.59%
西班牙裔	41.2	42.1	42.8	43.3	44.7	45.5	46.3	47.3	48.2	46.7	48.1	49.5	+20.14%

(资料来源:US Census Bureau, 2005)

房屋拥有与家庭结构的关系

对房屋的拥有还与家庭结构有很大的关系。从图5—3可以看出,结婚的双亲家庭,也就是传统的父母加小孩的家庭,对于房屋拥有最为渴望。这是因为有了孩子之后,父母往往就很看重学区的质量。而能够

第五章

让自己的孩子到一个好的公立学校上学,在美国唯一的办法就是住到那个学区去。我这里谈的是美国公立学校的规矩。

在好学区的购房者,大多是孩子已经或者快到学龄的,父母比较年轻的家庭。从我附近的情形也能够看出这种规律:很多人买房子就是为了一个好学区。

图5—5　2005年时美国按家庭结构分类的房屋拥有率

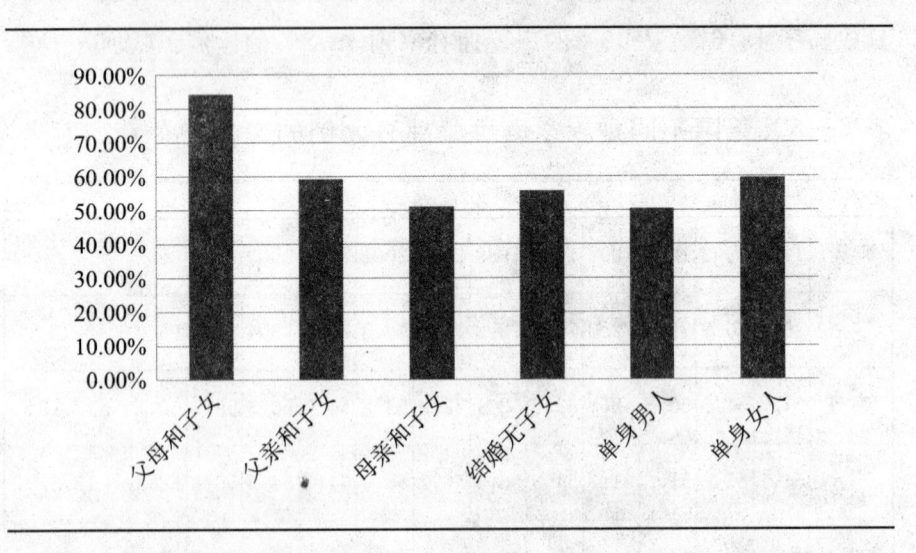

| 父母和子女 | 父亲和子女 | 母亲和子女 | 结婚无子女 | 单身男人 | 单身女人 |

(比例从左到右分别为:84.2%,59.1%,51%,55.6%,50.3%和59.6%)
(资料来源:US Census Bureau[①])

从图5—5可以看出,父母加小孩的家庭拥有住房的比例高达84.2%。其他的家庭类型相对比较低,在50%到59.6%之间。很有意思,拥有住房比例第二高的是成年的单身女性(59.6%),紧跟其后的是有子女和父亲但没有母亲的家庭(59.1%)。

[①] US Census Bureau, homeownership according to age and type of household(2005), www.census.gov/hhes/www/housing/hvs/annual05/ann05t15.html.

毕竟,拥有一套住房的代价很大,只有拥有房屋所能够获得的效用足够大时,才有价值。从这点看,购买房屋,还是一个很重要的理性选择的结果。

住房是一个大奢侈品。在收入高到一定程度之后,购买房子才在经济上可行。这也是为什么,人们往往以你是否拥有自己的房子,作为衡量你的经济实力的一个重要指标。而且和中国的情况类似,在美国,结婚夫妇家庭的平均收入和中间收入,要高于其他类型的家庭。这从另一个角度解释了,为什么结婚的家庭拥有房子的比例比较高的原因。你有房子我才会嫁给你,这虽然不是美国青年人的"口号",但作为成年人,一个稳定的收入,自然也是组织家庭的重要基础。再者,很多人结婚,也是为了养育孩子,而这是需要货币做基础的。

年龄因素也与房屋拥有成正比。35 岁以下的家庭,只有 43% 的拥有住房比例。而当年龄上升到 55 至 64 岁这个层次时,比例也上升到 81.6%。人的年龄越大,经济实力也就越强,从而也就越有能力来享受房子这个奢侈品了。年龄在 70 到 74 岁的家庭,93.3% 的拥有自己的住房。看来,最终几乎每一个美国家庭都有能力而且会拥有自己的住房!

房屋拥有与家庭收入的关系

图 5—6 是 2002 年时家庭收入和所拥有住房的价值与面积之间的关系。收入比较低的家庭,购买的房子较小,房子的价值较低。年收入在 4 万到 6 万美元的家庭,所拥有住房的中间价在 11.2 万美元,住房面积中间值为 158 平米(1,700 平方英尺),所住房子修建的中间年份是 1970 年。

大概有 54% 的 4 万—6 万年收入的家庭,拥有的房子有两个以上的浴室,也就是说,有一半的房子只有一个浴室。为什么人们对浴室的数量那么感兴趣?同样面积的房子,浴室和卧室的多寡,不仅对于房屋的使用效率,而且对于营造成本都有影响,结果自然就会影响房屋的价格

第五章

和价值。①

从2002年的数据看,对于家庭年收入在12万以上的美国最富有的10%的家庭,他们所住的房子的中间面积为2,500平方英尺(232平方米),房价为25.6万美元,在1977年修建,80%的房子有两个或者两个以上浴室。也就是说,他们的住房,比那些收入较低的人所住的更大、更新,而且往往居住环境更好、更安全,有更好的公共设施像好学区和良好的公立图书馆等。

图5—6 2002年美国家庭收入与所拥住房大小和价值的关系

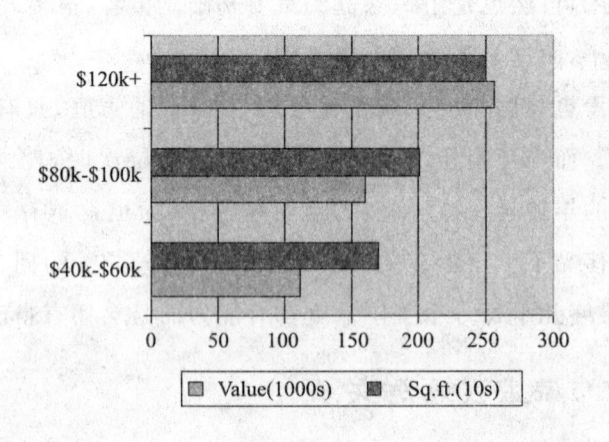

(资料来源:US Census Bureau②)

从平均数来看,美国人所购买的房子的价值是家庭年收入的2—3倍时对于买房人的还贷能力来说是比较安全的。在2002年之后,随着

---

① 美国的浴室不一定有"浴"的部分,可能只是一个厕所。不过,美国每一栋房子肯定至少有一个浴室是可以"浴"的。
② Beeghley, Leonard (2004). *The Structure of Social Stratification in the United States*. Boston, MA: Pearson.

182

房市泡沫的出现和放大,这个比例越来越高。特别是对于收入比较低的人群,原本就在3倍左右,其后更高倍数所带来的财务压力,让不少的家庭无法承受。

在美国房市最疯狂的时候,就有一些理性的思考者,基于对房价和家庭收入的比较,就房子升值速度大大高于人们收入的增长速度,发现就当时的房价而言,美国的一般家庭是负担不起的。在这种情形,结果就只有两种可能:要么是家庭收入上升很多,要么是美国的房价下降很多。收入在短期里不可能上升很多,结果只能是房价的大幅下跌。他们的直觉最后被证明是正确的。

美国的房市繁荣

从美国整体来看,房屋价格在2005年初达到高峰,其后开始下降。根据凯斯-席勒房屋价格指数(Case-Shiller home price index),2008年12月美国房价下降很多,2009年下跌得更厉害一些。房价下跌的趋势和联储持续调高利率的趋势是一致的:2005年1月时,联储基准利率才只有2%,到2006年1月时,已经是4.5%了。

按理说,联储利率上调并不是使房市泡沫破灭的唯一因素,次贷危机的爆发是多种因素共同发力的结果。不过,仅就利率部分而言,利率上升,人们购买房子的成本就会增加,需求就会下降。需求下降,结果是房价下跌。房价下跌,那些以前从升值的房子中通过再抵押"套出"大量资金消费掉的房主,不少的人这时候就会面临负资产了。另外,利率上升,让不少在低利率时才有能力拥有住房的次贷借款者,面临入不敷出的困境。

房市泡沫制造出的"富有感觉"效应,让不少的美国家庭从已经升值的房屋上,通过再抵押借出大量的现金,其后又将这些现金消费掉了。结果是掏空了自己的金融大厦基础。根据美联储的估计,在2005年,美

第五章

国家庭从自己的房子上"取出"了 7,500 亿美元的现金,然后将其中的三分之二花在个人消费品的购买、房屋本身的装修和信用卡的还贷上。而在 1996 年时,美国家庭从房子上取出的钱只有 1,060 亿美元。[①]

换句话说,在房市虚高时,人们以为那是实实在在的财富而将它给消费掉了。等到泡沫破裂之后才发现,自己消费了不少不属于自己的钱财。这就是麻烦之一。

在美国有线电视 CNBC 的那个关于次贷和房市泡沫的电视片中,节目主持人采访了美国各地的不少有代表性的房奴。他发现,一些加州的屋主,就是在加州房价疯涨时觉得自己很有钱,于是把升值很多的房子再抵押获得现金,来建游泳池、改造厨房、修建漂亮的后花园等。在房价下跌之后,他们变成"负翁",在没有能力还贷的情况下只好选择放弃,最后房子被银行接收和拍卖。

在 2006 至 2007 年之间,美国的房屋法拍(Foreclosure)数量开始大量上升,但是,来自第一线的警告并没有让太多的人注意到其隐含的意义和可能的恶果。于是乎,就有了 2008 年 8 月开始的次贷危机了。

第一线违约,银行从房贷者手里获得"退回"的房子。那些购买 CDO 的投资者,发现自己投资的债券价值在下降。那些为这些债券提供投资安全保险的 CDS 的售出者,眼睁睁地看着那一份份 CDS 合约的价格,因为违约的上升而上升。一步步演化,像一个很标准的多米诺骨牌,一个个倒下,前面推后面,后面又推倒更后面的,最后全部倒下了。

在这次的房市大牛市中,也有不少的投机客,他们在看到房价下跌之后,理性的反应自然是抛盘出货,结果是继续打压原本就很脆弱的房价。这和股市的情形是一样的。如果拥有房屋的人都是为了自住,那

[①] Alan Greenspan and James Kennedy:"Sources and Uses of Equity Extracted from Homes", March 2007, Staff working papers in the Finance and Economics Discussion Series (FEDS).

么,即使房价开始疲软,那些人也不会急于卖掉自己居住所需的住房。

图 5—7 美国房价、人口、建造成本和美国国债收益率的变化

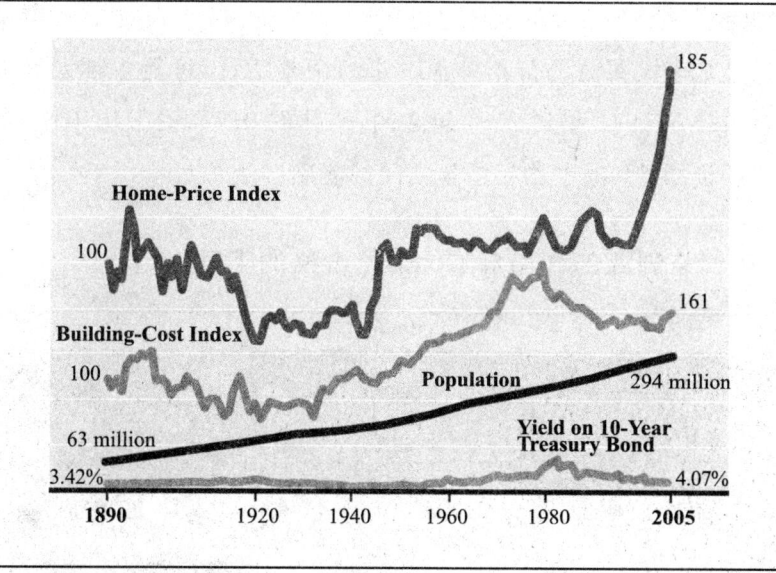

(通货膨胀调整之后,1890＝100)
(资料来源:罗伯特·席勒①)

图 5—7 是按照不变价格计算出的美国房价、建房成本和美国人口规模的变化图。按照美国经济学家罗伯特·席勒(Robert Shiller)的分析,在通货膨胀调整之后,1890 年到 2004 年之间,美国的房价平均每年增长 0.4%,基本没有什么变化。从 1940 年到 2004 年,平均增长也只有 0.7%。但是,如果是基于民众的自我评价,这段时间里的房价则是平均每年上涨 2%。

---

① Shiller, Robert (2005). *Irrational Exuberance* (2d ed.). Princeton University Press. ISBN 0-691-12335-7.

第五章

注意到,这里的房子价格,有两个不同的评价体系。一个是从市场交易数据来判断,一个是住户基于自己的感觉来判断。由于很多人一直居住在一栋房子里,很长时间没有机会将所住的房子送进房市进行交易,这些被长期"搁置"在市场之外的房子的价格,是很难准确衡量的。如果只是基于购买时的价格外加一定的调整估计,可能也不太准确,所以才会出现在 1940 年到 2004 年之间,实际的 0.7% 的平均年增长和民众自我评价的 2% 的平均年增长之间的差别。

图 5—8 美国西部和南部 Condo① 价格的下跌

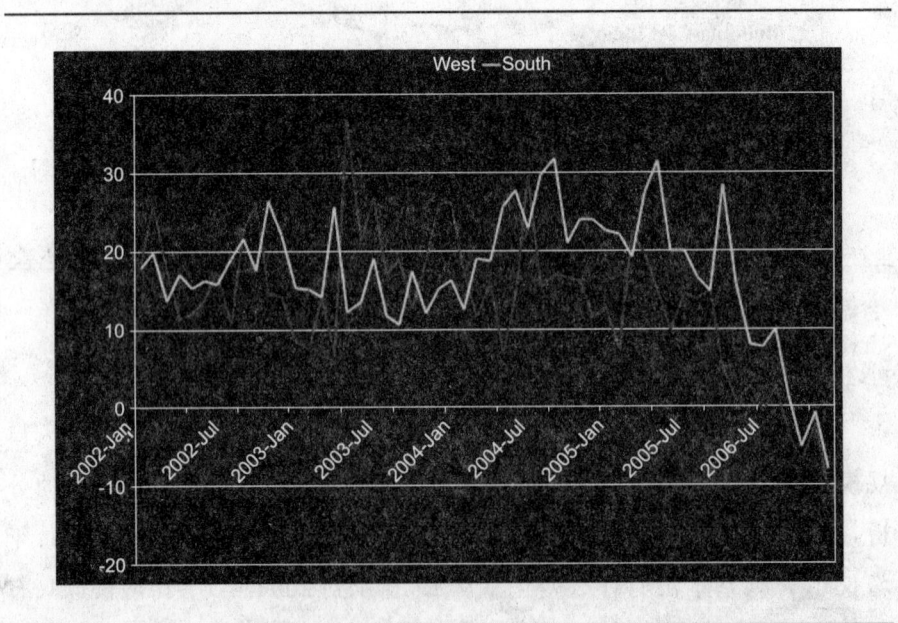

(资料来源:美国房地产经纪人协会)

从事后来看,房市的泡沫实际上在 2005 年就开始形成,但还没有被

---

① Condominium:各户有独立产权的公寓(大厦)。

刺破。格林斯潘说,他到2005年底和2006初时才开始注意到房市的可能泡沫问题。而早在2003年时,就有人写信给房地美的老总,警告他大量次贷累积可能带来的风险,但是这种警告被当时房利美的老总有意给忽视了。在2006年时,美林的分析师也已经开始注意到次贷的疯狂所可能导致的问题。但是,也没有人愿意听。

直到2005年夏天时,格林斯潘也只认为,美国的房市即使有泡沫,也只是地区性的,不会危及大局。而在2006年初,面对人们的担心,当时的布什总统则更潇洒:不用担心,如果房价太高,人们自然就会停止购买。也就是说,市场经济会自动调节,人们的理性决策会让经济正常运转。

图5—8是美国西部和南部各户有独立产权的公寓(Condo)价格的下跌情况。从中可以看出,2002年夏天到2005年夏天,价格基本上是在10到30个百分点之间波动。而在这之后就开始大幅下跌,跌到负的10个百分点。其下跌幅度之大、速度之快,是历史上罕见的。这已经明显预示房市泡沫已经开始出现可能爆破的迹象。

第六章　低利率造就房市泡沫

努力可能会失败，
而放弃则意味着已经失败。

房市泡沫得以形成的第一个前提条件，是长期的低利息和对这种低利息将继续的市场预期。为什么美联储需要和必须保持低利息那么久，为什么市场会预期这种低利息能够和将会继续保持，低利息又是怎样制造出房市泡沫的，这就是本章所要回答的问题。

第一节　美联储的利率调整

小布什时代，美国经济一片繁荣。志得意满的布什，才可以在"9·11"之后发动伊拉克和阿富汗战争。

美国内需拉动经济增长的实质

现在看来，当初驱动经济繁荣的重要因素，就是美国的房市繁荣。更准确地说，就是美国房市繁荣制造的房产价格的膨胀，让美国民众能

第六章

够从房屋这个提款机中提取大量的资金,来消费和投资,以此带动了美国强劲的内需。

同时,也是这种富有的感觉,让美国民众"可以"减少储蓄。可以说,美国民众储蓄率的下降,在很大程度上是"财富挤压效应"的结果。

事实上,美国人不喜欢储蓄可能并不是自愿的行为。他们是因为感觉到"没有必要"储蓄。而之所以"没有必要",则是因为房屋已经给他们提供了"足够"的财产保障。问题是,这种财富只是昙花一现,富裕也只是生命短暂。

从升值的房产,通过换房和对现有住房再次抵押获得额外现金的方式[1],2001年时,美国民众"取出"6,270亿美元。而到2005年时,这个数字则达到了14,280亿美元,上升了一倍有余。在这五年中,累积的总额高达5万亿美元。[2]

也就是说,美国人由于房价的上涨,凭空获得了5万亿美元的消费资金。而在那段时间里,按照当时的价格计算,美国的GDP则从10.1万亿美元增长到12.4万亿美元,只增长了2.3万亿美元[3]。

美国靠内需拉动经济增长,除了国家大量借债外,这从房屋升值中"获得"的5万亿美元,也起了很大的作用。

如果我们假定,有一天,中国家庭的平均拥有住房的比例达到70%,平均每栋房子有160平米,每个农村家庭的房子都被规范化为比较标准的住房,而且,房价在目前大概每平方米5,000元人民币的基础上再上升一倍,民众又将这上升的一倍全部拿出来消费掉,那将是一个什么情形?至少在消费掉这一部分时,中国经济的内需将在好几年内获

---

[1] home equity extraction – home sales, home equity loans, and cash-out refinancing.
[2] Alan Greenspan and James Kennedy, Sources and Uses of Equity Extracted from Homes, 2007–20. 关于这些数据的归类和解释可能有些争议,参阅:Tim Iacono, Home Equity Extraction: The Real Cost of 'Free Cash', April 25, 2007, Seeking Alpha.
[3] Spending boosted by home equity loans; Greenspan, Apr 23, 2007, Reuters.

得一个巨大的推动。

在某种程度上你可以说，类似的情况在美国已经发生了。同时制造了一个大危机，如果哪一天在中国也这么来一次，可能是一个更大的金融危机，一个世界性的金融危机。

每一次经济繁荣都会制造出一个大泡沫，而经济的繁荣又往往得益于一个大泡沫。泡沫和经济繁荣几乎是一对孪生姐妹，形影不离。在互联网泡沫制造的一次繁荣和狂热，还没有完全冷却之后，房市泡沫又制造了另一个更大的繁荣，结果，两次累积，合成了一个大危机。有人说，这次的金融危机，实际上来源于互联网泡沫的"余毒"。

在"9·11"恐怖袭击发生之后，为了稳住美国经济，联储一度大幅降低联邦利息，来刺激美国经济。在当时看来，效果不错，格林斯潘也因此被无数人喜爱和欣赏。

从理论上看，长期的低利率，结果将会是流动性过剩，而长期的流动性过剩的结果，就是大量资产泡沫的出现。美联储的工作之一，就是通过调节货币政策，来达到让经济体中的流动性保持在一个合理水平的目的。

低利率有可能造成流动性过剩，由此又导致金融资产和其他资产的泡沫出现。但这只是一种可能。对于联储来说，只有在看到危险时，才会通过紧缩银根的办法，来减少流动性。

美国货币政策的作用

政府对于经济发展的作用，在于调节和指导。从理论上看，如果没有通货膨胀，美国政府自然就没有紧缩银根的必要。即使经济发展有些过热的迹象，政府也还是可以保持一个比较宽松的货币政策。如果经济持续过热，而且又有通胀威胁时，联储作为美国的中央银行，才会用加息和其他办法来紧缩银根。

第六章

　　这叫做给跑得太快的经济列车踩刹车,让其减速慢行。紧缩银根,就是从经济体里面抽出一部分货币,让社会上流动的货币量减少,以达到削减社会总需求的目的。原理在于,当社会上流动的货币少了,能够用来买东西的钱的总量自然也就少了,这就是总需求的减少。通过供求关系的作用,物价水平就会下降,通货膨胀就会被压下去。

　　对于一个国家总的供给和需求关系的分析,其原理和我们对于一件商品供给和需求的分析,是一样的。供给增加,如果需求不变,价格就会下降,达到供给和需求双方的平衡。如果供给不变,需求增加,结果就是供不应求,价格就会上涨。当整个社会的平均物价上涨时,那我们就有通货膨胀。

　　在三十年前,中国开始改革开放。近二十年,中国又致力于发展,搞外需驱动型经济增长模式。中国为全世界的消费者生产了大量价格低廉的消费品。特别是2001年中国加入WTO之后,放松的贸易壁垒,让中国的产品更加容易和更低廉地流到世界各地。正是由于中国的这份努力,让美国得以在一个较长的时间里,做到既保持经济持续增长,同时又没有通货膨胀的困扰。这样的好日子,让美国人乐在其中,就连格林斯潘,对此也有点怡然自得。

　　几乎所有人都认为,格林斯潘是美国历史上最优秀的联储主席。他深得美国政界和学术界的青睐,最重要的原因,还是他在任期间的业绩:在"9·11"危机之中和之后,还能够把控好美国经济的运行。让美国人民享受了许多年的美好生活。不过,也是他,最后让美国制造出这么大一个金融危机。

　　金融危机发生之后,人们对格林斯潘的评价和崇拜,可能会大打折扣。

　　如果说在担任美联储主席时,格林斯潘没有看到经济的过热,似乎不太可能。他应该是看到了过热的迹象,不过有些迷惑罢了。当时的他,时时刻刻都在认真地关注着各种报表和指标数字,都在仔细地观察,经济过热会给美国经济带来的危害。但是,让他当时吃惊和不能理解的是,他没有看到经济过热之后,必然出现的通货膨胀的任何迹象。

按照经济理论和几十年的经验,经济过热和通货膨胀是一对孪生兄弟,他们应该是同时出现的,但是,这次没有,至少不是那么明显。

经济过热,通常是伴随着经济体中的流动性过剩,也就是有太多的人和机构,感觉到自己能够支配的资金太充裕。在这种情形下,人们对于物质享受的追寻,往往会在推高总需求的同时,带来平均物价的上涨,而且是很快速的上涨,也就是通货膨胀。

但是,他没有看到通货膨胀,所以,他就没有加息的理由。他想给经济体再多一点时间。一般而言,他的关于经济过热和通货膨胀之间关系的逻辑,应该是正确的。而且,也没有人不相信那种逻辑。问题是,经济理论对这次危机的预测似乎有些不灵了。

美国的困境与对策

在2000年时发生的互联网泡沫之后,美联储看到了流动性过剩的问题,大量的资产价格泡沫,让美国经济明显过热。通过提高利率来收紧银根,就是当时使用的一项重要的货币政策调整。结果还不错。美国的联邦基准利率也被调升到了一个很高的水平。从图6—1和图6—2,你可以看到,在2001年时,联邦基准利息率还在6.25%的高位。

正常情况下,保持一段时期的高利率之后,经济就会从过热慢慢冷却下来。这就像跑得太快的人,先慢下来休息一段时间。其后,如果经济有转冷的迹象,并且到了一定程度之后,联储就会再慢慢降低基准利率,来通过增加流动性,刺激经济的增长。

这既是经济理论的逻辑,也是联储货币政策作用的基础。而且,对于市场经济来说,这种理论应该是正确的。除非有某种强大的外在市场干预力量的存在,来扭曲货币政策对民众理性行为的引导。

第六章

图 6—1　联邦基准利率的变化

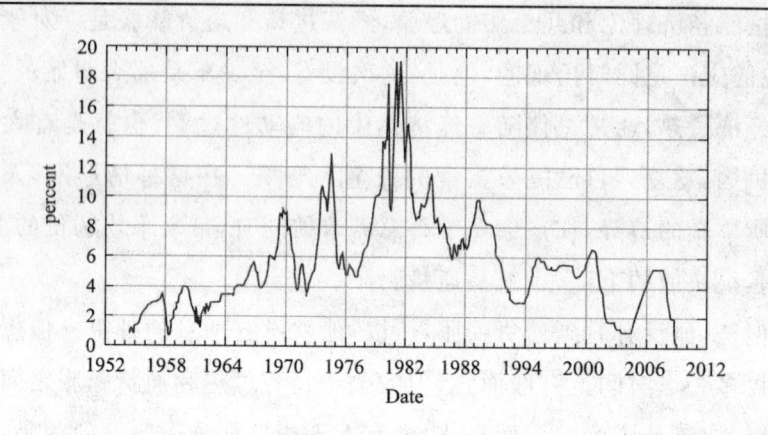

（1954 年 7 月到 2008 年 12 月）
（数据来源：美国联储）

图 6—2　美国房贷利率和联邦基金利息的变化

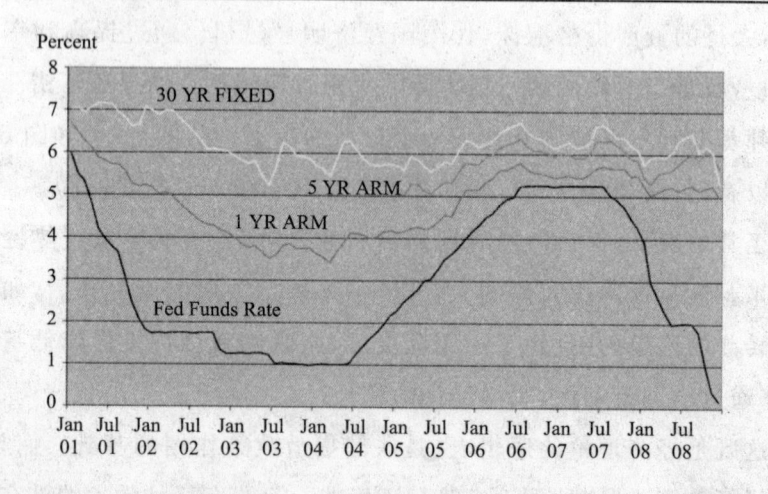

（资料来源：美国联储，美国房利美）

在国内，人们喜欢说"上有政策，下有对策"。有些人从感觉上，对这种"下有对策"似乎不以为然，觉得那种"圆滑"和"狡诈"，似乎也不是应该鼓励的行为。实际上，这种"下有对策"，可以解释为一种理性的博弈应对。

政府的作用，不应该是去管住人们的理性应对，而是在正视和重视、尊重这种理性行为的前提下，来做出政策调整。

早在20世纪70年代，经济学家就注意到了民众的理性预期能力，对于政府政策效果的影响。理性预期宏观经济理论，就是想搞明白，在民众拥有理性预期的"下有对策"的本能情况下，政府的宏观政策的效果会是怎样？如何针对这种理性对垒的博弈情形，来达到宏观政策调整所期望的效果。[1]

联储的货币政策调节，目的既是为了和经济体对垒博弈，更重要的实际上是在和经济系统中的个人和其他经济体对垒和博弈。双方都在观察和解读对方下一步可能的移动，以及这种移动对于自己经济利益的影响。

当时，格林斯潘领导的联储在按照规矩"出牌"，但没有想到，人算不如天算。刚刚对付了互联网制造的泡沫，胆战心惊之后还没有来得及喘一口气，美国又出事了。

天有不测风云，其后，美国又很不幸地遭受到来自本·拉登的"9·11"恐怖袭击，经济环境由此发生了很大的变化。本·拉登似乎是很"神"，能够算出美国经济的内在弱点。拉登原本是想对美国进行报复，杀杀美国人的牛气，没想到，美国这个国家是他碰不得的。他可能忘记了当年日本人对美国人报复能力低估的后果。美国这个国家就是这样，你不碰它，它就懒洋洋地"晃荡"，而一旦你让它"巨人觉醒"，那可就问题大大。

---

[1] 详细的分析，参阅《理性预期宏观经济学》（汪翔著，中国人民大学出版社，1988年版）。

第六章

毕竟它还是一个拥有当今世界上最强大的经济与军事体的大国和强国。

美联储的利率政策

恐怖袭击之后，美国政府从三个方面做了几件大事。其中每一件事的结果，都是增加了美国经济体内的流动性。流动性是制造危机的重要根源，而美国的这些努力，又是制造流动性过剩的重要基础。

其一，是动用了大量的人力、财力、物力，对拉登和与他相关的势力大打出手，并且，将那个可怜的与拉登没有任何关系的侯赛因，也借机给打下去了，最后还要了他的老命。阿富汗和伊拉克两场战争，让美国花费了大量的金钱，同时也刺激了美国很多相关经济部门的成长。算是凭空产生了一大批需求，拉动了供给。这对于担心经济衰退的美国政府而言，也不是一件坏事。至少比大萧条时罗斯福雇人挖沟填沟增加需求的折腾要来得理智一些。

其二，由于担心美国经济会因为恐怖袭击所导致的心理恐慌而转入衰退的境地，美联储采取了放松银根的办法，来刺激经济发展。在2001年"9·11"袭击之前，美国经济已经显示出疲软的迹象。美联储已经开始大幅降息以刺激经济。在当时看来，"9·11"事件有使经济继续恶化的可能。为了挽救备受打击的美国经济界的信心，刺激投资和内需，避免让经济陷入衰退，格林斯潘在"9·11"之后继续进行大幅度的降息动作。直到最后将利息率调到1%的低水平为止（见图6—2）。

事后看来，格林斯潘是有点忧虑过度，他对利息下调的幅度也就随之过度。不过，在美国当时那种情况下，应该也是可以理解的。但是，对于那么低的利率，他还让它保持了好几年之久。从图6—2，你可以看出，至少从2002年1月开始，到2005年1月，三年之久，美国的联邦基金利率一直在2%以下的低位。

其三，对过去管得比较紧的金融机构，特别是美国的银行，出于配合刺激经济的需要,大幅度地放松了对他们的监管。谁知道,这一放纵,他们就开始大玩与次贷相关的金融衍生品对赌游戏。在格林斯潘还没有搞清楚到底是怎么一回事时,经济过热就到了不得不踩刹车的地步。危机中大量美国银行的倒闭,与美国政府和美联储的放纵,应该有着不可分割的因果联系。

2005年初是美国房市房价的顶峰,那时也是美国民众预期联储将继续升息的时候。两者完美吻合,证明了美联储对于刺破房市泡沫的巨大作用。不过,金融市场似乎并没有领悟到这种作用所可能导致的后果。

图6—3是美国道琼斯指数的变化图,从中可以看出,市场基本上是忽视了来自房市的信号,继续上冲到2007年下半年。股市的继续强劲,实际上延缓了房市泡沫的破裂。

图6—3 道琼斯工业平均指数在最近10年的变化图

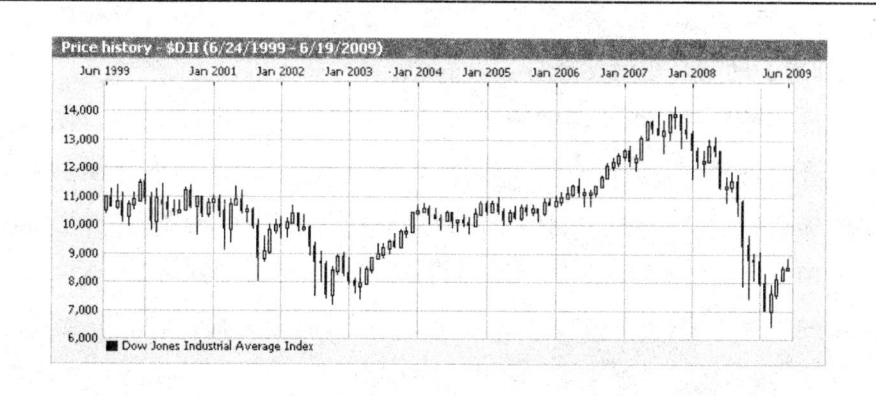

(资料来源:MSN.COM)

没想到,这一等就到了2004年年中。这时候,通胀在美国开始有抬头迹象。格林斯潘也就开始对症下药,通过加息等办法来收紧银根。他可能没有明白,这次造成通货膨胀的原因,可能和过去的不一样。结果

第六章

是，在看到通货膨胀，就经验老到地使用老法子之后，才发现已经为时太晚，而且还是用错了药。

图6—3是美国股市对于联储货币政策的反应。从2004年7月开始，联储将联邦基准利率从1%的超低位，提升到2005年7月时3%的较低位，再到2006年时5.25%的高位。道琼斯指数在那两年里基本上是在窄幅震荡，可能是那时候还有利率继续调升的预期存在。一旦对联储停止提升利率的预期形成之后，指数很快就突破11,000点，直指14,000点。巨大的股市泡沫实际上是在利率处于高位，但市场预期联储不再调高利率时发生的。

流动性过剩与经济过热

利率水平的长期低位，结果是市场上流动的钱过剩。这表现在两个方面：存款方面，过低的利率使存款人没有积极性把钱存进银行，于是这些钱流到社会上去驱动需求了。在银行方面，由于自己借贷的利息成本低，贷出去的利息也就比较低，故而钱也容易贷出去。

这些还只是传统范围的流动性过剩。美国这次更厉害的是，在次贷相关金融衍生品方面没有管制的扩张，让美国得以从世界各地吸引来大量的资金，这就是一种雪上加霜的效果。用国人的话说，就是"外汇管理没有搞好，热钱流入太多"。用这种办法制造出的流动性过剩，是以倍数进行的。连巴菲特到2009年5月底时还在说，金融杠杆没有限制的过度使用，是危机的重要要素之一。

对比一下联邦基金利息和道琼斯工业平均指数（图6—2和图6—3），不难发现一个有趣的现象：他们几乎是同步上升。前者从2004年7月的1%，拉升到2006年7月的5.25%。而后者，则从2004年中旬的10,000点附近，上升到2007年下半年时的14,000点，上升了40%。

如果将美国经济整体作为一家公司来看，而将道琼斯指数作为这家公司的股票价格来理解,这种相依关系,和一个公司业绩变化对它股价的影响也是类似的。业绩下滑时,股价就会下降,这时候的联储降息就是为了挽救和减缓这个下降的过程。而当升息时,则是因为这家"公司"的业绩成长太快了一点。

股市是经济热度的一个很好的"温度计",在联储加紧降温的三年中,股市继续高冲。这就像是一个老医生几十年来使用的一直有效的降温办法,突然之间不灵了。这让格林斯潘很苦恼。从理论上讲,利息率的提高,就会吸引更多的资金投资于比较保险的定期存款和美国国债上去,从而让闲置的资金减少。但是,这种现象没有出现。

在某种程度上说,美国的经济过热,也与来自国外的大量热钱的流入有关系。从这个角度来看,这次的危机,和20世纪30年代的金融和经济危机,有很多相似之处。①

第二节 昙花一现的富有

上面分析了联储的低利率和中国经济的发展,外加国际间热钱的流动,所带来的美国经济中的流动性过剩问题。下面,我们再来看看,这种流动性又是如果在美国制造泡沫的。也就是看看,面对这种流动性过剩,美国民众的理性选择结果,又为什么会制造出泡沫,从而为后来的危机埋下隐患。

流动性过剩催生泡沫

资本是逐利的,如果钱太多,那些多余的钱,就会到处去寻找可以获

---

① 陈招顺,汪翔:"西方对经济周期动因研究现状概述",《上海社会科学院学术季刊》,1994年12期。

第六章

利的机会,这就会产生麻烦。这和一个社会中闲人太多是一个道理,当这些闲人是一些年轻人时,这些有着充沛精力的人,就会去寻找能够消耗他们精力的事情,而这些"事情"就隐含着危险。这也是为什么,在美国不少的大城市里,犯罪率比较高的原因。而且,越是失业率高的地方,闲人越多,犯罪率也越高。这些闲人,就像是闲着的资金,在寻找那个让他们获得效用的机会。

在2006—2007年时,中国经济体内也是流动性过剩,大量的剩余资金到处寻找赚钱的机会。与此同时,生产已经开始出现过剩。如果再增加投资,很多最后都只能够变成"过剩"的投资。有好大一部分资金,包括那些从银行便宜获得的大量企业资金,开始在社会上"闲逛"。不少的,最后都进入的股市,于是,股市的泡沫就被一再吹大。中国和美国,也几乎是在相同的时间段里,看到牛气冲天的股价。

如果用经济学的语言来说就是,当资金增加之后,对于企业而言,继续增加投资所产生的边际收益变小,以致到了不值得投资的地步。这时候,资金就只能够到其他的地方去寻找机会,获得更好的投资回报。如果这类机会很少甚至没有,那么,资金就会冒险,在风险加大方面寻找机会。

这样一来,投资的投机性就会增加。当时出现的就是这个结果。很大一部分资金,兵分两路,一路冲到股市去投机,一路扎进了楼市去豪赌。在他们的推波助澜之下,楼房价格被一再抬高,特别是在那些一线城市,在那里制造出越来越大的泡沫。而且,那些不能够或者不应该买房子的人,也在这种容易得到金钱的情况下,轻易获得所需要的贷款,来购买他们喜欢的房子,从而出现"次贷"。在这方面,中国的情况和美国的情形是一样的。

在楼市疯狂的时候,美国房价上升最快的州和城市,包括加州,佛罗里达州,内华达的赌城拉斯维加斯,纽约州的纽约市等等。加州和纽约的房价上升快速,是因为那里的人觉得赚钱容易,而佛罗里达和拉斯维加斯则是"玩"的城市。佛罗里达因为气候比较好,很多老年人退休之后比较喜欢住在那里。位于海滨的佛罗里达在经济好时房价上升,倒也容易理解。

但对于一个赌城,一个位于沙漠中间的城市,自然谈不上气候宜人。在那个时候拉斯维加斯的房价被热炒,一直是我无法理解的。有一次我还专门飞去那里看了一下,怎么看都看不出在那里住的好处。不过有人说,那里可以玩的地方多而且税也低。

当时在美国这些热炒的城市,很多人买房子其实是被房价的快速上升给"逼得"没有办法的结果。在那种地方,买方往往得比要价多付15%—20%,才有可能买到一栋房子的,而且,即使如此,你作为买方挑选的余地也非常之小。

对于这样的咄咄怪事,绝大多数的民众选择跟进,结果是继续抬高了房价。这之中就产生出了大量的次贷。

在中国楼市,实际上也存在着"次贷",只是那部分比较小罢了。而且,因为没有金融衍生品伴随的疯炒引来许多不该来的资金,中国的泡沫还只是在一个能够控制的限度之内出现的。次贷风波在老百姓身上的反应,还是老百姓手中有太多属于别人的钱,而自己又产生了幻觉,觉得那就是自己的钱。而且,对于那种钱,自己想怎么花还可以怎么花。但在不得不还钱时,却发现借钱的成本又突然变得很高,自己已经负担不起了。

有人说这是货币幻觉的结果,但我觉得也不完全是。因为,至少在那么一段时间里,那些钱还是实实在在的自己的资产,只是可惜,昙花一现罢了。而幻觉,是说"你觉得有但实际上并没有",而这里是有一段时间还真的是有。

第六章

货币幻觉和实在富有

不要以为钱多,是因为大家突然之间变得很富有了。如果是因为大家都发了财,变富了,手上有很多钱,那倒是件好事情,你可以用这些钱,来好好奖赏一下自己,增加自己的物质需求,消费掉很大一部分。这样一来,就可以通过内需的扩大来拉动供给,形成一个良性循环。

但是,这里的钱多,是看到的钱很多,但那毕竟不是自己的钱,你不能够太奢侈地将它花掉。如果你买房子这种投资消费品,表面看来似乎是没有问题,但是,当大家都那么做时,抬高了价格,制造了泡沫,就会有大量的人在花高价钱买泡沫。这实际上也是"消费掉"了,只不过你消费的是泡沫,但对于金钱而言,这和你吃进肚子里的菜肴是一个结果。因为那是你付出的代价,至于你是否为此获得什么,市场可不管这许多。

流动性过剩(钱多)是因为利率低,利率低又是因为没有通胀,而没有通胀,又是因为中国在向世界市场供给大量低成本的商品。也就是说,由于中国人民的勤奋努力,世界市场上的产品供给量很大而且还很稳定,市场能够在低价上求得一个稳定的价格均衡。"从这个角度看是中国的错",这就是格林斯潘后来得出的逻辑结论。

我先姑且不论这个逻辑对不对,有没有道理,倒是想按照传统的"有则改之无则加勉"的哲理,来看看,如果这个逻辑成立,那么,在中国,又是哪些方面出了问题呢?

在我看来,一则是过去中国经济太依赖外需驱动,现在是到了以内需驱动为主的转型时期了。再则,是我们太"贱待"了中国的广大劳工,用太低的价格在"拐卖"中国人的劳动资本(人力资本)。美国人是在借钱消费自己的未来收入,而中国人,则是在透支未来的生命和健康,获得低廉的收入,然后又将这些可怜的收入的一部分,借给美国人去消费。这就是目前的状况,听起来很悲凉,很无情,但却是无法回避的事实。

从这个角度看，提高人工成本（工人工资），可能也不是一件坏事。当然，从短期来说，人工成本的提高，增加了制造业的生产成本，减低了制造业产品在国际市场的竞争力。但人工成本的提高，同时也增加了内需，可能也能够形成一种良性循环。再者，价格低廉到一定程度时，实际上，适度提高价格，对于需求的负面影响可能还不是很明显。这涉及到需求的弹性问题。

如果你因此能够淘汰一部分低效率的工业和企业，也不应该是一件坏事。再者，你慢慢改变了"只有牺牲中国人的健康和寿命，低成本使用我们的劳工，中国经济才能够持续发展"这样的一种误区。中国是到了该打破这个怪圈的时候了。

格林斯潘错在哪里

当然，也有人说，到了现在这种状况，那全是格林斯潘的不作为引起的。他的错误在两个方面：第一是货币政策的错误。他在该升利息时没有及时升，贻误了最好的时机。这就像是给病人治病，作为一个有经验的老医生，你应该在病情刚刚露头时，就开始医治。你不能够等到一般人都能够看出病症时，才来诊治。

第二就是金融监管上的不力。不论经济体里面的个人和机构是多么有"道德"，人的自利心总是最基本的。在特定的政策环境下，获得自己最大的经济利益，也是驱动社会进步和发展的原动力。这种自利心本身是无可指责的，没有任何的错。道德上的义务，在这里不应该被提及。但是，规范他们的行为，让他们好好做人，"夹着尾巴"，则是政府部门的事情。对于次贷上的监管不力，是最重大的错误之一。

格林斯潘本人承认了第二条错误，没有承认第一条。他认为，造成第一条的，是中国人的过错。在我看来，第一条会在一定程度上造成危机的形成。但是，第二条，则将危机"推进到"一个不可救药的地步。如

第六章

果说,第一条是让人感冒的原因,那么,第二条就是让感冒病人进而感染,得肺炎的原因。而后者是可能致人于死地的。

一些人认为,格林斯潘是避重就轻,我不太同意。

如果你再仔细分析一下,如果你想想,为什么美联储的大幅加息,还是没有把股市给压下去,还是没有使过热的经济冷下来,你可能就有一个疑问了:升息为什么没有发生效果?

我认为,如果说美国像一个水库,里面流动的货币就像是水库里面的水。而升息相当于将水放掉一些。那么,放掉一些水还是看不到水位下降,问题在于,有大量的外来水进入。他们的量大于你升息所"减少"的量。

这个外来水,就是中国人所说的"国际资本"。而且,由于创造了大量的 AAA 级"特别安全"的房贷债券和相关产品,无形之中多出来大量的"准美国国债",而这个国债,又对联邦利息的变动没有太大的敏感[①]。所以,你在升息之后所产生的"好处",对于那些已经将资金投资于利息比较高的"安全的"AAA 房贷债券的人,实际上是没有多少吸引力的。

基于这种分析,我认为,问题还是出在第二条,缺乏足够的监管上,因为这一切只能够通过监管的硬约束,才能够起到作用。

按照这种理论,那么,格林斯潘所说的就是对的。他没有回避任何问题,他看到,即使他早一点升息,效果也不会太好。

奥巴马上台之后,把保罗·沃尔克(Paul Adolph Volcker)请去当经济复兴委员会的主任[②]。这位 1927 年 9 月出生的沃尔克,是 1979 到

[①] 从图 2—2,你可以看出,30 年的美国固定房屋贷款利息,虽然也受到联储短期基准利率变动的影响,但相对而言要平稳很多。这是预期因素作用的结果:就长期而言,联储利率不可能老待在很高或者很低的位置。人们预期中有一个长期比较合理的水平,短期利率会围绕这个长期合理的水平上下变动。

[②] Chair of the President's Economic Recovery Advisory Board.

1987年期间的美联储主席,是1926年3月出生的格林斯潘的前任。格林斯潘是在1987年股市崩盘前夕的8月11日,接手联储主席一职的。当时的崩盘,对美国经济的冲击并不大,这你从美国股市的很快反弹中就能够看出来。其后美国股市的反应,给刚上任联储主席不久的格老挣了不少的分,这在一定程度上归功于他治理得力。

沃尔克比格老更加强调政府监管的作用。在危机出现之后,人们回顾历史,感觉到,政府监管的不足,确实是这次危机产生的最重要原因之一。从沃尔克的任命来看,也说明,奥巴马政府总算是看到了问题的实质。而且,他还为此重新启用了这么一位老将。

沃尔克是2009年2月6号到任的,而奥巴马自己在1月22日才有资格住进白宫。由此可见,那是一份当务之急的工作。

还有一个很大的问题被人们忽视了:美国对伊拉克和阿富汗的战争,实际上也是在大量地增加政府公共支出,那样的效果是放松银根,是在做和格林斯潘的紧缩银根对立的事情。格林斯潘一支力量,要同时对付"中国因素"产生的大量价格低廉的源源不断的产品供给,还有大量的无边无际的国际资本流入,再加上布什政府的缺口越来越大的战争开支。也真难为了这位老人。不可为的事情,他在尽力而为。

富有短暂,痛苦长远

美国人手上能够得到的钱多了,在制造自己的股市泡沫和房地产泡沫的同时,觉得自己更富有了。开始时,他们还能够理解,那些借来的钱不是自己的,最后自己还是得还给银行。但是,当他们借用那些别人的钱来投资房地产和股票,当所投资的"投资品"在不断升值时,他们就看到属于自己的钱了。

按照格林斯潘在2006年时的分析,2005年时,美国家庭拥有的住房的市场价值已经高达18万亿美元,十年之间上升了一倍有余。这种

第六章

房价的上升,使不少美国民众有钱可花。从 1991 年到 2000 年,美国人从房子里面提出的资金,所带来的对全部个人消费支出(PCE:personal consumption expenditure)的贡献,还只有 0.6%。其后,这个比例上升到 1.75%。如果再包括被用来支付个人借债(信用卡之类)的部分,从 1991 年到 2005 年,从房子中拿出的价值平均每年高达 1,150 亿美元。其中,在 1991 年到 2000 年间占个人消费支出的比例是 1.1%,2001 年到 2005 年时是 3%。①

他们能够拿出来,说明在当时,那就是他们财富的一部分。向银行借钱是需要抵押的,而所抵押的就是自己的资产。有了这许多的资产,民众感觉到自己富有了,也没有什么不理性的。

如果这时候,作为美国普通的消费者,你卖掉自己的股票,卖掉自己投资的房地产,在还了银行的贷款之后,将剩下的属于自己的那部分消费掉,也应该不为过。对于他人也没有什么危害性。

但是,这些贪婪的聪明人不是这样做的。他们保留了自己的股票,因为那将会继续"升值",一直到天上。中国当时在 6,000 点时,不是还有人说,很快将见到 10,000 点吗?那是同一回事。

同时,他们充分利用了自己房地产的升值价值。不少人到银行,要么通过换房获得一些额外的现金,要么进行全新的再贷款(Refinance),也就是重新开始,用该房子做抵押,从银行获得按揭。美国银行很喜欢人们这样做,从中他们还能够赚取手续费。由于房子的价值升了不少,在还掉旧的贷款之后还有不少的剩余。这部分在当时就是实实在在的自己的财富,那可不是幻觉的结果。

举例来说,作为 A,你当初买的是一栋 50 万美元的房子,付了 10 万

---

① Spending boosted by home equity loans; Greenspan, Apr 23, 2007, Reuters. 注意,这里的数字和第一节里的相关数字,由于分类的原因有些不一样。详细的分析请参阅相关的英文文献。

低利率造就房市泡沫

的头款,向银行借贷40万。现在发现房价已经升到80万,你房子上属于你的净资产价值,已经从10万升到了40万。这里为简单起见,我没有考虑利息的影响。于是,你可以到银行,要求按照80万的房价,和20%的首付,即16万,来获得80%的余额部分,即64万的贷款。当时的银行,有不少真的是很勇敢,所以,你不难找到愿意为你这么做的一家。

于是,你用新获得的64万,还掉旧贷款的40万欠账,你还有24万的剩余。于是,你就可以用这24万来消费了。

也有的人,干脆在过去老贷款的基础上,来个第二笔贷款,称之为第二级房贷(Second Mortgage)。这后者的利息,通常比前者要高不少。这是那些信誉不太好的人的选择,因为对他们来说,找到一家愿意给他们一个全新贷款的银行,可能有一些困难。

为了便于比较,再假设有一个叫做B的你,买的也是50万的房子,不过,你选择的首付为零!在房子价值升到80万时,你也去银行,要求对方再借给你30万,你用自己的房子作为抵押,而且还是零首付。

当时有20%头款的人,20年的固定利息可能是4.25%,你没有首付的30年利息可能是5.75%,而你第二笔贷款的利息可能是7.75%。

成本是高一些,但你不用担心,因为你"知道",股市会一直冲到天上去的。所有持有股票和房地产的人,都会很富有,而那些没有的人,将会从此成为世世代代的穷鬼!

前者,"可怜兮兮",只获得24万的剩余,可以用来自己消费。他支付的是20年固定的4.25%的利息。而后者,得意洋洋,空手套白狼,获得30万的剩余。虽然支付的利息是5.75%和7.75%。如果股市和房市继续以每年平均15%的幅度升值,结果对于后者也很理想。(A和B的具体差别,请读者自己计算一下,你可以同时考虑利息的影响,假定这个价格上升,是在两年底时达到的)。但这可能吗?他们当时没有时间想这个问题,不少人认为那是"小儿之见"。

207

第六章

第三节　中美两国经济联动

中国的外向型发展经济模式，时不时被美国人拿来，说明对催生美国房市泡沫的作用。而且，流动性的长期过剩，让格林斯潘犹犹豫豫，错过了调整利率的最佳时间点。同时，本·拉登的适时打击又雪上加霜。对于后者，前面已经说过，那么，中国的经济发展模式，又怎么会影响到大洋另一边的美国经济，而且还造成"那么大"的影响呢？我们来看看这个问题。

中国对美国消费者行为的影响

美国的流动性过剩，对中国经济的影响是什么？由于全球经济的一体化，中国生产的大量廉价物品得以进入美国市场。原来由美国人自己生产的商品，由于自己的人工成本太高，于是，美国人就关掉了自己的工厂，来买中国的商品。虽然美国人从大老远的中国进货，需要花一些额外的运输成本，但算起来比自己生产还是要合算不少。

有一次，在一个美国中间商的商品交易会上，我和好几个美国生产商谈到这个问题。他们说，在油价合理时，从中国进货，比自己生产要便宜25%—30%的样子。他们在名义上也还是生产商，也还有自己的品牌。但是，一下子将自己的车间"搬到了"中国，直接向中国的代工工厂发订单。

现在A和B手上都有属于自己的钱了，他们当然就可以按照自己的意志来处理。消费和享受一下人生，就是其中重要的一环。他们可能花钱将房子内部搞得更舒适一些。美国人的房子大，在房子上，你有太多的地方可以花钱，搞得很华丽和奢侈。也可能去买一辆新的豪华汽车，还可能去欧洲或者北京旅游玩上一趟。无论如何，他们是在花钱和消费。

而只要是在消费制造业的产品，在国际市场上，他们就不得不购买中国工厂生产的产品！于是，就造成了对中国出口产品的旺盛需求。既然需求强劲，中国国内的企业一方面生产商品卖给他们，同时，"看到了"需求继续成长的"趋势"，就借那些成本很低的贷款，搞投资，增加自己的生产供应能力。各个地方的政府，还为了自己地方的利益，鼓励这种盲目的投资。于是，中国经济就成为以投资拉动为主的经济增长模式。这又形成了很多重复投资，过度投资，不少后来成为不良资产。

对于中国的地方政府而言，在经济环境好时，那是他们的业绩。在经济环境不好时，因为各地都在那么做，大家都失误了，自然也没有他们的过错。这是一个只赚不赔的生意。所以，在中国目前的政治制约环境下，这种情况会一直出现。这也是政治改革需要认真考虑的问题之一，得给这些人必要的硬制约和责任感。

而美国的次贷危机，出现这次之后，不太可能再出现很近似的危机了。因为，他们会加强这方面的监管力度。美国人在后发制人、吸取教训方面，做得还算到位。

在中国方面，如果不在治理病根子上想法子，那么，一次次的经济景气循环和起伏，会很伤筋动骨，也就是所谓的"折腾"。我觉得，靠呼吁大家别折腾是没有多大作用的，你得想办法改变制约机制。用美国的词语来讲，就是形成硬性的监管制约。而监管还得来自很多方面：媒体、民众、上级。只有这种多元化，才能在"上有政策，下有对策"的博弈中获得你想要的结果。

在中国2001年加入WTO之后，来自海外的需求更为强劲，中国的经济也有了好几个年头的快速增长。中国投资生产，美国方面大量消费，由此形成了一个完整的国际经济循环。有人可能会说，中国在消耗自己劳工的健康低成本为美国生产。但是，如果美国只消费，那最后不

第六章

也会坐吃山空？这是一个问题，但还不是主要的问题。美国人有的是办法，让你中国人在损耗健康低价出卖苦力之后，再将你赚的辛苦钱，又弄到自己的口袋里去。这是后话。

中国人的勤劳和吃苦，让美国人得以过上奢侈的日子。也就是说，中国人像一个太溺爱自己子女的父母，对于美国这个娇生惯养的孩子，太娇惯。所以，孩子出现问题，自然就是父母的过错了。如果你这个做父母的，也学会享受一下人生，那么，你不仅自己不会那么苦，而且，孩子能够花的来自父母的钱，也会少不少。那么，还是中国的过错。

在中国的这个"过错"之后，美国那边出现了问题，需求减少了很多。中国这边突然少了很多的订单，于是中国的不少工厂只好停工停产。危机就来到了中国。

利率突然高涨刺破次贷泡沫

那么，美国那边的 A 和 B，又是怎么样出现问题的呢？他们不是在花自己的剩余财富吗？应该是没有问题的？

是的，如果那是他们自己的钱，应该是没有什么问题的。但是，技巧就在，那个属于自己的"剩余价值"，突然之间，变成不属于自己的了。

A 和 B 之所以有钱，是因为他们的房子升值了！而房子升值那么多，是因为市场上对房子有着很强劲的需求。供不应求才会使价格上升，这是市场经济最基本的运行规律。

然而，对房子的强劲需求，是因为有容易得到的贷款，是因为有"次贷打包债券"市场这个巨人，在使劲地向那个泡沫里面吹气。也就是说，是国际资本造成的流动性过剩的结果。

有一天，银行"突然"发现，自己没有办法继续原来的那种做法了。

一则，次贷的品质越来越差，几乎到了连叫花子都可以获得贷款买房的地步了。银行也开始战战兢兢做事情，害怕这些高风险的借贷者，最后危及到自己的资产安全。

再则，联储在加息，而且还加得很急，那些基于1%的基准利息获得贷款的人，无法面对4%以上的基准利息所导致的高额变动利息。

三则，过去，银行敢于肆无忌惮地发放贷款，是因为自己可以立刻将它卖出去。现在，次贷打成的房贷债券包已经很难卖出去了。银行自己手中已经有不少的待销货品，还没有办法清除。有的银行就是因为"突然"之间，两房不再购买他们手中的次贷债券，而最后破产了。

这许多因素的综合作用，让次贷这个大泡沫，开始破灭了。

结果，对于A来说，如果他借钱在比较高的价位买了股票，由于次贷危机带来股市大跌，现在赢利全部消失，而且还有亏损。对于他的房子，现在又掉回到了55万，虽然比当初还是高一点。但是，自己已经花掉了24万，还有64万的房贷！也就是说，除了股票上面亏损之外，自己在房子上还有9万美元的负资产。这样一来，实实在在的货币财富，就真的变成"货币幻觉"了。

他这时候，可能就选择一走了之，将不值钱的房子留给银行了事。这就产生了贷款违约，给银行带来了损失。而且，银行的亏损，还不仅仅是那9万美元。因为它得花时间和人力来处理这栋留下来的房子，而且这个人力还相当贵。

再者，留下房子的人，大多数还很不"道德"。他们在离开时，很多人会有意识地破坏房子，有人选择向地下室注水，还有人用水泥来堵死下水道，造成人为的额外损失。

所以，你这个明明值55万的房子，这么折腾几下之后，只能够以35万卖出去。这额外的损失，就由银行和债券投资者来背负了。

对于B来说，选择就更加容易了。他原本就没有钱，只是和银行玩了一回，利用中国和日本银行的钱，自己享受了一次而已。虽然他可能从来没有想到和知道，自己花的钱，最终是外国人贡献的。

第六章

他有 80 万美元的借贷，现在利息高了，他已经没法还月供了。同时，他贷款了 80 万，而市值只有 55 万，也没有任何必要去为银行扛那个负资产。当然就会一走了之。而且，在走的时候，他还很恨银行，为什么让他失去了自己心仪的房子？

当然，他是不会感谢那些辛苦赚钱自己省吃省用的中国人的。相反，他还会骂那帮"中国佬"，因为新闻上说，那是中国人抢走了美国人的饭碗，让美国人没有工作来赚钱支付房贷。他不会去想，中国人那么远，他们是怎么来这里抢的。也不会知道，那是美国人自己送过去的。

危机的出现和恶化，不仅让美国人的资产贬值，而且所导致的失业率上升又让他们的收入减少，结果是让美国人变穷了。房子丢了，自然那些靠贷款买的汽车，也会出现问题。不能够按时支付汽车贷款，汽车就会被提供贷款的银行和金融机构拉走。于是，市场上增加了很多旧车，旧车也就变得很便宜。这样一来，新车的销售也就出现了问题。旧车的便宜给新车的价格造成压力。人们手中的资金紧张，又迫使很多人只能够选择购买旧车。于是乎，原本就是病入膏肓的美国三大汽车制造厂的美国汽车业也出现危机，需要美国政府来救助。

就连过去销售很好的日本车，也出现销售萎缩的问题。不仅如此，丰田汽车公司在 2009 年 5 月公布的上季度的报告中，还说自己已经开始亏损了。连丰田都会亏损，也难怪通用汽车公司会破产。目前，通用汽车由于自己的生存出现问题，不得不砍掉和关闭很多自己汽车的销售商，结果让无数靠它吃饭过日子的人，没有了饭吃。

汽车业是美国就业人口很多的一个行业，它的不景气，带来的是经济的更加萧条。恶性循环开始，电器等大件商品也会跟着发生类似的问题。过去讲究新和时髦，现在只好将就将就了，人们减少了对新的电器的购买。这就是金融危机从房贷向实体经济的扩散过程。

第七章 消费习惯与房市泡沫

> 历览有国有家之兴，皆由克勤克俭所致。其衰也则反是。由俭入奢易于下水，由奢反俭难于登天。
>
> ——曾国藩

在谈论危机根源时，大家都看到了美国国家巨额财政赤字、美国家庭和个人高额债务的问题。那么，我们来看看，这些债务是怎么形成的，目前的状况如何，它和危机的互动关系是什么，以及危机对美国人消费习惯的影响。

第一节 只消费不储蓄的美国

前面我谈到，最近几十年来，美国储蓄率下降在很大程度上是"财富挤出"效应的结果。房市和股市的繁荣，让美国人感到财务上的安全。由于不断升值的房子已经成为美国人的银行提款机，这种富有让他们觉得没有必要增加储蓄。这里我们再来看看美国人债务方面的情况，从另一个角度来看有什么危机的隐患。

第七章

美国的巨额债务问题

美国的国家债务问题,已经远不是美国自己的困境了。它的快速累积,已经构成危及国际经济安全的大问题。

美国政府债务分两种:毛债务(Gross Debt)和公共债务(Public Debt)。公共债务又叫国家债务(National Debt),是美国政府所欠的联邦政府债券的总价值。这里的所欠,只计算外国政府,美国国内外公司和个人投资者手中所握有的美国联邦债券,它不包括美国政府机构之间相互持有的债券(intragovernmental debt),也不包括社保基金(Social Security Trust Fund)所持有的债券。而毛债务,则是在公共债务的基础上,再加上政府部门持有的部分。

截至2009年6月2日,美国政府的联邦公共债务为11.4万亿美元,相当于每个美国公民欠债37,348美元。也就是说,像我这种新移民,一家四口,父母外加两个孩子,莫名其妙地就平摊欠了这37,348×4,大约15万美元的债务。在这些债务之中,有7.098万亿美元是由公共持有的。

2007年时,美国的联邦公共债务占到GDP的36.8%,整个债务则是GDP的65.5%。2009年6月,由于救市需要而推出的更大的赤字,总的债务规模已经是当时GDP的82.5%。据估计,到2010年时,这个比例将达到97%,其后,乐观的估计是稳定在GDP100%的规模[1]。

图7—1是美国历年的债务变化图。20世纪40年代中期美国债务很高,那是因为二战的暂时需要引起的。但是,从20世纪80年代开始

---

[1] 国内生产总值(Gross Domestic Product,简称GDP),也叫国内生产毛额或本地生产总值,是在一个国家内一段特定时间(一般为一年)里所生产出的所有最终商品和服务的市场价值。与它对应的,是国民生产总值(GNP),后者不将国与国之间的收入转移计算在内。国内生产总值计算的是一个地区内生产的产品价值,而国民生产总值则计算一个地区实际获得的生产性收入。

美国的债务就开始爬坡，一再登上新高。在如此庞大的债务基础上，美国政府还不得不通过再注入更大量的货币，来救助陷入危机的美国经济，其可能的后果，让许多国家的政府寝食不安，其中也包括中国。

图7—1 美国的债务

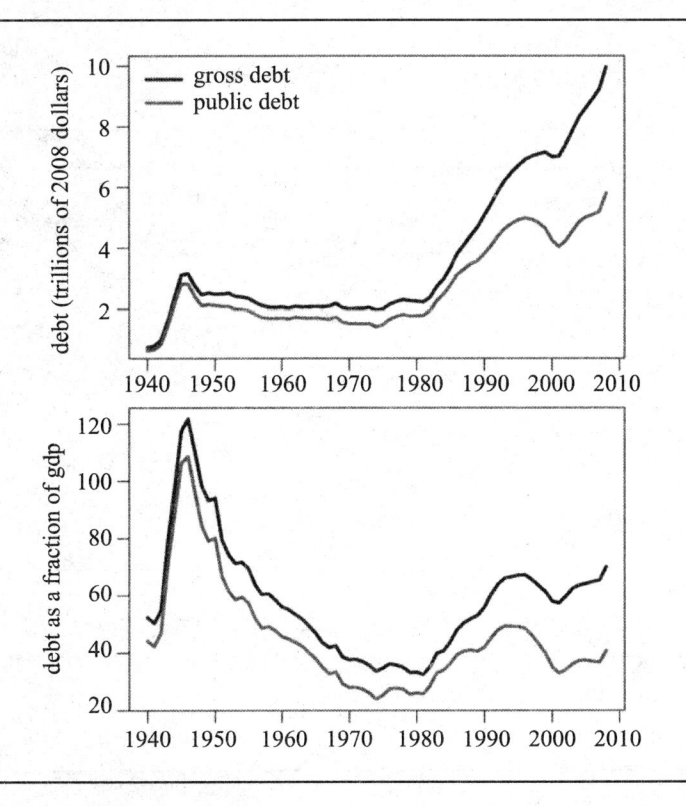

(单位：万亿美元（上）和百分比（下））
(上图是美国债务的绝对数，下图是债务占美国GDP的比例)
(资料来源：美联储)

　　2009年3月13日，在十一届全国人大二次会议闭幕的记者招待会上，中国国务院总理温家宝，在回答美国《华尔街日报》记者的提问时，谈到了对于中国资产在美国债券上的投资安全问题。

第七章

"作为美国最大的债权国,中国十分关注美国经济的发展。以奥巴马为总统的美国政府,采取了一系列的金融危机应对措施,我们期待这些措施能够产生效果。我们把巨额资金借给美国,当然关心资产的安全。说句老实话,我确实有些担心。因而我想通过你再次重申,要求美国保持信用,信守承诺,保证中国资产的安全。"

表7—1 美国财政债务和占 GDP 的比例

年份(财年底)	美国毛债务 (单位10亿美元)	债务占 GDP 的比例
1910	2.6	
1920	25.9	
1930	16.2	
1940	43.0	52.4
1950	257.4	94.1
1960	290.2	56.1
1970	389.2	37.6
1980	930.2	33.3
1990	3,233	55.9
2000	5,674	58.0
2005	7,933	64.6
2007	9,008	65.5
2008	10,699.8	74.6
2009年3季度	11,383	82.5

(资料来源:美国联储①)

对于中国的担忧,美国学术界也有不少人出来说话。2009年3月

---

① Treasury Direct. Government-Historical Debt Outstanding-Annual. United States Department of the Treasury.

19日,在接受一家中国新闻媒体的采访时[①],诺贝尔经济学奖得主,哥伦比亚大学教授约瑟夫·施蒂格利茨(Joseph Stiglitz)说,中国人担心美国不履行债务偿还义务,我认为这不是一个应该担心的问题。那种情况根本不可能发生。中国对持有美国国债的安全性表现担心,但美国违约的可能性并不存在。不过,担心美国有动机通过制造通胀来逃避债务,这倒是一个大问题。目前,美国经济中已经被注入了太多的流动性,由于目前的经济状况很差,暂时还不会成为问题,但是,一旦经济复苏走强,美国通货膨胀和美元贬值等问题就会出现。

而且,在经济走强之后,还存在着为了让经济降温美联储下调利率,从而导致另一场经济衰退的风险。对于这种风险,他建议投资者和中国政府通过购买通胀指数化债券来避免。说到底,他还是在推销美国的国债给中国。

他继续说,当前没有什么资产是安全的,欧洲和日本等都有各自的问题,因此中国政府有理由购买美国国债。但同时,中国也应现采用多样化分散风险的投资组合,不要过度依赖于某一种或两种货币资产。

他说,应考虑建立一个新的全球储备系统来代替美元储备体系。其操作非常类似于国际货币基金组织(IMF)的特别提款权(SDR),即由国际社会发行全球储备货币,并达成协议,让它能够转为硬通货,这样全球经济就不会受制于某一个国家的经济问题。

不过,如果你将美国国债占GDP的比例和日本的比较一下,似乎也不是那么吓人。在2008年时,日本国债占GDP的比例已经高达180%,而美国的比例还只是和德国相似(见图7—3)。

[①] 施蒂格利茨:中国应购买通胀指数化债券,《财经》(胡蛟、王晶),2009年3月20日。

第七章

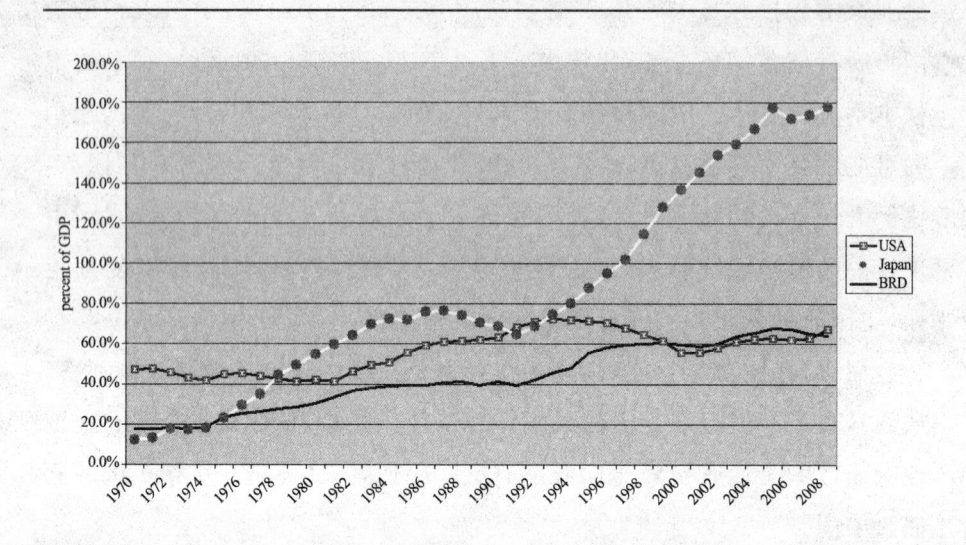

图 7—2　美国、日本和德国国债占 GDP 的比重

(资料来源：国际货币基金组织)

美国的国家财富与变化

从数据看，金融产业通过几十年的不断"创新"，变得更加复杂，更加盘根错节。正是这种复杂性，让一般人很难理解其中的陷阱。是金融创新，在引导消费主义的恶性膨胀，彻底改变了人们在家庭理财方面的基本理念。

2006 年，能够统计出的全球经济产出，大约是 48.6 万亿美元，而全球股市的总市值和债券价值，则分别是 50.6 万亿美元和 67.9 万亿美元。如果将这个世界当作一家公司，那么，按照这个数字，这家公司的市值 50.6 万亿美元已经比它的"生产额"48.6 万亿美元还要大一些。这里谈的"生产额"还不仅仅只是上市公司的部分，还包括不上市公司的部分，而且，后者的比例并不小。

在金融业从业者几十上百年来的"谆谆教诲"之下，过去保守的人们，开始习惯了，将自己多余的财富，投入到股市和汇市等起伏不定的市场中。维多利亚时代那种满足于将余钱存在银行保险柜里的做法，已经很少见了。这应该是政府印钞技术发达的功劳。大量的印钞，一再的通货膨胀，让那些图安稳，想保守的人，也没有办法保守和安稳了。因为，你放在银行保险柜里的钱，会被时间给吞灭。这就是人们一再强调的时间价值，也是通货膨胀的"好处"，它在逼着人们花钱和赚钱。

在取消金本位制之后，从理论上说，政府是想印多少钞票就可以印多少钞票的。而加印钞票的结果就是冲淡了你手上钞票的购买能力。人们拥有钞票最终的目的，毕竟还是为了用它去换取自己需要的物质和服务。在钞票过度发行之后，人们所拥有钞票的购买力就会减弱。

表7—2　世界和几大主要国家的GDP(2008)

排名	国家或地区	GDP（百万美元）
	全世界	60,689,812
	欧盟	18,394,115
1	美国	14,264,600
2	日本	4,923,761
3	中国	4,401,614
4	德国	3,667,513
5	英国	2,865,737

（资料来源：国际货币基金组织）

按照美联储的数据，在2002年底时，美国家庭和非盈利组织的资产净值，是39.2万亿美元。到2007年第三季度时，已经上升到58.7万亿美元，成长将近50%。与这一快速增长形成对比的，是个人储蓄额的萎缩。

2003年时，美国的储蓄总额是1,749亿美元。而到2007年时，则下降到区区574亿美元，不及当时的三分之一。

第七章

　　金融业在这几年中,创新出很多新的"产品",供人们进行合法的对赌。一些不是太能够理解其中奥秘的投机者,也兴趣浓浓地在里面杀进杀出。在这之中,有人一夜致富,更多的人是一夜破产,变成穷光蛋。一个零和博弈,可是还是有不少人为此乐此不疲、津津乐道、神经兮兮。

　　在次贷危机爆发之后,股市也随之下跌。从2007年9月到2008年6月,美国家庭的资产净值下跌了2.7万亿美元。从2008年1月到2008年10月11日,美国公司股票的拥有者,在这些公司股票的投资上遭受到了8万亿美元的投资损失,其持有的市值从开始时的20万亿美元下降到结束时的12万亿美元。

　　看看纽约道琼斯指数的变化,或许对我们有一点启发。2007年开始时是12,500点左右,同年10月初升到14,000点以上。2008年6月时,在11,500点附近,2009年3月初时,跌到6,700点附近。2009年3月30日,回到了7,700点左右。股市这一块,从2008年6月,到2009年3月底,从11,500点到7,700点,下跌了三分之一。

　　由于房市泡沫的破灭,美国房价下跌给美国民众资产也带来很大的负面影响。

危机对消费者借贷行为的影响

　　由于危机的爆发,过去人们喜欢借贷消费的习惯,实际上已经得到了很大的抑制。一方面是消费者认识到问题的严重性,感觉到自己已经没有能力那么做了。而且,信贷紧缩,让人想做有时候也做不到。这和信贷环境宽松时只要想做就能做到相比,有很大的差别。

　　一个朋友,在几年前,花了25万美元,在靠近城区的地方买了一栋别墅。当时支付的是6.75%的利息,30年不变。今天,同样年限的固定利息是4.98%。这1.77%的利息差,对于22万的贷款而言,每一年的利息差就是22万×1.77% = 3,894美元!

消费习惯与房市泡沫

在一般情形,他是可以通过重新贷款来锁定这个较低利息的。其中,你可能得支付一点手续费。由于银行之间存在着竞争,在正常时候他这样做很容易。

但是在金融危机时刻,他却没有办法做到,除非他再注入更多的"头款"。因为,他那个地方的房子,最近卖出去的基本上都是20万左右的价格。也就是说,银行认为他的房子只有20万的市场价值。要贷款,也只能够按照这个价格来计算。

所以,如果他要重新融资借贷,就得按照20万来支付20%的头款,也就是借到16万的贷款。而他目前的贷款额为22万,两者之间有6万的差额。换句话说,他得再额外注入6万元才能达到20%的头款标准。他没有办法可使,因为他拿不出那么多的钱。结果,他只好继续支付高额的利息。利息下调后他没有得到好处,他的购买能力照样没有增加。如果他能够找到那个6万元,如果不计算手续费的影响,他的6万元"投资"就相当于能够获得肯定的11.47%的年度投资回报![1]

美国人再次开始节俭

在经济衰退时,房产不仅不升值还在贬值,股市也是一样。消费者没有办法靠借债来扩大消费。而且,已有的债务,还在银行信贷紧缩的要求下不得不尽快还掉。由于大多数个人消费者的主要资产是住房,于是,节俭又再一次成为美国人生活的"新习惯"。不少人已经开始停止使用自己的信用卡,改用现金和银行支票,来搞收支平衡。

时间不长,但效果明显。对于家庭负债的变化,美联储从1952年就

---

[1] 因为这6万本身可以获得4.98%的利息"收入",也就是2,988美元。而且,由于它的加入,他的22万元的利息又从6.75%降到了4.98%,节省的1.77%相当于每年220,000×1.77%=3,894美元的"进账"。于是,他的6万美元的投资回报就是3,894+2,988=6,882美元,也就是6,882/60,000=11.47%的年度回报率。

第七章

开始跟踪。从那时起,这个数字一直就在稳步上升,直到2008年的第三季度,第一次出现了下降。在同一季度,美国消费支出的增幅,也出现了17年来的第一次下滑。

不少经济学家预计说,长期困扰人们的美国负储蓄率问题,可能会在2009年时,出现自第二次世界大战以来最大的反转,回升到3%至5%之间(见图7—3)。高盛预计说,这个数字可能会高达6%至10%。

图7—3 美国个人储蓄率(占可支配个人收入的比例)变化

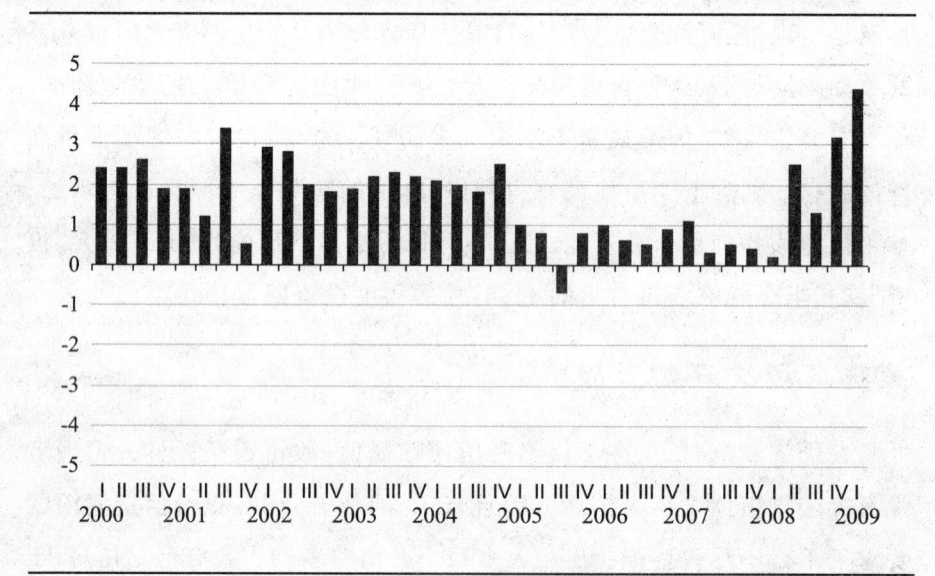

(资料来源:美国经济统计局)

在20世纪70年代,美国人的储蓄率高达14%,但在2005年第三季度的储蓄率曾经一度为负。也就是说,美国民众的消费整体而言大于他们的所得。这多出来的就只有靠借了。整个2005到2007三年,每个季度,美国民众的储蓄率都在1%以下。也就是说,那时候,人们是有多少花多少,没有任何储蓄。

然而，2008年开始的经济低迷迫使美国人尽可能少花钱。据2009年年中的经济数据，美国人有1美元就会存4美分，也就是有4%的储蓄率。虽然这和中国人把收入的四分之一省下来的做法还是相差很大，但毕竟已经在进步了。

与美国的情况相反，中国的问题是储蓄率太高：在1981年时是GDP的20%，1988年时为30%，2006年12月时则接近50%，家庭储蓄率约为当时收入的30%。在世界各大国家中，中国人储蓄意愿最为强烈。①

不少人试图理解，为什么中国人那么"喜欢"储蓄？中国人和美国人的消费习惯的差别，以及这种差别对于国家经济发展的利和弊，是一个值得深入研究的问题。

近百年来，人类经历了两次大的危机：20世纪30年代的大萧条和2008年的次贷危机。每一次都是发源于美国，而且，每一次都与信贷的盲目扩张有关系。

20世纪30年代时，工业革命，带动了美国人的消费欲望。而信贷消费模式的出现，又让这种欲望能够得到满足。然而，当这种欲望从满足跨越到放纵时，危机也就来临了。

这一次，虽然次贷消费已经存在很久，但是，次贷打包债券这些衍生品的使用，则又一次将信贷消费推到放纵的地步。结果，又一次出现了金融危机。

历史是在一次次重复着自己过去的错误。这次危机的实质，和20世纪30年代的危机，有很多相似性。

是不是有信贷就会有金融危机？是不是信贷这种"资本主义"的产物，就是"罪大恶极"的东西？是不是节俭和收支平衡，就是最好的消费

---

① "中国人储蓄意愿世界最强，国民储蓄率接近50%"，2006年12月6日，《京华时报》。

第七章

模式？这些都是不少人一直在自问的问题。很久以来就有西方经济学家在研究，期望给出一些实实在在的"正确"答案。

对我而言，这些问题的答案都是否定的！[①]

消费信贷是工业现代化、国家经济现代化、人们收入稳定经济富裕以后的必然。这是由人们的消费周期性和收入周期性不吻合——错位所引起的。

在中国，消费信贷已经开始有十来年了。自从1998年住房体制改革之后，按揭买房、分期付款的方式，已经被中国大众所接受。2003年以来信用卡类的消费金融工具的引进，则将这种信贷消费向前推进了一步。不过，我注意到，中国的信用卡有很多只承担美国的转拨卡（Debit Card）的功能。它直接从你的银行账户将资金划拨走了，之间没有信用贷款那个环节。但是，不管怎样，总还是一个进步。

第二节　美国人奢侈消费的形成

在世界上，美国有个"花花公子"的美名，挣少花多啃未来。这和中国的"啃老族"的行为正好相反。美国人的这种"卯吃寅粮"的习惯，是从什么时候开始的呢？是怎样形成的？在过去有没有形成危机？人们有不少的问题要问。

美国也曾节俭过

美国不是天生的花花公子。历史上的美国，也是一个崇尚节俭的国家。当年从欧洲冒险来到美国的探险者，也不完全是一些亡命之徒和贪

[①] 陈招顺，汪翔："西方对经济周期动因研究现状概述"，《上海社会科学院学术季刊》，1994年12期。

图享受的家伙。他们来到北美,是期望通过自己的奋斗和努力过上自由富裕的好日子。

移民初期,北美大陆的生存环境非常恶劣,没有享受奢侈的条件和机会。在南北战争结束前,一个人如果想通过大量举债来购买消费品,在当时应该是无法想象的事。

工业化带来的大量商品的供给,是消费至上风气存在的前提条件;城市化进程带来的消费观念的转变,使更多美国家庭有了相互攀比、奢侈性地追求非必需消费品的可能;而移民国家固有的人口流动性,又使美国家庭缺乏欧洲和亚洲社会的继承传统。亚洲和欧洲传统的,靠个人所累积的财富来消费的"先储蓄、后消费"的消费模式,在美国的土地上发生了变化。

20世纪20年代,是美国狂热消费时代的开始。数据表明,消费债务的增长率,在1920至1929年之间增长了131%。民间未偿还的贷款额度,从1920年时的33亿美元,增加到1929年时的76亿美元。在这段时间里,美国的人口规模从1.06亿增长到1.23亿,借贷的增长幅度远高于16%的人口增长速度。

1929年到1933年的大萧条,让消费贷款额的持续增长势头暂时得以抑制。经济萧条和衰退的一个重要原因,就是消费者失去信心,不敢也不愿意"大手大脚"花钱,结果形成一种消费萎缩的恶性循环。经济衰退在很大程度上就是消费者信心衰退的体现。

到1937年时,消费债务再一次回到了大萧条前的水平。其后继续上升,直到二战期间,美国政府出于战争需要的考虑,集中国内资源,为赢得战争服务,对信贷进行控制之后,才慢慢减缓了它的成长速度。

有不少经济学者,对美国20世纪30年代的经济数据进行过定量的分析。通过数理统计的方法、基于经济理论所建立的经济计量模型,人

第七章

们发现,美国家庭的真实债务[①]、美国家庭的消费信贷,在1900至1916年间不仅没有成长,甚至还有所下降。这说明,那个时代美国人的消费观还是以保守为主,大量借钱消费还没有真正形成风气。但从1920开始到1929年平均每个家庭的真实债务,则几乎翻了一番。这些统计数据说明,1920—1929那十年是美国消费狂热的时代。消费的快速和过度扩张,可以说是那次大萧条出现的最重要的直接推手之一。

消费信贷的产生与发展

社会的需求,是推动社会发展的最重要力量。在一个市场经济的国家里,特别是在美国这个喜欢创新的国度,有需求就有商机,从而就有千方百计满足那种需求的商人。

美国这种商业上的活力,在20世纪20年代得到了充分的体现。随着对消费信贷需求的增加,个人消费信贷体系作为一个专业的独立行业,在20世纪20年代开始建立,并在随后得以飞速发展。

可以说,消费信贷是现代金融革命的起点,是第一次大规模的金融信贷革命。消费信贷的出现和发展,彻底地改变了世界的运行和人类的生活方式。随之改变的,是商业上的销售模式。

制造业第一次体验到,让自己得以成功的,已经不仅仅是物美价廉的产品了,还有同样甚至更重要的金融和财务创新上的跟进。埋头生产产品,而成就大业的时代,已经一去不复返了。不懂金融和财务的制造商,最后有可能被时代所抛弃。

针对规模日益壮大的中产阶级,新型零售商、小额贷款放贷人及商业银行,开始了一系列针对中产阶级价值观的改革。贷款方式上的创新、分期付款方式的完善、专业销售融资公司和消费融资公司的出现,彻

[①] 即按照扣除通货膨胀影响之后的物价水平计算的债务,也就是基于真正的购买力的数据。

底改变了美国一般家庭的理财习惯和资产管理方式。

在那个时候的美国人,每天去工作,到时将薪水拿回家交给太太。然后,太太再作为一家的财务主管,基于家庭需要来购买生活必需品和极少量的奢侈品。剩下的钱,就攒起来,等累积到一定程度时用来购置大件。那时候的财务生活相当简单,由此所产生的烦恼也比较少。

而在消费信贷出现之后,这一安逸的生活方式就被打破了。由于可以用预支未来收入的信贷方式进行消费,所以,你不必等到自己攒够了现金时,才去购买你所需要的大件物品。这为消费者提供了方便,同时也给那些不善于计划,财务上不够精明的人,套上了一个个财务的枷锁,让自己有形无形地成为借钱的奴隶。我们现在所说的"车奴"、"房奴"和"卡奴",都是这种典型的代表。

消费信贷革命,带给人类的是一把双刃剑:它在给你带来消费灵活性的同时,也给你带来枷锁。信贷所附带的高额的利息和诱惑带给你的很多奢侈性的消费习惯,让你不得不为很多没有意义的消费,而疲于奔命地工作、再工作。最终成为金钱的奴隶,成为商品的附庸,从而失去了自我,忘掉了人类生存和生活的真正意义。

等你有时间思考,回头看看,原来你一生都在拼命工作、获得金钱、"享受"大量你没有丝毫享受感觉的物品和服务时,你才发现,自己实际上是在为一种看不见的幻觉卖苦力、出卖青春和年华。在这种幻觉之中生活太久的你,已经不知道人生的意义到底是什么。直到你人生的蜡烛快燃尽的时候,才开始醒悟,但为时已晚。

辛格公司的新招

在18世纪中后期,当第一次工业革命开始时,缝纫机成为第一个试图大批量进入美国家庭的"大件"产品。那时的美国,人们还有自己缝制衣服的需求和习惯。缝纫机的出现,极大地提高了家庭妇女们缝制衣服

第七章

的效率,很快就受到家庭妇女的普遍欢迎。

问题是,开始时缝纫机还是一件高档消费品。

人们可能还记得三十多年前国内的三大件:缝纫机、自行车、电视机,那些在当时对普通家庭是可望而不可即的东西。美国缝纫机刚时兴时的情况与此有些类似。

美国 18 世纪中期的缝纫机生产厂商看到了这个商机,并为此制订了一个宏伟的计划:在很短的时间内,让缝纫机这个当时的大件,能够进入每一个需要它的家庭。

在开始时:一台缝纫机的售价是六十多美元,而当时一个普通家庭的年收入,大约在 300 美元。如果按照现在 4.5 万美元家庭年平均收入推算,当时的 60 美元相当于现在的 9,000 美元,一辆比较低档的韩国现代牌汽车的价格。

还请注意,当收入低到一定程度时,食物消费所占的份额就会增加,而这部分的消费又是不能够替代的,那么,那时的 60—70 美元,应该是相当于现在超过 1 万美元的负担了。在昂贵的价格面前,缝纫机的销售员们很难说服一般家庭掏钱购买。

1856 年,辛格(I. M. Singer)公司的爱德华·克拉克(Edward Clark),在对市场进行了广泛调研之后,提出了一个新的销售办法:一台 65 美元的缝纫机,购买者可以在第一天先支付 5 美元作为首付,然后每周再支付 1 美元,一直付 60 个星期,一年多一点的样子,直到全部付完 65 美元为止。这就是后来分期付款的雏形。

如果销售公司觉得花这么长的时间,需要支付更多的人工费用收钱,还需要冒后面可能收不到钱的风险,外加时间上的其他损失,那么,它可以适当地增加一点价格,向分期付款的人收 70 美元。而一次性付清的人,则可以得到 5 美元的优惠,只需支付 65 美元。这就更像现代的消费信贷了。

消费习惯与房市泡沫

在这种销售模式之下,如果生产公司需要资金扩大生产规模,还可以用这些待收款(Receivable)作为抵押,向金融机构借贷。

我们来体验一下,在两种消费方式下家庭主妇的感觉。

一次性拿出65美元,数目太大,很多家庭难以承担而且一时也拿不出那么多钱来。即使手上有65美元,多数也不敢一下花掉,因为总还得留点钱应付一下万一吧。救急资金总得有的,特别是在家有老小时。而且,那时候的社会保障体系可能还远没有现在这么完善。

如果先付5美元,其后,每一周再支付1美元。那么,对于一些精明的家庭妇女,就得合计一下了:没有缝纫机,缝制一件衣服得花去两天时间,其他什么也不能做,而且既累质量也不是很好。但是,如果有了缝纫机,两个小时,就可以缝制出漂亮的衣服,而且质量上乘。省下的时间,可以做不少的事情,用这些时间,去赚回那个每周的1美元,应该是绰绰有余的。

这样一来,原来不值得购买的一件物品,从纯粹经济的角度来思考,变成一件很值得做的事情了。这就是信贷"革命"的真正意义。它能让一件因为价格昂贵一时负担不起而"没有价值"的东西,变得很有价值。

通过这种销售形式,在20年后,到1876年时,辛格公司就已经销售了26万台缝纫机,其销售量超过所有其他缝纫机公司的总和,从此成为缝纫机行业的领头羊。

通过一个小小的信贷创新,让每个家庭不必等到存好足够的钱,才去购买缝纫机,从而极大推动了整个产业的发展。在这之后,分期付款的绝招被迅速复制。电冰箱、吸尘器这些当时的大件商品生产厂商,开始步其后尘,使用类似的办法,来争夺消费者手上有限的经济资源。

在那个年代,当报章杂志上出现"每周3分钱,电动吸尘器到面前"的广告时,不难想象,会有多少每天在清扫房间中花费大量时间的家庭妇女为之心动。从此,美国工业革命,在强大的内需驱动下开始了大踏

第七章

步的前进。

消费信贷革命的"爆发",应该是20世纪以后的事情。从1905年开始,出现了专业的融资公司,相当于现在的靠专门提供消费融资贷款的银行。

在这之前,融资主要是生产厂商自己提供的,为那些购买自己产品的消费者提供信贷。这样做的好处是,厂商由于对自己的市场比较熟悉,风险容易控制一些,同时,又是针对自己产品的购买者,比较有积极性提供好的服务。

到后来,信贷提供者和商品制造商之间的分工出现了,生产商只负责生产和销售,而顾客购买商品时所需要的信贷,则由专门的信贷公司负责提供。对于像钢琴之类的耐用品的购买,成立了不少的专门的信贷公司,专门为以分期付款方式销售商品的商家提供融资。

第三节　消费驱动经济模式

如果仔细回味一下历史,我们不难看到,经济模式从生产驱动发展为消费驱动,具有其必然性。从1780年到1880年,经过100年的工业革命发展,在工业相对发达的西方国家,特别是后来居上的美国,对物质产品的生产能力,已经开始超过人们的消费能力了。人类从长期的物质短缺、生产不足,进入产能过剩阶段。这是社会生产力大发展的结果,同时也是人类进步的结果。

那个时候,工业生产的能力,足以保证任何订单的需求。投资驱动经济发展,已经进入极限。为此,有两条路可走:向外,继续开拓那些还未开拓的市场;向内,继续深挖需求的潜力。那时候,实际上也是在那么做的:用枪炮打开日本和中国的消费市场,就是那时候工业强国的"外向型经济"发展模式。而消费信贷的出现和发展,则是"内向型经济"发展的方向。前者是"投资驱动型",后者是"消费驱动型"。类似的问题,在今天的中国,也还有着很深刻的借鉴意义。虽然中国无须用枪炮打开海外市场,但其"外向型经济"发展模式的本质是一样的。

预支未来的消费观:吉姆·琼斯的故事

在这里,我们不谈那时候的美国,是如何通过强权来欺负弱小的他国的"外向型经济"方面的故事。我们只来看看,美国当时是如何在"内向型经济"方面下工夫的。也就是说,来看看,在这种条件下,企业是如何寻找新途径,来扩大人们的消费能力的。

1920年,美国的报纸上,出现了一组名为朱利安(Julian)公司的系列广告。画面上是一个虚拟的白领,名字叫吉姆·琼斯(Jim Jones)。他的年收入是3,000美元,相当于当时美国普通中产阶级的收入水平。广告说,如果假设他一辈子工作30年,他的个人总财富,在经过一定的时间价值折算之后,其总额可以达到11万美元。

我查不出来,当时这个广告是怎么计算得出这个11万的数字的。不过,在表3—2中,我给出了一种计算供大家参考。在这里,我假定一个人开始时的工资是每年3,000美元,其后由于通货膨胀的原因,和自己技能的提高所导致的生产效率的改善,假定他每年的年收入有5%的平均增长。这样一来,在第30年时,他的年收入就是12,348美元了。

如果简单加总,他30年的总收入就是19.9万美元。不过,这个简单加总没有多少意义,因为没有考虑时间的价值。

如果再假定有2%的通货膨胀,也就是说,在你获得的5%的年度工资增长中,有3%是因为你所贡献的生产效率的提高带来的,而有2%是因为通货膨胀的结果。那么,我用这个2%来折旧,计算你那些收入的当前价值。这样一来,我就得到了11.2万的总收入,很接近广告上说的数字。

第七章

表7—3 一个人一辈子收入的计算(单位:美元)

年份	当年收入 5%年增长	累计 简单加总	2%折现 的现值
1	3,000.0	3,000.0	3,000.0
2	3,150.0	6,150.0	6,029.4
3	3,307.5	9,457.5	9,090.3
4	3,472.9	12,930.4	12,184.6
5	3,646.5	16,576.9	15,314.5
6	3,828.8	20,405.7	18,482.1
7	4,020.3	24,426.0	21,689.6
8	4,221.3	28,647.3	24,939.2
9	4,432.4	33,079.7	28,233.2
10	4,654.0	37,733.7	31,573.9
11	4,886.7	42,620.4	34,963.5
12	5,131.0	47,751.4	38,404.7
13	5,387.6	53,138.9	41,899.7
14	5,656.9	58,795.9	45,451.1
15	5,939.8	64,735.7	49,061.6
16	6,236.8	70,972.5	52,733.6
17	6,548.6	77,521.1	56,469.9
18	6,876.1	84,397.2	60,273.3
19	7,219.9	91,617.0	64,146.5
20	7,580.9	99,197.9	68,092.5
21	7,959.9	107,157.8	72,114.1
22	8,357.9	115,515.6	76,214.4
23	8,775.8	124,291.4	80,396.5
24	9,214.6	133,506.0	84,663.6
25	9,675.3	143,181.3	89,018.9
26	10,159.1	153,340.4	93,465.7
27	10,667.0	164,007.4	98,007.4
28	11,200.4	175,207.7	102,647.6
29	11,760.4	186,968.1	107,389.7
30	12,348.4	199,316.5	112,237.6

消费习惯与房市泡沫

2007年时，美国男人的平均年收入是4.5万美元左右[1]，这可能是因为通货膨胀率高于2%的结果。读者如果有兴趣，应该是不难算出在什么样的通货膨胀水平之下，30年之后的工资收入和其后的实际数字会是比较接近的。

以1920年开始的3,000美元的年收入，到1950年时，美国的平均年收入按照2004年的不变价格计算为2万美元左右。1950年时美国的平均年收入，按照当时的价格是3,210美元。到1959年时是5,010美元。当时1加仑汽油的价格是18美分，一辆新车的平均价格是1,510美元。

这则广告是在开导普通的消费者：对一般的人来说，年收入会随着年龄的增长而增加，到退休时，可能是年收入最高的时候。但是，作为生物体的个人，我们的消费能力却在随着年龄的增加而变小。在年轻力壮的青年时期，我们最想花钱，也有精力去花钱求得享受，但那时候却是最没有钱的年纪。

为了解决这个矛盾，该广告给了人们一个"好办法"：把你未来的钱的一部分拿到现在来用，也就是通过借贷来提前消费，通过金融手段，来抹平消费和收入之间的反差和不对称。通过适当的计划，我们能够把这11万美元，按照某种方式，提前支出一部分，来购买我们需要的汽车和房子等高档消费品。这样做，不仅让你自己享受到了更好的人生，同时，还推动了这些产品的消费，对整个社会也有好处。当然，这里面还有一个提高了你自己的生产效率的问题。

这种新型的消费理念，在后来的消费经济学中得到了更深入的分析

---

[1] "US Census Bureau news release in regards to median income". http://www.census.gov/Press-Release/www/releases/archives/income_wealth/012528.html. ; "US Census Bureau median income per household member". http://pubdb3.census.gov/macro/032007/hhinc/new02_001.htm.

第七章

和论证。这种跨越时间的财富转移和资产配置，成为后来所有金融证券产品的核心点。有了消费信贷这样的金融工具，人们的消费习惯就完全改变了，从花过去的钱变为花未来的钱。一下子，社会上就出现了很多的"新的"消费能力。而对于个人而言，消费决策，已经不再是按照今天有多少收入来决定了，而是将着眼点放在终身的消费能力上，是根据一辈子可以赚到的收入总额来决定的。

这一消费创新，通过扩大内需，给生产企业提供了一个很大的需求来源，也由此改变了美国社会的方方面面。现在，很多中产阶层的人士，也可以用分期付款的办法，来体验过去只有富有家庭才能够享受的产品。他们可以给自己的孩子买钢琴，给太太买缝纫机，给家里添置冰箱。有的，还可以由此提前拥有自己梦寐以求的小汽车。信贷融资方式，为汽车在美国家庭的普及，立下了汗马功劳。也让电冰箱、吸尘器、首饰及其他高档耐用消费品，得以早早地进入美国的普通家庭。

信贷业也因此而繁荣昌盛。以前不涉足信贷业务的零售商、美国政府和商业银行，在大萧条时期也加入到了消费信贷体系。

到1940年，美国的消费信贷在法律、道德和经济三个方面，都已经发生了很大的变化，已经从过去的新生事物，变成人们必不可少的生活习惯的一部分了。美国人通过各种分期付款，不仅在购买自己喜爱的商品，而且还在用它购买自己的生活标准。

20世纪50年代，美国社会沉浸在战争结束后，对国家经济发展前景的乐观情绪中。从二次大战中走出家庭的妇女们，由于有了自己的收入，在家庭消费和理财方面，也拥有了更多的发言权。在她们的带动下，美国掀起了又一股消费热潮。战后的人们，强调得更多的是生活质量，谈得更多的是如何享受。在这种大环境下，所有人都忙于在各种分期付款中寻找灵魂，以消费为核心的新文化，在20世纪50年代后期成为"现代资本主义的核心"。

第四节　大萧条与大危机

这次金融大危机和20世纪30年代的大萧条,从表面来看,似乎有太多的不同,实际上,在骨子里真正的起因是一样的,不同的只是表现形式和影响程度。

大萧条和大危机的相似性

在大萧条时,美国出现严重的产能过剩。而在大危机今天的美国,则没有什么产能过剩一说,有的只是产业的空心化。从这点来看,似乎差别很大。

实际上,美国这次是接受了来自中国的生产过剩。现代交通运输业的发达和通讯工具的现代化,让整个世界变成了一个大村庄。今天的金融危机,虽然没有让美国出现大量的产能过剩,但却给作为美国市场的产品供应者的中国,带来了大量的产能过剩。结果是一样的,不同的只是分工而已。不过,如果你将眼光放得再开阔一些,将这个世界作为一个整体来看,这次的金融危机,实际上也是来自于产能过剩,只不过是全球性的产能过剩而已:供给超过有效的需求。所以,你看到的,和大萧条时一样,没有什么通货膨胀。

如果说,服务业①的功能是为了让人们过得更舒坦一些,将很多过去需要自己做的事情,通过"产业化"分工,来"外包"给同一经济体中的其他个体,让自己的时间发挥更大的效用,那么,所有的这一切,还是消费部分,也就是"花钱"的那一部分。而花钱的前提是,你得有钱花才行!

举个很简单的例子:如果你的收入比较高,很可能你就会比较忙,因

---

① 现代服务业的概念已经远比这个大很多。

第七章

为在一个公平和有效率的社会中,要获得高额个人收益,你得付出更多的时间和智慧。于是,你就没有时间来做很多其他的事情,但同时,这又意味着你有足够的金钱来买你原本需要自己做的那些"家务事"。你不需要自己做饭,可以到外面去吃别人做好的。你不需要自己打扫卫生,可以花钱请他人来做。你甚至都不需要自己花10个月的痛苦和煎熬,可以将自己的种子放到一个被雇佣的人的体内,来为你做这份当妈妈的前期工作。

这一切,都是服务行业很重要的部分。但同时也要有你的金钱做基础,而这个基础又是你工作勤奋的结果。今天的美国,有很多家庭是通过借钱来完成这个"有钱"部分的。

如果用一句话,"有车有房有新娘,外加还有金钱玩",恐怕可以概括出美国生活的主要内容:衣食住行的舒服,生理和心理需要的满足,外加在紧张工作之余,还有闲钱到处旅游。

"有车有房有新娘"是比较必须的部分。在美国,现在已经到了没有车就寸步难行的地步,也可能是被长期娇惯的结果,让人觉得没有车是不正常的事情。不过,在大萧条时汽车的"昂贵性",应该是可以和现在的"房屋"相比的,至少是可以和次贷疯狂时的房屋相比的。而且,房屋还有"投资赚钱"的作用,让人"既白住,还赚钱",多么好的一个商品。如果你仔细比较一下今天美国人对"房屋商品"的信贷消费,和大萧条时人们对汽车的信贷消费,你会发现很多行为上的类似性。

美国人对自己第一大件(汽车)的消费信贷的放纵,给自己带来了第一次的大危机,也就是那次的大萧条。美国人对自己第二大件(房屋)的信贷消费的放纵,又给自己带来了第二次大危机。第二次比第一次来得更大,是因为第二大件比第一大件更有吸引力,同时推手更多、更卖力。

"新娘和有钱到处玩"似乎是不太可能通过信贷消费产生出很大泡沫的,因此,通过对他们的信贷消费放纵,再制造出第三次金融大危机的可能性也比较小。那么,如果还有一次大的金融危机的话,可能就是在房屋这个"投资产品"上面再来一次,或者,在衡量他的价值尺度"货币"上来一次。也就是说,下一次大的金融危机很可能就是美元的泡沫制造的。

如果将这次的金融危机和大萧条,与亚洲金融危机,与互联网泡沫危机一起来比较,你会发现,都是流动性过剩的结果。亚洲金融危机时,亚洲小国,那些"龙"呀"虎"呀什么的,都是因为过度地依赖外资的注入,其后发生了大危机。美国这次的情形可以说也是一回事:大量的外资进入美国的房市,制造了太大的泡沫。危机是这个泡沫破灭的结果。

金融风暴的特殊性

美国是一个金融"不设防"的国家,它能够和敢于放开自己的金融城门,是因为它有着强大的"武力"后盾,能够将任何胆敢入侵的金融外敌消灭在自己想消灭的地方。这就是美国的自信和自傲。同时,美国的美元作为国际上的储备货币,还是其他任何一个国家所不能够比的。

美国的这种不设防,在适当的国家监管情形下,一般是不会产生多少问题的。但是,这次的危机给人的教训是,即使是实力如此雄厚的美国,在不设防的情况下,如果在监管方面有一点点"大意",可能就会产生出很大的麻烦。而且,这一次日本人的例子也很有教益:即使自己的金融之城被"重兵把守",但是,你外出的巡逻兵也还是很容易被他人消灭掉。日本自己没有制造次贷,也没有什么 CDS 的负担,但是,日本大量投资于美国市场的所谓绝对安全的债券,最后变成了垃圾债券。

国与国之间的金融攻防之战,不见硝烟,但血腥味更浓。我们应该狠下一番工夫,对几次金融危机进行对比研究。

这次的金融危机和 20 世纪 30 年代的大萧条相比,主要还是源于消费者的贪婪,外加那些想让你"超负荷"消费的机构和个人,那些金融公

第七章

司，那些推销给你"消费品"的机构和个人。不过，你是身不由己。自己作为一个渺小的个体，在时势的驱动下，想与众不同，恐怕也很难。所以，罪过既在你我这类普通的消费者身上，也不完全是。大家头脑发热，被人被己忽悠。

不过，要说不同，最大的一点应该是债券打包和随后的CDS保险了。

在大萧条时代，我们还没有债券打包一说。那时，基本上是"单线作业"：一个金融机构对应一个个的消费信贷者，风险和责任一对一。这样一来，至少贷款给你的金融机构，就有很大的积极性来控制自己的风险，而且他们也是唯一有机会了解借贷者资质的机构。

在起点，在那个"进入"的门槛，只要把好关，不让那些"质次价高"的借贷者获得贷款，风险自然就会少很多。这种做法是很传统的，而且也比较容易控制。

而这次金融危机却是金融创新的结果：债券在被打包之后，购买债券的投资者，实际发出贷款的"银行"，却不知道自己所发出贷款的真正风险在哪里。他们只能够凭借那些债券的等级来确定。结果，投资者投资了很多最安全的债券，那些AAA级的债券，但实际得到的却没有那个等级，所以也没有那么安全。

这里的问题是，投资者不仅没法知道这点，没法了解所投资债券的真正安全性在哪里，而且，更可怕的是，那些在第一线发出贷款的金融机构，也没有积极性来控制风险，它唯一的积极性就是多放出贷款，然后立刻卖出一个个债券包，好多多赚钱。

而且，这些债券包的质量还越来越差。有不少美国银行和金融机构之所以破产倒闭，就是因为来不及打包卖出刚放出不久的房贷债券，结果使这些债券烂在自己手上。没有坑着别人，反倒最后坑着自己，自掘坟墓。

此外，这些债券包还因为有 CDS 的存在，在那里"提供"安全保险，从而让那些投资者的胆子更大，让他们觉得没有必要太在意债券包中的债券质量，这种"安全幻觉"的危害也很大。

掩盖风险或者说风险被掩盖住，同时又沉醉于一种"安全幻觉"，就是这次金融危机的最大特点。其他的因素，像全球联通，则是将气球吹大的空气，而这之中的债券打包和 CDS 保险，则是那个被最后吹大的气球。

大萧条结束的原因

对于金融危机的有效治理方法，特别是大萧条最终结束的真正原因，目前还有不少的争论。在很长一段时间里，经济学教科书告诉我们，大萧条的结束，是美国政府在罗斯福总统的领导下，采取大手笔的国家干预的结果，是凯恩斯经济理论的胜利。

我有点怀疑这种解释的正确性。罗斯福上任以后，美国的股市开始回升，而且，即使在美国经济还处于低位徘徊的时候，美国的股市已经开始出现牛市。股市的牛市行情，是不是就意味着经济开始复苏，或者说是几个月之后开始复苏？[1]

最近，郎咸平先生也注意到了这个问题[2]。根据他查到的数据，在大萧条开始时美国的失业率达到 16%。而在 10 年之后的二战爆发之前，美国的失业率不仅没有下降，反倒提高了，上升到 17%。如果我们说，一个经济体的健康与否，关键是要看它是否能够给自己的国民提供所必需的就业机会，那么，美国经济在经过十年的折腾之后，并没有什么

---

[1] 很多人认为，股市一般是先于经济复苏 6 个月提前复苏。如果从这个角度来看，既然股市开始了那么长时间的牛市行情，而且，最终美国经济也确实是复苏了，更加繁荣了，那么，罗斯福的新政产生了应该有的作用，就是一个正确的结论。事实可能并不如此。

[2] 郎咸平：奥巴马不是罗斯福，2009 年 4 月 27 日，《新世纪周刊》。

第七章

改善,而是变差了。十年的治理,没有让美国的就业水平达到 1929 年之前没有萧条时的 3%,也就是充分就业的水平。

表 7—4 是美国大萧条期间失业率的数据,而表 7—5 是美国从 1920 年开始到现在的失业率数据,来自于美国劳工局。统计上可能口径有些差别,但差别不应该很大。

表 7—4　美国大萧条期间的失业率

年份	1929	1930	1931	1932	1933	1934	1935	1936	1937	1938
失业率(%)	3.2	8.7	15.9	23.6	24.9	21.7	20.1	16.9	14.3	19.0
年份	1939	1940	1941	1942	1943	1944	1945	1946		
失业率(%)	17.2	14.6	9.9	4.7	1.9	1.2	1.9	3.9		

(资料来源:美国劳工部)

从这些数字来看,1929 年和 1930 年美国的失业率都不高,特别是 1929 年,只有 3.2%,低于 1928 年的 4.2%。大萧条开始之后,1930 年的失业率就已经上升到 8.7%,1931 年时高达 15.9%,接近郎咸平所说的 16%,但这是 1931 年时的数据。其后一度高到 24.9%(1933 年),那应该是美国当时最困难的时刻。到 1937 年时下降到 14.3%,1938 年又大幅反弹达到 19%,其后就开始下降,到 1940 年是回到 14.6% 的水平。看来,罗斯福对于控制失业率还是有一些功劳。

郎咸平还用私人投资占 GDP 的比重,来说明罗斯福新政效果的微小。在大萧条开始的前两年,1930 年左右,私人投资占美国当时 GDP 的比重,只有 16%。几年治理之后,到了二战之前,这个比重不仅没有上升,反而继续下降,跌到了 14% 的水平。郎咸平说,"而且更可怕的是,1938 年美国发生了第二次经济大恐慌,历史上给它取了个名字叫做罗斯福萧条。因为这一切都是他造成的。也就是说在 1939 年二战开始

表 7—5 美国历年失业率数据[1]

年份	失业率	年份	失业率	年份	失业率	年份	失业率
1948	3.8	1970	4.9	1989	5.3	2000	4.0
1950	5.3	1972	5.6	1990	5.6	2001	4.7
1952	3.0	1974	5.6	1991	6.8	2002	5.8
1954	5.5	1976	7.7	1992	7.5	2003	6.0
1956	4.1	1978	6.1	1993	6.9	2004	5.5
1958	6.8	1980	7.1	1994	6.1	2005	5.1
1960	5.5	1982	9.7	1995	5.6	2006	4.6
1962	5.5	1984	7.5	1996	5.4	2007	4.6
1964	5.2	1986	7.0	1997	4.9	2008	5.8
1966	3.8	1987	6.2	1998	4.5	2009.6	9.4
1968	3.6	1988	5.5	1999	4.2		

(资料来源:美国劳工部)

前的一年,美国的经济还是处于罗斯福萧条状况。"[2]

这种比较的意义可能不是太大。

我觉得,罗斯福的新政,虽然没有让美国走出大萧条,但是,却在理清关系、调理经济系统的"机体"方面起到了积极的作用。那种规模的大萧条,不会是几年几个新政就可以彻底解决的。这就像一个病得很重的人,你想让他康复就得有耐心和对他进行慢慢的调理。罗斯福的新政,将美国一度被忽视的一些重要的经济关系给理顺了。这种成效可能从短期数据上看不出来,但是,它为美国未来经济的发展打下了很重要的

---

[1] 注:1940年前的数字不是直接的统计数字,而是基于其他统计数字推导出来的。1948年以前的就业人口年纪定为14岁以上,而1948年以后定为16岁以上。也就是说,如果按照16岁以上才是就业人口,那么,1948年以前的失业率应该还高一些——因为14岁到16岁的人口大部分还在学校上学,他们之中的失业率很低。

[2] 郎咸平:奥巴马不是罗斯福,2009年4月27日,《新世纪周刊》。我没有核对他这里引用数字的准确性。

第七章

基础。

图7—4 美国失业率变化图(1890—2008)

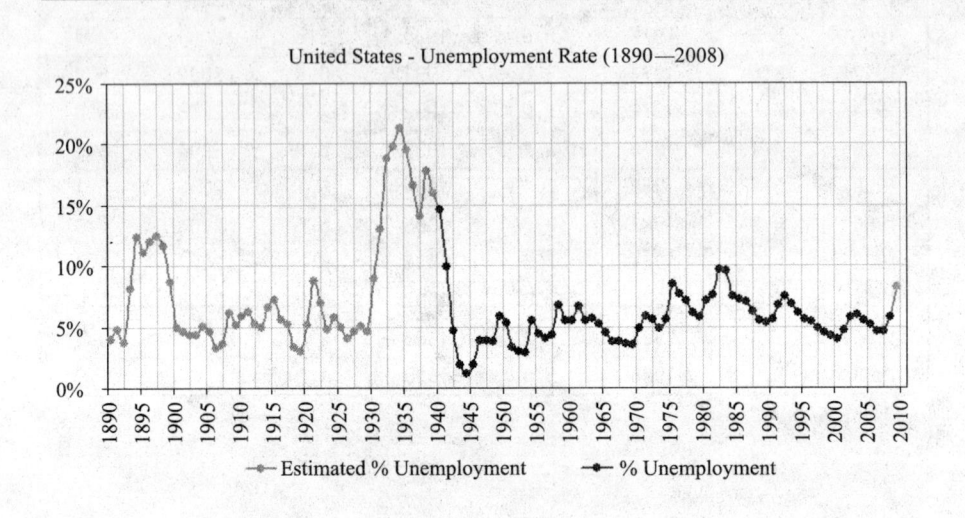

United States - Unemployment Rate (1890—2008)

(资料来源:美国劳工部)

总之,罗斯福的新政有其积极意义。不过,美国走出大萧条不完全是新政的功劳,新政有部分贡献。

第五节 重新唤起的节俭意识

实际上,人的本性还是保守占主导。不为未来着想,有多少钱花多少钱,也不是美国的国民性。中国人爱储蓄,应该还是没有安全感的原因,还是资产单一的缘故。而美国人不太喜欢储蓄,则是有太太太多的安全感,最后发现这种感觉实际上是靠不住的。

美国人开始还债

在金融危机发生之后,不少民众很快就将自己的感觉调整到比较现实的水平。节俭和保守理财,很快就成为美国民众的主流意识。表7—6和表7—7说明的是美国消费者借债情况的变化。从中可以看出,消费者的借债总额,在2004年时就已经高达接近2.2万亿美元。其后还以每年4.3%到5.5%的速度增长。这样一直持续到2008年第三季度。

表7—6 美国消费信贷规模和变化(年度)

	2004	2005	2006	2007	2008
年度增长(%)	5.5	4.3	4.5	5.5	1.7
总额(单位10亿美元)	2,191.6	2,285.2	2,387.7	2,519.0	2,562.3

(数据来源:美联储)

也就是说,消费者的借款消费的狂热,是在2008年夏天时才"突然"开始冷却下来的。换句话说,消费者并不是按照"身体去体会气温的变化",而是根据气象台的分析来做与气温变化相关的决策。因为,在2008年夏天之后,次贷危机的危害性已经是"世人皆知"了。这时候,民众才意识到该有所收敛了。

表7—7 美国消费信贷规模和变化(季度)

	Q1/08	Q2/08	Q3/08	Q4/08	Q1/09	2月/09	3月/09	4月/09
比上年同期增长	4.8%	3.9%	1.3%	-3.2%	-3.5%	-5.1%	-7.8%	-7.4%
总额(10亿美元)	2,549.0	2,574.1	2,582.8	2,562.3	2,539.7	2,556.2	2,539.7	2,524.0

(数据来源:美联储)

第七章

而且，美国民众的行为也很有意思，像一个懂事的"孩子"，当意识到"家中大人"的收入状况不佳之后，就能够很快控制住自己的消费欲望。这和经济学中的消费者很难改变业已形成的消费习惯的理论似乎不大契合。那种理论估计是受到过去几十年美国经济发展和消费惯性的数据影响的结果。

美国民众的消费信贷规模在2008年第三季度上升1.3%之后，在2008年第四季度就开始下降，此后，这种趋势一直保持。而且，在2009年3月和4月时，下降速度还是分别为7.8%和7.4%。

从这里我可以说，习惯对于人们的消费决策有很大的影响，但影响更大的应该是人们的理性选择！这种观点和消费经济学的理论不同，同时也需要大量实证的证实。

在危机之后，美国民众开始还借款。和中国人的逻辑一样，投资机会不好时，最好的投资就是还清你的借款，相当于是买一份定期存款吧。很多美国人有很高的借款，并不是他们借了钱去花天酒地花掉了。而是对于他们而言，借钱去投资，比不借钱要合算一些。

注意，在这一点上可能美国人和中国人有很大的不同。中国连政府都"喜欢"借钱给别人（美国政府），认为那种保守理财是"好的"。在美国的中国人、华裔，理财方面也比一般的美国人来得保守：尽可能少借钱，有钱就优先还清贷款和借款。

大部分的美国人不遵从这种逻辑。很多房贷还没有还清的家庭，却有很大数量的投资账户。而很多已经还清房贷的华裔，却没有什么投资款。这可能也是美国人敢于冒险的原因吧，这样冒险的结果，可能是期望可以获得更好的收益。

在危机发生之后，股市天天跌跌不休，投资的渠道不畅。于是乎，很多家庭就开始还债。不仅如此，那些有信用卡欠债的消费者，也开始支付信用卡账户上的欠款了。这实际上是一个很有趣的现象：从信用卡借款的人，通常要支付比较高的利息。在经济困难时，这些平时都得借钱的人，这时候还有钱来还债。

根据美联储在 2009 年 6 月初的数据，2009 年 4 月已经是过去九个月中第七个月份，美国消费者还的债款高于借出的数目。消费信贷（Consumer credit）借款下降了 157 亿美元，比上年同期下降了 7.4%。余额为 2.52 万亿美元。单月下降的数额仅次于三月份的 166 亿美元的降幅。像信用卡之类的循环信用证[①]的借款余额，在 4 月份下降了 86 亿美元，比上年同期下降 11%，到达 9,309 亿美元的水平。像汽车贷款之类的非循环信用证的余额则下降了 71 亿美元，年下降率为 5.3%，余额为 1.59 万亿美元。[②]

2009 年 4 月 6 日，美国的《纽约每日新闻》里的一篇文章，很值得我们思考一下。

在这篇题为《金融援助的真正代价》的文章中，作者说：当你意识到，为救助那些千万富翁，那些美国国际集团（AIG）等金融机构里将美国带入危机的人，你不得不缴纳更多的税款时，你会火冒三丈吗？当你辛辛苦苦工作了一辈子，自己没有获得什么享受，还要帮那些无法无天的房产投机者收拾烂摊子时，你会愤慨吗？如果你站在中国农民的角度，来想想那些正在花钱救助美国的他们，你又会怎么想？

文章说，美国的人均家庭年收入是 4.8 万美元，而那些引发经济危机的人的收入要比这高很多。作为一个国家，美国有堆积如山的债务，但却没一分钱的存款。仅仅为了填补财政赤字，美国 2009 年一年的借债额度就将高达令人震惊的 1.3 万亿美元。

而远在地球那一边的中国，一个人均年收入为 2,100 美元（2008）的

[①] 所谓循环信用证（Revolving Credit），是指能够随借随还，循环使用的信用证。信用卡和以房屋为抵押的信用账户（Credit Line）就属于这种。
[②] Rex Nutting, U.S. consumer debt falls by $15.7 billion, Jun 5, 2009, MarketWatch.

第七章

国度,却有着35%的储蓄率。换句话说,为了借钱给人均收入4.8万美元的人群,年收入2,100美元的人们正在节俭度日。以前还没有过这种穷人援助富人的先例。在历史上,从来还没有哪个国家像美国现在这样,欠中国这样的国家那么多钱。

有人说,美国之所以要救助花旗、美国国际和通用汽车等公司,是因为他们规模巨大容不得破产。在谈到其他国家向美国提供援助方面,不少人也有着相同的逻辑:中国应该帮美国,美国对于中国和世界太重要了;欧佩克需要向美国出售石油,中国需要向美国销售出口产品;美国消费者支撑着世界,世界就必须救助美国消费者;中国有钱,我们美国需要钱。

从这里,你能够看到,在美国,并不缺少神志清醒的精英。但为什么,美国人还是将事情搞到了这一步,是值得人们认真研究和思考的大问题。

美国人想攒钱

在2009年5月中旬的一次季度例行调查中,美国富国银行(Wells Fargo)发现,在所有接受调查的人中,有四分之一的拥有住房的家庭,没有任何储蓄来应对失业后家里的生活必需品的开支。与此同时担心工作不稳定的人,则从上一季度的21%上升到29%。

期望增加自己储蓄的家庭,则从53%上升到60%。这说明美国大多数家庭已经意识到在总收入中拥有一定比例储蓄的重要性。他们也很想那样做,但是力不从心。

有23%的家庭增加了自己的储蓄,37%的家庭说他们已经压低了自己的欠债数额,21%的家庭甚至在上一年完全付清了自己的欠债。这说明,许多美国人的资金没有完全进入消费品领域,如果消费者获得政府的退税款等以经济激励为目的的资金,也很可能不会用它去消费,而是用来减少自己的负债。这样做的结果,可能与政府的期望不符。

注意,这里所讨论的欠债是指除房贷外的其他欠债,像信用卡、汽车贷款、学生贷款和购物延迟付款形成的贷款等。

在这里,你可以看到,美国人还是在很尽心尽力地减少自己的债务负担,在逐步回归到保守理财的传统上去。不过,他们面临的选择也确实很艰难。根据2009年5月底美国有线电视CNN新闻频道给出的数字,美国家庭平均的债务(不包括房贷)是36,751美元。需要平均每个美国人至少一年不吃不喝才能够还清。

有34%的家庭说,去年以来,有亲友搬来和他们同住。在美国这个讲究独立的国家,子女一旦成人,和父母同住是很丢脸的事情。但是,在经济危机之下,美国人也开始讲起了实惠。高达三分之一的家庭,他们的子女或者亲朋好友,为了省钱,而搬来同住。

这可能是成年子女搬回家和父母亲同住,以节省租房的费用。也可能是那些失去住房的年轻夫妻家庭,搬回去和自己年长的父母同住,以度过经济难关。当年美国副总统拜登的父亲,不也是在失去住房之后,搬去和自己的岳父母同住的吗?[①]

百分之四十的人说,他们目前的消费主要以必需品为主,42%的家庭在他们孩子身上的花销有所削减。百分之三十的家庭说他们在学习如何更好地理财。这说明对奢侈品和非必需品的消费有所减少,美国人开始节俭过日子了。

美国经济学家曾经研究发现,人的消费有某种程度的刚性:在收入减少时,消费出现大幅下降的可能性很小。不过,这一理论在经济正常的情况下可能比较合理,在那时候,你可以通过借贷来打平暂时的收入减少带来的不方便。因为,你知道,自己还有能力去赚到以前那个水平的钱,甚至更多。困难只是暂时的。

---

① 参阅:《奥巴马智取白宫》(汪翔 著,崇文书局,2009年6月版)。

第七章

但是,在金融危机时刻,在人们的收入来源受到威胁的时候,这种理论可能就不太能够成立了。不过,这种估计需要实证的数据支持。

再度繁荣之时美国人想干啥

当问及怎样才能够让他们对美国经济的信心增加时,四分之一的人说,他们自身的经济状况改善就是最好的指标。也就是说,宏观的数字、国家层面的东西,毕竟离他们太远,自己的感觉是最真实的。

当问及,如果经济重新出现繁荣,那么他们下一步最优先的大笔开支会是什么,30%的人回答是花在房屋装修上,18%的人说是买一辆新车,13%的人说是去度假。

美国人很喜欢在房屋装修上花钱。毕竟,家是人们感觉最温馨的地方,也是孩子成长的重要场所。而且,美国的独立别墅,也给每个拥有者无限的创造力和想象力的运用空间。那可以成为金钱的"无底洞"。

每个人天生都是艺术家,每个人都有创新的冲动,都会为了自己的创新而兴奋,并从中获得很大的满足。美国的房屋装修正好给他们提供了这样一个机会。

从这里你能够看到,虽然房市泡沫给大家带来了如此大的一个灾难,虽然金融危机在很大程度上与人们对温馨住房的追求有关,但是,美国人对于房屋的喜爱,似乎并没有因为这些不愉快的现实所改变。

根据民众的这一心态,也就是说,一旦经济再度繁荣,像家得宝(Home Depot)和劳氏(Lowe's)这样的美国房屋装修材料销售公司,将会首先获益,他们的赢利能力必将得到大幅提升。其次是汽车业,那么,可以预期,日本的汽车公司,甚至是韩国和欧洲的汽车公司,在美国的销售业绩也会得到很大的提高。这个信息,对于中长线投资者应该是有启发意义的。

第八章　房市泡沫的推拉手

感谢曾经欺骗你的人，
如果你因他们而增加智慧。

帮助美国人实现拥有住房的美国梦，特别是帮助大量的经济条件不够的人去勉强实现这个美国梦，这本来是一件功德无量的事，却在无意中制造了房市泡沫和次贷危机。在2004—2006年的三年时间里，美国每年贷出的房贷里面，有20%是次贷按揭。他们的勉强购买行为，如果没有一个个推手的"促成"，和一个个拉手的"诱惑"，很多最后是成不了现实的。这些推拉手是怎么发挥作用的？他们当时是基于怎样的动机？为什么又能够得逞？这些就是本章要回答的问题。

第一节　政府政策的推动

前面我已经讲了一些美国政府在这次危机中的推手作用，这里我再讲得具体一些。在这次危机发生之前，美国政府做了很多不该做的事情，同时又有很多该做的事情没有做。

第八章

政治家的自利

房市泡沫的形成和变大,在很大程度上源自政治家为了一己之利的推波助澜。2006年,总统大选的前哨战已经打响。地方选举也纷纷开场。民主党人,为了获得更多的"穷人"选民的选票,必须在施政纲领中表现出多为穷人说话。

当时的奥巴马,就一再表明:美国的银行在房贷上对于黑人和其他少数族裔,有歧视性的不公平对待。因为,从已经贷出的款项统计可以看出,贷给白人的无论是比例,还是人均数额,都要远远高于贷给黑人的。这就是歧视,银行业应该改变,应该给黑人更多的机会,更公平的待遇。

为此,奥巴马早在1994年时,还在芝加哥发动了对花旗银行的房贷歧视案的起诉,最后还赢了官司,从法律上迫使花旗银行,放松对有色人种和低收入者,在房贷方面的信用要求。结果,给花旗银行带来了更多的次贷案例。

很多人事后说,美国的次贷危机,也有他奥巴马的一份罪过。只是在当时,也许那些赢得贷款机会的有色人种觉得痛快。但现在,不少人可能会因为坠入不该坠入的次贷陷阱,而后悔打那场不该赢的官司。

我不知道,奥巴马本人是不是为他好心办的坏事而后悔。但有一点,经济规律,还是少用政治来干预为好。

表面听起来,他奥巴马说的非常有道理。但是,如果深入一点,你会发现,那是因为黑人的平均收入,远远低于白人的原因。银行比较少贷款给黑人,是因为那些黑人没有还贷的能力。而且,大部分的黑人居住区,房价很不稳定,房子质量很差。

奥巴马利用法律手段,来达到他为的黑人兄弟谋福利的目的,在一定程度上,是在逼银行贷出很多不应该贷出的款项。银行方面,则由于这样那样利益方面的交换,同时也想着自己很可能能够将风险转移出去,从而做了不少不该做的事情。

美联储与格林斯潘

不少人认为,美联储前主席艾伦·格林斯潘是次贷危机的第一号元凶。虽然次贷危机是在他卸任以后才爆发的,但美国今天的经济问题,实际上早在2000年高科技股泡沫破灭时就已经埋下了隐患。病根是他亲手种下的。

格林斯潘在任期间,反对对金融市场的政府监管,连续28次降低利息,放纵美国银行和非银行金融机构在债券和房贷业务方面的不理性行为,帮助吹大了美国的房市泡沫,最后房市崩溃又拖垮了信贷市场。而信贷市场的崩溃又导致危机的扩散。

在第六章的分析中我们也已看到,利息先低后高对房市泡沫的形成和破灭所起的作用。

格林斯潘1926年出生于纽约,父亲是一位股票经纪人,母亲是一名店员。他是家中独子。四岁时父母离异,在这之后他和母亲一起生活。他从小就在数学方面显示出天赋,音乐方面也很有才能。在中学毕业后还被朱莉亚音乐学院录取。在20世纪40年代中期,他还曾经在一个乐队中吹单簧管和萨克斯。

虽然他有不错的音乐天赋,但后来他还是放弃了音乐,转而进入纽约大学学习,其后他在那里获得了经济学学士和硕士学位。再后来,他又到哥伦比亚大学进修博士课程。由于有限的家庭经济条件,生存的压力让他不得不停止自己在哥伦比亚大学的深造计划。离开哥伦比亚大学之后,他在国家工业理事会找到了一份经济师的工作。

工作之后,他还是念念不忘他的深造计划。等到经济条件好转,时间又允许之后,他又进入纽约大学,并最终在1977年时从那里获得了梦寐以求的经济学博士学位。那时候,他已经52岁了。

第八章

　　1954年,格林斯潘加盟纽约的汤森公司,不到五年,他便拥有了该公司一半的股份,公司也因此而被改名为"汤森－格林斯潘咨询公司",他还被任命为公司总裁。那段时间里,格林斯潘工作勤勤勉勉,业绩出众,他在华尔街一方面广交朋友,另一方面还用自己的优良业绩为自己赢得了"最精明证券商"的名声。

　　在20世纪50年代,格林斯潘开始对国事和政治发生兴趣。20世纪60年代,他成为尼克松政策研究中心的负责人。20世纪70年代他又去了首都华盛顿,那时候他被任命为福特总统的经济顾问委员会的主席。

　　1987年,美联储主席沃尔克退休,里根总统出人意料地任命作为外来者的格林斯潘接任,打破了联储历史上从内部产生主席的惯例。格林斯潘在此之前,还从来没有在美联储工作过。

　　1987年的股市危机给美国经济造成了一个不小的冲击,美国经济开始衰退,格林斯潘临危受命。在很多人自乱阵脚的时刻,新上任的格林斯潘却异常冷静。他用放松银根增加流动性,来阻止股市继续恶化的可能。他的这一招还真管用,股市很快稳定并且回升,经济也没有进入全面性的衰退。他入主联储的第一把火,为他烧出了声誉。那些在开始时还对他的能力持怀疑态度的人,这时候也不得不对他另眼相看。他也因此坐稳了联储第一把交椅。

　　作为中央银行的美国联邦储备委员会,从1913年起直到今天,一直担当着通过调节经济体制的流动性,来控制通货膨胀的角色。人们称它为"借款的最终依靠者",也就是说,即使这个世界上已经没有人能够向经济体注入资金,它这个联储也可以做到,因为它可以直接印钞票。由此可见它的重要性。

　　放松银根增加流动性的办法也有它的后遗症——因为流动性过剩又会成为通货膨胀的起因。几年以后的1994年,为了抑制过热的经济,格林斯潘一次接一次地提高利率,紧缩银根,减少流动性。

1998年的亚洲金融危机,对美国经济也造成威胁。他用三次削减利率的办法来应对挑战,不仅使美国避免了卷入那场金融危机,而且还最终遏制住了危机在世界范围的蔓延。

这一次次的辉煌战绩,让他赢得了"金融之神"的美誉。有人注意到,就连苛刻的批评者们也不得不承认,在格林斯潘前后的将近二十年时间里[①],他确实是当时的美联储主席的最佳人选,没有比他更胜任这一职位的人。调查发现,全美四百多资深高级主管对格林斯潘的支持率高达97%。

美国的《国家观察》杂志曾经这样评论他:经济如同军事,在这个战场上没有常胜将军,但是,作为一位有智慧的统帅,格林斯潘的判断在大多数情形下都是对的,这是很不容易做到的事情。

2000年元月,克林顿提名让格林斯潘连任美联储主席。理由是,他在过去12年的美联储主席位展现出三大特长:专业精湛、分析精密,外加良好的常识判断。那项任命,让时满77岁的格林斯潘创造了两项历史纪录:美国历史上任期最久也是最年长的联储主席。

克林顿当时的任命决定,受到来自国会两党领袖的共同支持,以及经济、金融界和主要传媒的一致欢迎。这从一个侧面说明,格林斯潘实际上是一个"老好人"。在美国,对一项人事任命的支持与否,在很大程度上取决于该任命对于自己党派利益的大小。

在不少美国人的心目中,格林斯潘在学术上是"经济学家中的经济学家",在政治影响力上是仅次于当时总统克林顿的"美国第二号人物"。由于美国经济对于国际经济具有支配作用,作为美联储的首脑,他在世界金融界的地位举足轻重。在金融界里,有人曾经这么说:只要格林斯

---

① 格林斯潘作为联储主席,任期是1987年8月11日到2006年1月31日。

第八章

潘一开口,全球的投资人就都要竖起耳朵。如果他打个喷嚏,全球的投资人可能都要伤风感冒。记得在那段时间里,一到联储要开会时,电视机的摄像镜头都会对准格林斯潘,甚至还有不少人在花心思研究他的提包和穿着,期望能够从中找到一点点线索。

克林顿的提名同时又是对格林斯潘长期以来推崇的美国货币政策的肯定。在不少人眼中,美国经济的长期增长,在很大程度上应该归功于他的利率政策。现在看来,这也是危机产生的祸根之一。

从外表看格林斯潘更像一位老学究,永远穿着一套深色西服,戴着一副黑边眼镜。在他身上,你看不出任何四季变化的痕迹。他讲话永远是慢条斯理,讲究措辞,没有一丝感情色彩。语意暧昧、模棱两可,是他讲话的特色。据说,他花了很多时间才练就了这种本领——美联储主席特有的语言风格。这实际上也是华尔街给逼出来的。他的每一次讲话,华尔街都会花很大力气来研究他的用词和语气,想从中搞到点"内部信息",借以预测联储可能的下一步行动。

第二节　金融监管不力

对金融机构的监管不力是这次金融危机爆发的最核心根源。如果要让我说出金融风暴产生的一个最重要的原因的话,如果金融监管不力敢称第二,那么没人敢称第一。人性的贪婪是任何时候都存在的,我们无法改变,也不值得为它费心费力。我们能够和应该做的就是建立一个能够相互制约的游戏规则,并且让规则能够有效地得以实施。但是,在金融风暴之前,很多必要的规则并不存在,美国的金融系统在庞大的CDO和CDS目前,是一个没有规则的"自由市场"。

放松银行管制埋下祸根

美国金融机构在监管方面严重失职,除了归咎于美联储主席格林斯潘没有尽力外,还有很多其他的因素。例如,对于银行管制条款的取消,让美国的银行业如同脱缰的野马。在这里,美国政治家格拉姆"功不可没",他也因此而被人们称为是制造危机的十大元凶之一。

威廉·格拉姆(William Philip Gramm),1942年出生在佐治亚州。是一位从得州起步的职业政治家,先做过民主党的国会议员(1978—1983),随后又做过共和党的国会议员(1983—1985),再后来又做了共和党的参议院议员(1985—2002)。在2007—2008年间,他还担当了麦凯恩总统竞选的经济顾问。

在14岁时格拉姆父亲因病去世,为了养活家人,他的当护士的妈妈每天加班加点赚钱。和格林斯潘一样,他是由母亲一手带大的。

1967年从佐治亚大学获得博士学位之后,格拉姆到德州农工大学当了12年的经济学教授。他从1976年起涉足政界,开始参与政治竞选。他的努力在1978年时终于获得成功。1983年1月,他辞掉了民主党国会议员的职位,但在次月的补选中,又以一名共和党员的身份赢回了自己制造的空缺。在美国政治史上,像他这么做的人,恐怕还没有第二位。他就是如此的与众不同和敢于冒险。

在1995年至2000年间,格拉姆就任美国参议院银行、住房和城市事务委员会的主席。在主席位上,格拉姆不遗余力推进金融领域的改革,借以增加行业之间的竞争性。由于他的一再努力,美国国会最后通过了对银行放松政府管制的相关法律条款,其中就包括1999年那个著名的金融服务现代化法案[1]。

这是美国金融监管历史上一个很重要的法案,它的通过被视为一个

---

[1] 也被称为1999年金融现代化法案。该法案的目的在于规范金融机构处理个人信息的方式。它包括三个部分:财产保密条例、安全措施条例、托辞供应。其中财产保密条例用于规范对私人财产信息的搜集和泄露行为;安全措施条例要求金融机构必须对私人信息的安全提供保护;托辞供应则在法律上禁止任何个人使用不正当的托辞访问他人的私人信息。GLB法还要求金融机构给顾客一个书面的保密协议,以说明他们的信息共享机制。

第八章

里程碑。

在20世纪30年代,大萧条产生的重要原因,就是因为金融公司混合与跨行业经营所带来的混乱以及当时政府方面的监管不力。在经济大萧条发生后,美国政府为了避免同样危机再次出现,特别出台了一些法律条款,从法律上强制性地分隔银行、保险和投资三大部分金融公司的业务范围。禁止混合经营,最主要的还是出于保守和安全的考虑。

新的金融服务现代化法案,则完全打破了这种限制。它再一次允许这些金融机构进行混合与跨行业经营。这样做的目的是为了增加相互之间的业务竞争,同时也为了给这三大部分的金融机构提供更大的业务扩展空间。

时隔70年,对经济周期的一次次成功调控,让美国政治家感到,自己控制风险的能力已经大大加强,当初大萧条时期的混乱已经不太可能再次出现了。没想到,一旦放松对金融行业的监管才几年时间,堪比20世纪30年代大萧条的金融危机就会再一次爆发。

这就像是从瓶子里面放出了不该放出的魔鬼,一旦放出,魔鬼就很快恢复了魔鬼的真面目,魔力也依然巨大。

很多人认为,正是这个金融服务现代化法案,使得贪婪的华尔街金融机构可以肆无忌惮地为了自身的利益转嫁风险,躲过监督和问责,最终导致了次贷危机和金融危机。不过,格拉姆本人并不这么认为:他不认为让银行、保险公司和投资银行相互之间开展竞争有什么问题;他也看不出这种竞争对于危机的产生会有什么作用;而且,他还强调,那个法案可是获得众议院多数支持和参议院全票支持而获得通过的。言下之意,他只是那个法案的推手。但是应该看到,当时不仅仅是他一个人看到了那个法案通过的价值,同时还有所有的参议员和绝大多数的众议员。也就是说,是大势所趋,他只是顺势而为罢了。

不仅如此,在危机已经开始显露时,他还在信心十足地夸口说"美国经济没有问题"。可惜,太过自负最后让他付出了代价。

次贷危机爆发之后,格拉姆正担任着共和党总统候选人麦凯恩的总统竞选最高经济顾问之职。由于他对危机的形成负有责任,在舆论的重压之下,他最后还是辞去这一经济顾问之职。想想也是,一个参与制造金融危机的人,又怎么有能力和资格,来帮助美国未来的总统,将美国从危机的泥潭中解救出来呢?

《华盛顿邮报》指出,在1989—1999年时,格拉姆是支持对金融衍生品交易放松管制的最重要的七位政治人物之一,而后形成的一些法规,又直接导致了对CDO和CDS缺乏监管。2008年诺贝尔经济学奖获得者保罗·克鲁格曼(Paul Krugman)说,格拉姆是一位异常热心的支持放松政府监管的人,而缺乏监管也是危机发生的最大祸根。在他看来,格拉姆是继格林斯潘之后制造危机的第二号罪人。

《加恩-圣杰曼法案》的影响

保罗·克鲁格曼在一篇文章中写道:越深入探究当前危机的源头就会越清楚地发现,关键性的错误转折点,实际上发生在20世纪80年代初的里根执政时期,造成当前金融混乱的罪魁祸首是里根及其顾问班子。①

在他为《纽约时报》所撰写的一篇专栏文章中,写了下面一段文字。

里根在1982年签署《加恩-圣杰曼存款机构法案》②(简称《加恩-圣杰曼法案》)时春风得意地说过:"对于金融机构而言,这项法案是50年来最重要的立法。它为问题重重的互助储蓄机构提供了一个长远解决方案。……总之,我想我们中了头彩了。"

让里根总统当初如此兴奋和得意的这个法案,在克鲁格曼看来,确

---

① Paul Krugman, Reagan Did It, *New York Times*, May 31, 2009.
② 《加恩-圣杰曼存款机构法案》,Garn-St. Germain Depository Institutions Act。

第八章

是造成今天金融危机的根源。历史有时候就是喜欢捉弄人,不过,这次的玩笑似乎是开得太大了一点。

要说明什么是《加恩－圣杰曼存款机构法案》,我们还得先来了解一下什么是存款准备金制度。

所谓存款准备金制度,是指政府的货币管理当局,要求从事存款业务的金融机构,按照自己所接受存款的一定比例,保持(持有)库存现金的一种制度。这也就是我们常说的,要求储蓄机构在中央银行储存一定储备的制度。

要求保持的"规定比例"被称为法定存款准备金率。这个比例是动态的,政府的货币管理机构就是通过调整这个比例,来调整经济体中的流动性的。

在美国,联邦储备局就是这里所说的货币管理机构。那里所实行的,实际上一直都是一种差额存款准备金率制度,其具体操作有一个历史的演变过程。

美联储体系是在1913年根据《联邦储备法》建立的。作为美国银行体系的最后贷款人,联储的主要目标是满足银行体系内部的短期流动性要求。联储体系的成员银行,必须按照其所获得的活期存款数量,提出一定比例作为准备金,而这部分"储备"是不允许放贷出去的。在当时,这种比例因地区而异:比例从12%到18%不等。

后来,这种比较高的存款准备金要求,因为给银行带来的成本压力太大而受到来自银行方面的挑战。在成员银行的压力之下,1917年美联储降低了相应的准备金率,活期部分改为7%到13%,而定期部分则统一为3%,下调了很多。

到了二战前夕,存款准备金制度的实行目的发生了变化。从过去以提供流动性为主转为以影响信贷为主,而提供流动性则退为次要的功能。不过,在那个时候,由于再贴现率总体上低于市场利率,外加美联储没有提高法定准备金率的授权等因素，存款准备金制度对信贷扩张的影响实际上还是比较小的。这一状况在1980年《货币控制法》出台以后得到了很大的改变。在这一法案之后，美联储又将自己在存款准备金制度方面的目标再度调整为由影响信贷为主转变为以控制货币量为主。

首先，美联储根据商业银行的存款业务创新，出台了相应的准备金制度。商业银行和金融机构，为了业务扩展的需要，同时也为了税收方面的成本节约需要，总在想办法开发一些新的金融工具和金融产品。金融机构就像是一个个很顽皮的孩子，时不时在寻找新的办法来对付"父母"的监管。有时候，政府部门也会将就他们。在那时，针对当时比较流行的"欧洲美元借款"，美联储就通过修改准备金制度，将这部分存款算入银行准备金的一部分。

其次，建立新的存款准备金计提方法，以适应在新的货币政策下实现目标的需要。一方面，允许商业银行用库存现金，来满足存款准备要求。另一方面，从1968年起，还开始了滞后的存款准备计提方法（LRR）：以银行前两星期的存款水平来计算对其当期的准备金要求，这样做的目的，是希望能够降低银行计算准备金的困难和管理准备金的成本。

1984年，美联储建立以狭义货币（M1）为调控目标的存款准备金制度。1980年的《货币控制法》，提供了一套适用于所有存款机构的存款准备金制度，使对美联储会员和非会员银行的监管趋于统一。为了改善对狭义货币（M1）的短期调控力度，1982年又改为执行同期存款准备金计提方案（CRR），也就是以当期的存款水平来计算其应有的准备金需要。

为了减轻存款准备过高给存款机构带来的成本压力，美联储还对该制度的具体条款进行了大量的调整。1982年通过的《加恩－圣杰曼存款机构法案》，就是历史上比较重要的一次调整。这也是为什么，里根当

第八章

时那么自豪的原因。

《加恩－圣杰曼存款机构法案》的实质,就是让银行可以采用更高的金融杠杆来投资。问题是,对于银行而言,对于高风险债券的高杠杆投资,形成了导致危机的关键点:银行将来自储户的资金,通过高倍数的金融杠杆投资在风险太高的产品上,而自己又没有意识到风险。从这个角度看,高风险的存在应该是出问题的主要方面,所以克鲁格曼是将问题的严重性夸大了。不过,至少在以下两个方面,里根为今天的危机埋下了伏笔:赤字财政政策和对金融机构监管的放松。

在这里,所谓狭义货币(M1),就是流通中的现金外加支票存款和转账的信用卡存款。如果狭义货币再加上定期和活期储蓄存款,就构成了广义货币(M2)。

狭义货币反映的是经济体中的现实购买力,广义货币不仅反映现实的购买力,而且还反映了经济体中潜在的购买力。一般来说,如果M1增速较快,则消费和终端市场就比较活跃;如果M2增速较快,则投资和中间市场就比较活跃。

针对不同市场不一致的活跃程度,中央银行和各商业银行就可以读出经济体发出的不同信号:当M2过高而M1过低时,表明市场的投资过热但需求不是很旺盛,这就意味着有出现经济危机的风险;而当M1过高但M2过低时,则表明市场的需求强劲但投资不足,因而意味着会有物价上涨的通货膨胀风险。

证监会主席的不作为

CDO市场发展迅速,规模庞大。很多美国的金融机构以建立"影子银行"的方式,采用高达30倍的金融杠杆投资了大量的CDO类的债券产品。对于规模以亿万美元计的影子银行的投资,美国政府部门很长时间没有相应的监管措施。

对于那个类似于保险产品的CDS市场也是一样缺乏必须的监管。这种监管的缺乏,就是导致危机产生的重要原因之一。作为当时证监会主席的克里斯托弗·考克斯,自然对于次贷危机和金融危机的爆发难辞其咎。

克里斯托弗·考克斯(Charles Christopher Cox),1952年10月出生于明尼苏达州。18岁高中毕业后,他花了三年时间从南加州大学完成了本科(1973)。四年之后(1977),他在哈佛大学同时获得了MBA和法学博士学位,并且还是《哈佛法学评论》的主编。当那个主编可是一件很耗时间的工作,而且获得那个机会也不是很容易。奥巴马就是因为当上了《哈佛法学评论》的主编才开始名扬天下,并且因此写了一本让他赚了数百万美元版税的"自传"的。

读法学博士通常需要三年时间,MBA也需要两年的全力拼搏。考克斯四年完成两个学位,而且还是在哈佛,同时还要担任一年的《哈佛法学评论》的主编[1],可见他确实是一位高人。

毕业后,考克斯当过老师,做过生意,也当过律师。1978年他还在夏威夷因车祸而导致半身不遂。其后虽然康复,但根据2005年《福布斯》杂志一篇文章的说法,在他体内还一直残留着让他每天都感到疼痛的两片金属。他因此而没法长期坐在座位上,多数时候只好站着工作。他的专有座位也因此而被特殊设计和改装过。

1986年至1988年,考克斯作为资深顾问在白宫为里根总统工作。1982—1983年,他请假到哈佛商学院教了一年的"联邦收入税"课程。1984年时,他成立了一家苏联新闻的传播公司,将每天的苏联新闻从俄文翻译成英文,提供给美国的大学和研究机构。从1988年开始,他当上了代表加州的联邦众议员,并且连任九届。他对东欧的政治很感兴趣,

---

[1] 关于《哈佛法学评论》主编的遴选过程,详情参阅我的《奥巴马大传》第一章。

第八章

还和那里的很多政治家建立了个人友谊。

2008年5月,他以主席的身份,代表美国证券交易委员会(SEC)宣布,要求美国公司在年底之前以互动数据模式①,来准备公司的财务报告。他把这个新规定的实行自豪地称为可以给未来带来光明的里程碑。

这位老兄过于看重科技手段的应用。他认为只要有了科技的现代化,一切监管问题就迎刃而解。在任内,他花了大量时间和精力来推行计算机系统的更新换代。他认为,以前美国的金融系统之所以会出现问题,就是因为计算机系统老化所带来的消息流通不畅,而这又会导致在问题出现时没有被相关部门及时发现。

批评他的人则认为,他所做的事情是本末倒置。虽然有着不错的信息流通系统,但是,他所领导的部门却没有充分利用这个系统去及时发现问题和解决问题,而这才是导致金融危机的重要原因,并不是他所说的计算机系统的错误所致。

第三节　肆意妄为的房贷中间商

有时候我觉得,大量的普通民众就像是政治家和金融机构手中的玩物,同时也像一个智商有限的小顽童。次贷危机实际上就是这样。政客们注意到了民众对于拥有住房的渴望,就有意识地"帮助"他们去实现这个梦想,至于实现梦想的结果是什么,他们似乎也不在乎。可能也是没有办法在乎,因为在民众眼里,"居者有其屋"的口号太有诱惑力了。任何理性的政治家,为了自己的政治利益,都不能不为了民众的短期需要

---

① 一种通过现代化的计算机手段实现的新型的数据传输和分享系统。它让来自不同领域、出于不同的目的和有着不同需求的用户,能够使用同一个信息源,并对这些信息进行各种不同方式的信息组合和相互对比。这样做的结果是大大提高了整个资本市场的信息透明度,进而增加了资本市场的运作效率。

而倾注全力。同时,那些金融机构,则从中看到了谋利的机会。在他们的推动之下,那些看到糖果的民众"小孩",是没法控制自己对于糖果的欲望的,他们就像是在水中看到诱饵的小鱼,来不及做任何的思考,就将那看上去的美味诱饵吃进口里。

投下诱饵的,包括那些为数众多的房贷中介、提供房屋贷款的银行和房屋建造商。是他们在第一线当起了皮条客。我们在这里以全美金融公司为例,来看看它的行为特点,看从中能够获得什么样的领悟。

按揭贷款大师

1938年出生于纽约市的安吉洛·莫兹罗（Angelo R. Mozilo）,曾经是全美最大房贷经纪公司,全美金融公司的创办人兼首席执行官,拥有"按揭贷款大师"的美誉。

全美金融公司并不是一家银行,而是一家房贷按揭中介公司。它的业务主要是通过从大银行获得临时贷款(信用额度),再在房市寻找需要借款买房子的人,将钱贷给他们,其后,就将这些房贷按揭证券化,制成MBS和CDO,再卖给债券投资者收回本金。在整个过程中,全美金融公司获得三个部分的收入:从放贷和打包过程中赚取手续费;保留为所放出的房贷按揭提供"售后"服务的权利,也就是每个月按时寄出房贷按揭账单并代收按揭付款的工作;房贷相关的服务,诸如房产产权转让等。

华盛顿互惠银行和富国银行这些美国的大银行也直接向顾客提供房贷,也将自己卖出的很大一部分房贷按揭,打包制成MBS和CDO之类的债券卖出去,但是,他们同时自己也保留相当大的一部分按揭贷款作为自己的投资。而全美金融公司则不保留任何自己放出的房贷按揭,全部卖给华尔街的债券投资者。

这种作业方式,决定了全美金融公司更有积极性卖出更多的房贷,而且它的标准似乎也更简单:只要是能够打包卖出去的房贷就是好的房

第八章

贷,就值得去做。在次贷最疯狂的时候,任何一种房贷按揭都是可以被证券化,作为某一个 CDO 债券包的一分子,卖给华尔街的投资者的。在那时,全美金融公司的目标也非常明确:只要是能够找到或者说拉到的客户,只要你能够让该客户想买房子,或者说是想在一个买房子的契约上签上自己的名字,它全美金融公司就有办法,让这位先生或者太太能够获得他(她)所需要的房贷,买到任何一栋房子。

注意,全美金融公司的地盘主要在加州等房价热涨的地区,在那里,人们在房价飞涨时的感觉就是:只要你拥有房子,你睡觉、吃饭、度假时,你的房子都在为你赚钱而且是赚大钱。

在谈到自己的发家史时,作为公司创始人的莫兹罗曾经很自豪地说:在起步时,他实际上是公司唯一的销售员。刚开始时,他找到了不少想买房子的退伍军人,为他们办理房贷按揭申请。可是,当他拿着这些申请到美国政府的复员军人房贷按揭办公室(Veterans Affairs)时,他所带去的申请全部被对方按照常规理由给拒绝了:那些人不够格!当时,美国的房贷市场主要由银行主导,银行在放出贷款之后,除了留下一批作为自己的投资赚点利差之外,大部分都被转手卖给了两房和GNMA三家政府和半政府机构。三家金融机构也有不少的借贷者是复员军人,但都是些信用比较好的退伍军人。由于银行自己保留的部分自己得承担风险,转手的部分接手方又有很高的信用质量要求,所以,那些信用不太好的借款者,往往很难通过传统渠道获得贷款买到房子。这些信用不是很理想的退伍军人,就成了一个被人"遗忘"的潜力很大的房贷市场。

那时候莫兹罗意识到,自己唯一的生存之道就是想办法帮那些想买房子但又不够格,在银行得不到贷款的人。为了在这个市场获得突破口,他想到了一个很好的办法:让那些退伍军人拿着自己的勋章和奖章,拖着自己的残肢断臂,和他一起到复员军人服务办公室。他通过指责对方的不人道,来要求退伍军人办公室的工作人员发点善心,满足这些为了国家利益而付出鲜血代价的英雄们的一点小小的要求。

让莫兹罗自己也吃惊的是,他的这一招还真起了作用。从那以后,他递上去的所有退伍军人的房贷借款申请,都被及时地批了下来。也就是说,从那以后,他为自己找到了一份"生意":为退伍军人获得房贷,而自己则从中获得一份手续费收入。当时,这个市场很大,因为此前还没有人有本事能够打开这个市场。也正是由于这个市场的业务经营会比较艰难,当全美金融公司发展到一定规模在纳斯达克上市之后,市场对它的前景并不看好,股价一直在1美元以下徘徊,该公司的股票是一个标准的垃圾股。

230 倍的非凡业绩

人们说,第一个吃螃蟹的人需要勇气和胆量,从莫兹罗身上你会看到比勇气和胆量更需要的智慧。他能够在别人看来没有机会做出业绩的地方做成很大的业绩,那就不仅仅是靠运气和勇气了。他需要两个方面的才能:让想购买房子的人相信他,让他来代理房贷按揭申请业务,而不是去稳定的银行;同时,他还得为这些多少有些瑕疵的借贷申请找到愿意受理的金融机构,将申请变成实实在在的房贷按揭,变成自己收入的一部分。这后一部在当时应该是最难的,也正因为很难做到,所以他也没有多少竞争对手,这又成为对他有利的事情。

如果你想获得与众不同的结果,你就得采取与众不同的手段。在这里,莫兹罗再一次证明了这点的正确性。正是由于有这个绝招,他的公司在1985年之后业绩获得飞速的成长。他经手放出的贷款成长的同时,他公司的收入也在逐年增加。

一般来说,房贷中介商在每一笔贷款放出之后,是有权利保留对那笔贷款按揭的后续服务权的。每年的服务费一般是贷款余留额的

第八章

0.4%:对于一笔余额为50万美元的贷款,0.4%就是一年2,000美元,相当于每个月167美元。而且,每放出一笔贷款,虽然你第一年获得的只是那笔贷款的0.4%,但是,按照美国的GAAP会计准则,你公司的进账却是按照那笔贷款按揭在未来所有收入的现值累加。也就是说,你每卖出一份房贷,除了获得一部分当年的现金收入外,你账户上的收入还包含了很大一笔的未来应收账款。正是这种应收账款的快速增长,让全美金融公司保持了很多年辉煌的赢利增长记录。这也是为什么,当后来这些房贷本身出现问题违约拒付,或者被提前付清之后,全美金融公司又会出现大量的经营性亏损的原因。因为未来的收入可能是没有保障的。由于这里面复杂的关系,给了莫兹罗很多操作账户的机会,也正因如此,他后来被人们指责最多的,反倒是他的账户作弊和内部交易。

1985年,莫兹罗将全美金融公司的股票交易转到纽约证券交易所,其后,该公司的股价开始了一路发的奇迹生涯。《财富》杂志将其描述为"市值230倍的股票":全美金融公司的股票价格,从1982年到2003年的21年间上升了230倍,平均业绩远好于巴菲特的公司,也好于沃尔玛公司。这相当于每年平均29.5%的成长业绩,还没有包括分红的部分。1982年时10,000元的投资,2003年价值230万元,外加每年不菲的红利。[1] 有的年份,全美金融公司的年度赢利绝对值甚至超过了沃尔玛公司。

全美金融公司也算是个幸运儿,它首先赶上了发行MBS的机会,这让它的业务更上了一层楼。其后又赶上了CDO这个弄潮儿,又让它大赚了好几年。由于它的经营模式和记账办法,你可以想见,全美金融公司一度占到美国新发房贷按揭30%的市场份额。这意味着多大一笔房

---

[1] Shawn Tully, "Meet The 23,000% Stock For 20 years, Countrywide Financial has been on a tear. With the housing boom winding down, can this mortgage star keep from falling?" Fortune, September 15, 2003.

贷中介手续费和按揭服务费。只可惜,这之中的很多"利润"记录并不是真实的利润,只是潜在的未来收入。而作为公司 CEO 的莫兹罗,却可以根据这个可能的未来收入获得实实在在的高额年度奖金。这又在后来给他本人惹上了官司。

卖身求生

次贷危机爆发后,全美金融公司出现了很多方面的麻烦。过去对它很慷慨的银行关闭了给它的信用额度,使它无钱可借;自己刚刚放出去的不少次贷由于市场逆转,已经很难再打包卖出;那些未来的服务费收入,也由于违约率的增加而大打折扣。

图 8—1 美利坚银行股价变化图

(资料来源:MSN.COM)

正是在这个困苦的挣扎时刻,这个一直不愿意通过兼并其他同行谋求发展的公司,最后不得不将自己出卖。2008 年 1 月 11 日,美利坚银行宣布,用 41 亿美元的股票价值,收购全美金融公司。收购决定很快得

第八章

到股东和证监部门的批准。从美利坚银行的股价变化来看,在开始时市场的反应比较负面,其后似乎又是表示欢迎,股价也一度在2月份时到达45美元左右。但是,在7月1日完成收购时,股价已经下挫到20美元出头,下跌一半有余,这相当于将出价杀到20亿美元之下。到2009年时,美利坚银行的股价最低曾跳水到每股2.53美元。

和华盛顿互惠银行的命运相比,全美金融公司应该说还是一个识时务的幸运儿。最后的结果也要好很多,而且还卖出了41亿美元的价格。

图 8—2　美利坚银行股价和标准普500的比较

(资料来源:MSN.COM)

一个在2005年时年赢利25亿美元,总资产2,350亿美元的公司,即使在2006年时还有16.7亿美元的赢利。一两年之后,就跌价到这种地步。在2007年年底,全美金融公司还有2,117亿美元的总资产,不过已经有净亏损7亿美元,其中,来自房贷部分的亏损就是15个亿。当时,公司的保险部门还产生了6个亿的赢利,远高于2005年时的1.83亿和2006年时的1.2亿美元。

两面三刀、麻烦缠身

2007年4月2日,当美国第二大次级房贷公司,新世纪金融公司申请破产保护时,人们还没有意识到次贷危机的真正影响到底有多大多深。

在全美金融公司的股价从2006年时44美元的高点持续下跌,跌到了36美元时,市场已经开始有些紧张了。可是这时候的公司老总,在一边卖出自己手中所持有的股份的同时,还在忽悠公司的股民。莫兹罗说,公司的高风险贷款水平被控制在一个可控的范围内。

有人事后说,对于莫兹罗的话,华尔街认为还是有一定可信度的,因为他是一位快言快语,有话直说的人。而且,他还是一个精明强干的领导者,很善于把握他所在的市场的机会。在几年时间里,他已经将公司在房屋按揭贷款市场的占有率,从6%提高到16%,而且,还带领公司进入到非按揭贷款的金融领域,实现了经营的多元化。上面已经说到,在保险领域,公司的利润就已经不少。

如果公司在2006年时及时将所有其他部分白送人,只保留保险部门,以稳定的6亿美元的赢利,按照10的市盈率,公司也值60亿美元。莫兹罗曾经在1997年时,将房贷债券投资部分分开,以印地麦克银行(IndyMac Bank)的名义开拆上市,不过,印地麦克银行已经在2008年7月时破产。这家股价曾经高达50美元一股的公司,在2009年5月时的股价是0.05美元。曾经50亿美元的市值,在2009年5月时只有不到500万美元。

莫兹罗在2005年时的薪酬外加奖金,是2300万美元,几乎是公司全部赢利的1%。美国证券交易委员会在2007年10月16日,启动了对这家濒临破产公司的CEO莫兹罗的非正式调查。市场人士说,这可以看作是从2007年夏天开始的,席卷整个欧美金融市场的次贷风波清算

第八章

的正式开始。

调查的重点是,在面临公司财务越来越恶化的关头,作为公司的老总,却在大量抛售自己在公司所持有的股份。记录表明,自从1984年在纽约证券交易所上市以来,莫兹罗所出售的公司股票,价值高达4亿多美元。在2007年8月之前的12个月中,他售出的股票价值也有1.3亿美元。[①]

2007年4月,《巴伦周刊》[②]还将莫兹罗列为"全球CEO 30强"之一,认为他是美国屈指可数的"按揭贷款大师"。那时候,美国次贷的麻烦已经开始显现,而身为美国最权威金融期刊的《巴伦周刊》还在如此高调称颂全美金融公司的老总,让人不得不对该权威期刊的判断力产生怀疑。

其后,莫兹罗一方面对外唱高调,另一方面又在很快速地卖出自己在全美金融公司的股份,搞内部交易。他也因此而给自己带来了大量的官司。

第四节 贪婪的房屋承建商

房屋承建商,就是建房子的商人。想建新房的人,拿着钱找到房屋承建商,后者就雇人给你设计和建造。至于钱财哪里来,应该不是他们应该关心的问题。表面看来,这些房屋承建商们应该是与次贷危机的产生没有关系的人们。事实并不如此。他们也是次贷危机的重要推手之一。

无法抵御的诱惑

当你看到漂亮宽敞明亮的新房子时,当你想象自己的孩子在鸟语花

---

① Gretchen Morgenson(2007-08-29)."Inside the Countrywide Lending Spree",New York Times.
② "BARRON'S",一本在美国很权威的金融期刊。

香、绿树成荫的后花园，嬉戏和观赏鹿群和可爱的小松鼠时，当有人告诉你，只需要几个简单手续，这一切就能很快成为现实时，我相信，没有几个人能够抵得住那种诱惑。更何况，或许几年之后，你还可以因为房价飞涨而大赚一笔。这时候，当初的没有抵御住诱惑似乎又转而成为有远见的理性投资选择。而当一件消费品变成一件回报率很高的投资产品时，普通的消费者，就会像一个瘾君子见到了久违的毒品一样爱不释手。

由于房价在一直上升，由于拥有房子能够赚到钱、很多钱，买房子的人很想得到房子。但他们自己可能没有钱也没有能够借到钱所必需的信用——良好的记录和稳定的收入来源。

房屋承建商急于将自己拥有的地皮卖出去，回笼货币，将潜在的利润变成现实的金钱，他们需要找到想买房子的人才能真正把钱赚到手。所以他们有积极性帮助买房子的人获得贷款。两者配合就是一台戏，他们只需要找到一个说得过去的理由，房贷中介就会给他们搞到所需要的房贷。

为此，出现了很多很有新意的故事：一个人自称自己是一个个体经营者，但没有报税记录（说明他的经营要么还没有形成有意义的收入，要么就不存在，或者是存在但主要是现金收入），于是乎，房屋承建商就会为这位借款者找到自己熟悉的房贷中介，再租借一辆卡车，在上面用容易冲洗掉的油漆漆上"某某公司"的牌号。其后再以此为证据来"证明"这位先生确实是有自己的生意。于是，一笔房贷就搞掂了。

还有的房屋建造商，为房贷者出示高估的房屋报价，好让那些两手空空的购房者没有后续的资金来扛下房子。六十万的房子，可以用零首付的办法从银行获得80万的贷款。所以说，在次贷危机的形成过程中，美国大大小小的房建商起了很大的推波助澜的作用，而且，他们在很多时候可以说是不择手段和罔顾道德和法律。他们既是制造泡沫的推手，也是泡沫刺破后最早的受害者。真可谓是搬起石头砸了自己的脚。

第八章

房屋承建商

在美国，几乎任何人在任何时候都可以成为一个房屋承建商。

记得在2005—2006年时，有好几位朋友的朋友约我去看他们买下准备建房子的地皮。有一次，一位来自前苏联某个加盟共和国的新移民，一位朋友的朋友，约我去看他刚买下的一块地皮：他花了100万美金的样子，大概能够整理出10个别墅地基。他说，水、电、煤气等"几通"之后，如果将全部十个地基卖掉，他大概能够赚到75万美元。如果买地基的人还雇他们来负责建房子的话，大概还能够赚到20%的建房"包工头"费。他当时付出了30万的头款，其余的来自银行的贷款。

在这之前，我还和一位来自印度的新移民朋友谈过他的土地投资经验：他在1999年刚来克里夫兰不久，就和几个朋友集资在克里夫兰南部的一个郊区买下了一块地皮。当时的价格是75万美元，他付了25%的头款，其余靠银行按揭贷款。2005年时，已经有人出价250万美元要买他的那块地了。而他很看好那块地的未来潜力，认为那个价码还是太低，暂时还不值得出手。

类似的造富"神话"我当时见到了很多。不少的人在2005—2006年那阵加入了与土地、房子相关的投机行列。而那时候的市场已经见顶了。

当上了房屋承建商，要想实现自己的致富梦，就得完成从买土地到卖出地基的整个过程。即使在房地产市场热火朝天的时候，这个过程也不是那么容易完成的，至少不是在所有的地方都是很容易完成的。于是，高超的营销手段和技巧就是制胜的根本了。

在一个银行放款很宽松的大环境里，在一个房市里的房价每天都在上涨的激动人心的时段，能够使的手段和技巧就会很多，也很容易得逞。但危机也就隐隐欲现了。

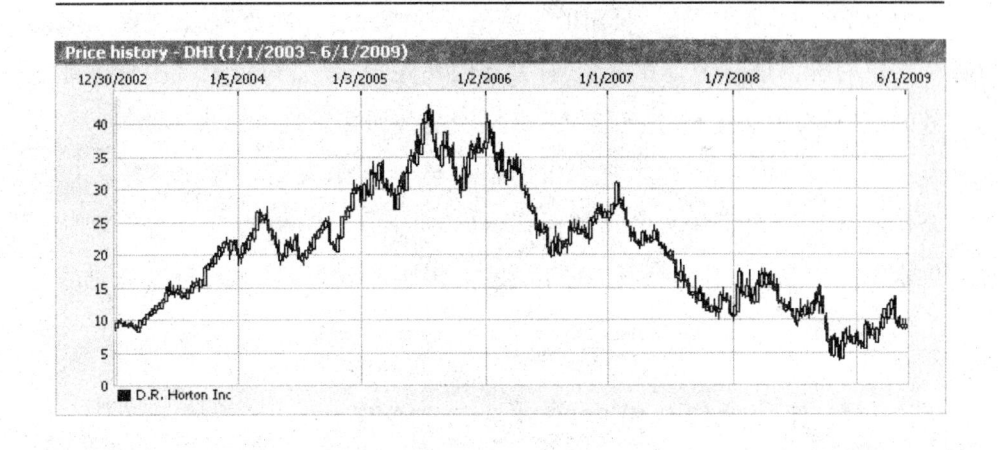

图8—3 次贷危机对D.R. Horton公司股价的影响

(资料来源：MSN.COM)

房价大跌，房市泡沫破灭，那些房屋承建商首当其冲受到冲击。销售量下降，业绩下滑，使得这些公司的股价大跌。图8—4是美国一家大型的房屋建造商（D.R. Horton）的股价变化图。在2008年底时，它的股价一度跌到每股4美元以下。

这家1978年成立的公司，自2003年以来，就一直是美国最大的房屋建造商，是美国"财富500"的成员。在2005年9月截止的财政年度，该公司总共卖出5.3万套住房，营业收入高达130亿美元。公司股价一度高达40多美元，2009年6月时在9美元附近，市值30亿美元。市值最高时曾经一度高达400亿美元。现在的年度营业收入只有49亿美元（2009年6月之前的12个月合计），还在亏损。

麦卡锡和他的比择房屋公司

伊恩·麦卡锡（Ian J. McCarthy），是美国第六大房屋开发商比择

第八章

房屋公司（Beazer Homes）的老总。该公司主要修建和经营低价房地产，而正是在这个低端市场中，次贷的规模最大。

早在2006年8月时，公司的季度财务业绩已经开始下滑，这已经是一个红色的警告信号了。在其后，有关部门又发现，该公司负责抵押贷款业务的部门，有财务上的违规行为。这又说明公司在管理上出现了问题。

到2007年夏天时，次贷危机的损失已经开始大面积显露出来。该公司所面临的次贷相关的违约比例，已经高达68%，成为危机的重要导火索。人们认为，身为公司CEO的麦卡锡难辞其咎，是他对自己公司员工的监管不力，才造成这样的结果。

图8—4 比择房屋公司2009年股价变化图

（资料来源：MSN.COM）

次贷危机的爆发，房屋建筑商也担负着很大的责任。是他们通过不合法的方式，制造了大量的虚假需求，为那些买不起房的家庭提供条件，让他们得以买到房子，直接给银行和房贷机构制造了大量的高风险贷款。人们说，自从1994年成为比择房产的首席执行官以来，麦卡锡成为不良房屋建筑商中的典型代表。2007年进行的调查发现，麦卡锡所使用的许多非常激进的销售策略，是产生大量违约房贷的根源。

为了帮助购房者获得银行贷款，麦卡锡的公司使用了许多不合法或者是不道德的手段。比如，如果房贷者信用资质不够，它会帮客户做手脚。也就是撒谎，来骗取银行的贷款，而银行还被蒙在鼓里。另外，公司还在"协助"顾客获得首付款方面，提供不应该有的帮助。

有一段时间，购房者可以通过公司向第三者借款，获得所需要的头款，然后再基于此向银行借贷剩下的余额。连头款都拿不出来的购房者，实际上是不应该买房的那批人之一。可是麦卡锡却觉得无所谓，反正它不承担可能的违约风险。一旦银行放出贷款，他就开工建房。

美国联邦调查局（FBI）的住房和城市发展部，还有美国的国税局，都参与了对该公司不法行为的调查。该公司也承认，它的雇员在抵押贷款业务方面违反了有关规定。而且，他们是从2000年就开始这么做的。由于房价一直在涨，所以问题一直没有暴露出来。

图8—5 比择房屋公司过去五年的股价变化图

（资料来源：MSN.COM）

第八章

美国联邦调查局的调查发现,至少从 2000 年开始,比择房屋公司就开始为顾客提供造假协助,让他们获得所需要的贷款。结果是,很多银行在不明不白之中,将自己的钱,贷给了那些按照正常的审查程序不可能贷到款的人。比择房屋公司的 CEO 也因此而受到指控。

造假给公司自己也带来了致命的打击。在 2006 年初股价一度到达每股 80 美元高度的这家房屋建造公司,在 2009 年初股价最低时只有区区 0.24 美元,已经临近破产的边缘。过去 12 个月的销售额是 18 亿美元,亏损为 9 亿美元,销售同比下降了 40%。2009 年 4 月 16 日时的收盘价上升到 1.58 美元,从最低点上升了六倍多,只用了几个月时间。在 1.58 的价位,公司市值为 6,200 万美元,最高时的市值是 31 亿美元。

第九章 次贷危机与金融危机

贪婪是人的本性和万祸之源，
贪婪也是人类进步的原动力。

前面谈了很多促成次贷危机和金融危机的多种因素。本章将概括总结一下美国房市泡沫的破灭和次贷危机的形成过程，其后再在此基础之上来分析一下金融危机的产生和传递过程。

第一节 次贷危机的形成

美国次贷危机的根源可以追溯很远。从近期看，有人说房市泡沫的产生开始于"9·11"恐怖袭击之后，也有人说是互联网泡沫的自然延伸。仁者见仁，智者见智，区别主要还在于强调的重点不同，思考的角度相异。

措手不及的一记重拳

"9·11"恐怖袭击，相当于打了美国人一记措手不及的重拳。在事件发生之后，当时担任美联储主席的格林斯潘就亲赴现场，不久联储就

第九章

启动了一系列的利率下调,来刺激美国经济。当时的美国总统小布什,也一方面通过舆论工具鼓励美国人走出家门去购物消费,另一方面还推出了一系列政策来刺激民众的消费热情。

在那时候,美国的民众可以说是群情激奋,个个爱国,而爱国就得有表示才行,而爱国最好的表示在当时就是消费,刺激美国经济的发展。那时候美国经济已经进入了某种程度的衰退,恐怖袭击无疑是雪上加霜。

要消费就得有钱,而钱总得有个来源。这时候,人们就想到了那个最大的钱袋——房子。而要想让房子成为人们取之不尽用之不竭的金钱来源,就得让房子的价值继续升值。而要做到这点,就得增加需求,也就是让尽可能多的美国人能够实现自己"居者有其屋"的美国梦理想。

为了实现这个目的,当时可以说是多管齐下:利息调低让购买房子的成本大幅下降,让更多的人能够买得起房子;房贷标准的下降,让人们买房的欲望能够轻易得以实现;对银行和金融公司管制的放松,让他们能够创造出大量的廉价货币来供购买房子的人获得贷款。这一环套一环,环环紧扣,最后造成一个死结,这就是后来的次贷危机和金融危机。

互联网时代的效率要求

过去,银行为了自己的贷款安全考虑,通常会做两件事情——要么确保自己的贷款能够及时地被两房和 GNMA 买走[①],做到及时转移风险;要么确保自己留下的贷款没有多少违约的风险。

当时,两房和 GNMA 有很严格的贷款标准,只有符合那个借贷标准的贷款他们才会买走。为了取悦于这些有政府背景的公司"老爷们",每家放贷机构都非常小心谨慎,严格按照"老爷子"的标准来做。

[①] 2003 年 GNMA 担保了 240 万个房贷按揭,房贷价值达 2,158 亿美元。截至 2003 年,GNMA 一共担保的房贷按揭数为 3,000 万左右,房贷价值超过 2 万亿美元。由此可见,GNMA 对于提高美国房市流动性也起着重要的作用,而且它的担保都是由美国政府明确背书的。

在那时，人们要想获得房贷，就必须有足够的真实收入，而且还得出示至少两年的纳税证明。不仅如此，如果你想借钱买房，你已经欠有的债务，你的银行存款，你的其他负担，整个家底都被彻底清查好几遍。在这一切都同时证明你是一个很可靠的借贷者时，你才有可能获得一份贷款。

那时候买栋房子，既手续烦琐又费时费力。这不仅对借贷者如此，对银行也是一样。这种"丑话说在先"的中国式做法，在开始时是很麻烦，但同时也正是这种麻烦造就了美国房贷历史上几十年如一日的超低违约率。

这一切"老掉牙"的做法，在互联网时代，在"9·11"之后已经"不适应"新时代美国历史发展的需要了。特别是互联网时代的到来，让不少人在思索一个问题：怎样让银行业的服务也赶上历史发展的快速车轮？

刚开始时，华尔街所做的最重要的一件事就是让投资手续变得更加快捷和低廉高效。于是乎，一个个不需要经纪人的网上股票交易系统诞生了。股票的交易成本也一降再降，最后连一次交易只需 4.99 美元的价码都有人打出来了。

金融投资实现了"现代化"之后，一个自然的逻辑就是银行业也要跟着现代化，这不仅包括银行存款和取款业务要实现快速和简洁，贷款业务也同样要如此。那时候，美国人似乎已经忘掉了什么叫做耐心和等待。

互联网的发展满足了对快速和简便的需求，而监管不严则利用了这种需求，造成房贷违约的增加。从这个逻辑来看，互联网的发展似乎也难辞其咎。不过，人们对于互联网泡沫对次贷危机的影响，并不是从这个角度来认识的。互联网泡沫带来的流动性过剩才是人们所说的遗毒，造就了后来的房市泡沫和次贷危机。

房贷安全与银行利益的错位

"9·11"之后的经济、技术和政策环境，给随后的次贷和金融危机提供了温床。在过去，银行发出贷款之后，除了自己保留的那部分外，能够

第九章

卖出的,也只有是两房和 GNMA 愿意接受的,也就是前面所说的 MBS,那个过手债券。两房和 GNMA 负责提供房贷市场的流动性,放款的银行则在贷出款项时通过严格把关确保房贷按揭还款的安全性,而这种安全性的保证就是严格按照标准来做。因为,最后卖出去的 MBS 在法律上是由作为 MBS 的发行机构两房和 GNMA 来负责的,对于自己的利益,人们总是比较关心一些的。

在政府部门的促成下,两房和 GNMA 对 MBS 债券业务的垄断被打破,其他金融机构也可以参与其中。在开始时,这些金融公司也还算保守,基本上是在按照两房的标准在做,只是在一些不是很"致命"的标准上略有放松。

比如,两房和 GNMA 购买的房贷有一个上限①,高于这个上限的房贷,他们是不会购买的,这部分大额贷款就只好由放贷的银行自己留着了。很多时候,这个大额按揭可能风险不是很大。此外,他们的一些对借贷者的审核标准,按照华尔街的眼光似乎是太苛刻了一点,适度放松标准也无关大局。

这许多机会的存在,给那些从事 MBS 转手债券业务的私人金融机构提供了市场和生存空间。这些私人金融机构就开始从各个银行手里购买房贷按揭,然后进行打包(证券化),再买一个违约责任险,也就是 CDS,制成一个有担保的 MBS 卖给华尔街的投资者。与通常意义上的 MBS 所不同的是,这种 MBS 将风险和证券化程序进行了分离,而正是这种分离为后来大规模的次贷形成打开了一个重要的缺口。

在过去,由于风险集中在第一线的放贷机构(银行)手里,他们就没有积极性给那些资质不够的借贷者发放贷款。那时候,很多违约是因为

---

① 也就是说,当房贷按揭高到某一个数量时,两房和 GNMA 是不会购买的,贷出的银行得自己留着。这个数量标准随着各地房价水平高低的不同而有所变化,低的地区的上限可以是 41.7 万美元,高的地区的上限则为 120 万或者是 180 万美元。

280

后来不可预见事件的发生引起的,像不可预见的失业、伤病、死亡等因素。而现在,在风险能够转移的情况下,提供房贷的银行的行为动机就完全不一样了。

不仅如此,由于颁发传统房贷的银行"脑筋转得比较慢",适应新的作业方式的"能力"比较弱,大量新兴的房贷中介机构就应运而生,特别是在加州、佛罗里达和内华达州那些房市最后被热炒得最厉害的地方。次贷危机之后破产倒闭的房贷按揭中介金融机构,很多就是从那些地方起步并作为大本营的。全美金融公司就是一个最典型的例子。

在房贷按揭CDO出现之后,几乎任何一个房贷按揭都有人买走。在这种情况下,饿死胆小的,撑死胆大的,就成为当时的游戏规则。过去在比萨店送外卖的,在电器商店卖电脑的售货员,在汽车销售城卖汽车的小伙子,很多人后来都成为房贷经纪人。

他们一没资质,二没相应的知识,但是,几天时间下来,他们就摇身一变成了人们最大的那笔家庭投资的最重要的咨询顾问,帮一个个家庭做投资决策。作为回报,他们的月收入也很快由以前的一两千美元变为两万美元了。在如此巨大的经济利益面前,这些人是没有办法保住自己的道德底线的。

再说,在那时候,帮助别人为实现美国梦而奔波房贷本身,就是件很体面而高尚的事情。不同的是,很多时候人们的利益是相互冲突的。投资者和房贷按揭的借款者之间的利益,最后变成了一个零和博弈,却是当时人们没有想到的。而利益的诱导又让第一线的放贷者义无反顾地选择站在房贷按揭借款者一边,而不是投资者一边。

变了调子的进军号

随着房价的上升,购房者一心想买到房子,而房子的增值势头就像春雨过后疯长的野草,不过那长出来的野草已经变成绿色的美钞。只要

第九章

你拥有住房,你就赚了大钱,而你需要支付的成本可能是零!这种诱惑力,恐怕没有任何人能够抵抗得了。

也正是因为房价的不断上升,让那些投资CDO和MBS的投资者更加饥渴。注意,CDO和MBS是以债券的形式进入市场的,在他们获得AAA的安全等级之后,潜在的投资者可以说是无限。这和股票的投资者还不一样。股票投资是有风险的,而AAA级债券投资的风险却很小甚至没有,至少在不少人的心目中是这样的。世界上有大量的资金和投资机构,是不允许投资股票市场但却可以投资很"安全"的债券市场的。美国房贷按揭CDO和MBS的出现,正好满足了这些饥渴的投资者的需要。

一推一拉,两厢情愿,最后就是狼狈为奸,一个愿打一个愿挨。这就形成了一个良性循环——投资者的胃口越来越大,美国的房贷中介[①]就只好到处找人买房子,以便能够继续产生更多的以房贷按揭为基础的CDO和MBS。因为市场的需求就是进军号,而"军人"是以服从为天职的。至于前面是"赴汤蹈火"的战场,还是鲜花烂漫的伊甸园,那不是他们能够和应该思考的问题。

美国的房市繁荣就在这种情形下形成和发展着。然而有一天,市场上的游戏者发现进军号变了调子。第一线的房奴由于利息率的一再上升而不能够负担,违约开始。新的购房者又由于利率上升带来的借贷成本的提高而变得买不起。需求的下降和现有房贷市场房奴的挣扎,让后来者更加小心。结果就是房价的下跌。房价下跌,那些大量的房市投机者也开始抛售,这又增加了市场上的供给。一环环下来,房市就开始了下行趋势,房市泡沫就开始破灭。那些勉强购买房子的投资者,也逐渐出现问题,不少人因为违约而失掉房子。另一些在高位时买进的房子,眼睁睁看着贬值和出现亏损。这就是次贷危机。

[①] 那些用他人的钱贷款给人买房子的银行实际上也成了房贷中介,包括华盛顿互惠银行。

次贷危机的结果，又直接传递到金融市场，那些投资房贷按揭的大量投资者也跟着出现投资亏损。这又引起了后来的金融危机。

第二节 美国房市的不衰神话

人们对美国房市的信心，还是来自于美国房市的长期繁荣所带来的声誉。在持续几十年的时间里，美国房市演绎了一个持久不衰的神话。即使在日本房市泡沫给购房者和房贷按揭投资者带来巨大投资损失时，美国的房市也只是局部的小幅调整，其后继续上扬。这种优良的记录，在世界房市历史上非常罕见。下面我们来看一些具体的数字，来看看危机前后的数字到底意味着什么。

触目惊心的数字

1974年年底美国家庭的债务是7050亿美元，相当于当时家庭可支配收入（disposable personal income）的60%。2000年年底，美国家庭的债务水平是7.4万亿美元，是26年前的10.5倍。美国家庭债务的成长，远远高于同期美国经济和美国国民财富的增长速度。1974年时美国的人口规模是2.14亿，2000年时为2.81亿，相比只增加了31%。

而到2008年第三季度时，美国家庭的债务高达14.6万亿美元，占到家庭可支配收入（10.7万亿美元）的136%[1]。而这时候美国的人口规模也不过3亿。和2000年相比，美国人口增加了7%，而家庭债务则增加了97%。

由于房价的持续升值，美国家庭通过卖旧房买新房的换房方式，和

---

[1] 来源请参阅美联储公布的数据：http://www.federalreserve.gov/releases/z1/Current/data.htm和http://www.federalreserve.gov/releases/z1/Current/z1r-5.pdf 表B.100中的第31和第48行。注意，这里的债务是指家庭的全部债务，包括房贷按揭。

第九章

住房再抵押的办法,所获得的额外现金,在 2001 年时是 6,270 亿美元,房市泡沫最大的 2005 年时是 14,280 亿美元,增加了 130%。在 2001 到 2005 年间,美国人为了响应政府所倡导的尽情消费的爱国号召,从房子中提取的现金总额高达 5 万亿美元!平均每年 1 万亿美元。[1] 这每年 1 万亿美元来自房产的财富注入美国经济,带来的不仅是美国内需的强劲,还有股市和房市的繁荣直至泡沫。

图 9—1 美国家庭住房抵押按揭贷款占美国 GDP 的比例

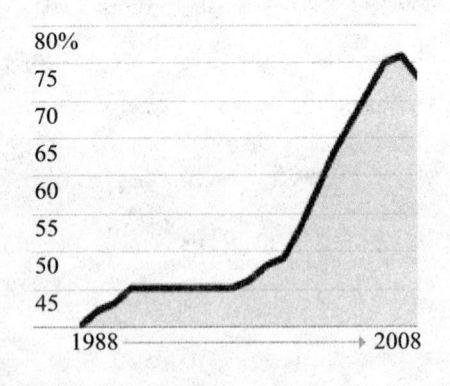

(资料来源:美国联储)

美国房贷按揭占美国 GDP 的比例,在 20 世纪 80 年代后期还只有 45% 的水平,整个 20 世纪 90 年代也还只有 46% 左右,而到 2006—2007 年时已经高于 75%;泡沫之后下降了一点,但在 2008 年时也还有 73%。[2] 如图 9—1 所示。

---

[1] Colin Barr, The $4 trillion housing headache, May 27, 2009, *Fortune*.
[2] Board of Governors of the U. S. Federal Reserve System, Release Z. 1, 9/18/08. 表 L. 218 第二行。注意,在这个 10.6 万亿美元的房贷抵押债券中,有 1.1 万亿美元来自 home equity loans。

随着美国房市的降温,美国房价在 2009 年第二季度时已经下跌到 2002 年的平均水平,可是房贷按揭占美国 GDP 的比例,在 2009 年时却远高于 2002 年时的水平。

不过请注意,即使美国家庭拥有那么高的房贷按揭和家庭债务,但是,美国家庭的净资产在 2002 年到 2008 年第三季度时也还是有不少的增加,从 40.5 万亿美元增加到 50.4 万亿美元。美国家庭所欠的房贷抵押按揭的 10.5 万亿美元只占家庭净资产的五分之一多一点。①

在 2007 年 3 月,美国房贷按揭市场次贷按揭的价值是 1.3 万亿美元(估计),涉及 750 万个按揭,平均下来美国每一笔次贷按揭的规模为 17.3 万美元。即使假定他们平均支付了 5% 的头款,那么这些次贷者所购买的房屋的平均价值,也在 18 万美元以上(17.3/0.95)。

在 2002 年时,美国年收入在 8 万到 10 万美元家庭所拥有的住房的中间价值在 16 万美元左右②。而家庭年收入在 4 万到 6 万美元的美国家庭,所拥有的住房中间价在 11.2 万美元。

从家庭收入和所购买房子的价值比较来看,大量的次贷按揭购房者,其所购房屋已经明显超过了他们的购买能力。在这种情形下,他们后来不违约也难。他们之中有很大一批人实际上是投机分子,而且是在(价格)高位跟进的不明智的投机分子。

如果再来看看房市泡沫期间放贷的按揭质量就更有意思了:2004 年到 2006 年间,美国新发放的房贷按揭中,次贷的比例是 18% 到 21%,而在 2001 到 2003 年时这个比例还不到 10%。这一高次贷比例到 2007

---

① 来源请参阅美联储公布的数据:http://www.federalreserve.gov/releases/z1/Current/data.htm 和 http://www.federalreserve.gov/releases/z1/Current/z1r-5.pdf 表 B.100 中的第 31 和第 48 行。注意,这里的债务是指家庭的全部债务,包括房贷按揭。

② 参阅第五章第三节图 5—6。注意,2009 年时美国房屋的中间价已经下跌到了 2002 年时的水平。

第九章

年第二季度才下降到10%以下。那是当时市场已经感觉到次贷危机,对次贷按揭产生的CDO和MBS的需求变小的结果。

在那种情形下,第一线放出的次级贷款按揭可能在市场上已经找不到买者,从而贷出者就得自己承担风险,而这又是他们最不想做的事情,也是他们无力承担的财务负担。房贷机构对于给次贷借贷者放款没有积极性,那些以投机为主要动机的次贷借款者,在看到房价下跌的趋势之后,注意到了投机价值的下降,结果自然是需求减少。在这种双重效果的挤压下,人们对次贷的狂热冷却了下来。

只升不跌的美国房市神话

美国房市按照当年价格衡量,在过去几十年曾一直处于上升趋势,图9—2所示的是美国历年房屋中间价的变化图。其中一条线(下线)代表的是名义价格,也就是当年价格计算的房价,而另外一条线(上线)表示的则是按照不变价格计算出的房价。从中可以看出,至少从1970年开始到2006年前后之间的37年,美国的房市整体就是一个大牛市。

再细看最近39年的美国房市价格走向,也很有意思。图9—3是从1970年到2008年的美国房价变化图。比较糟糕的年份是20世纪90年代的前几年。那时候美国经济正处于萧条状态,记得那时候我刚来美国,经济不景气的迹象即使在大学里也能够感觉到。工作难找,让很多人即使毕了业也宁愿选择在学校多待几年。大概从1994年左右开始,美国的劳工市场明显有所好转。不过,即使在那个困难的时期,美国的房价按照名义价格(当年价格)计算,也基本上是稳定,至少没有大的跌幅。

从1994年到2006年的13年时间,美国房价按照名义价格(当年的价格)计算,已经从11.4万美元上升到22.2万美元了,相当于平均每年上升了5.3%。

注意这里所说的是房屋在市场上交易过手的中间价,所以这个年

5.3%的上升幅度,并不是美国平均一栋房子价格的平均升幅。中间价的快速上升,一则是由于房价的上涨,但更重要的是,因为有大量新建的房子更大更贵,质量更好。

图9—2 美国房价变化图(1890—2007)

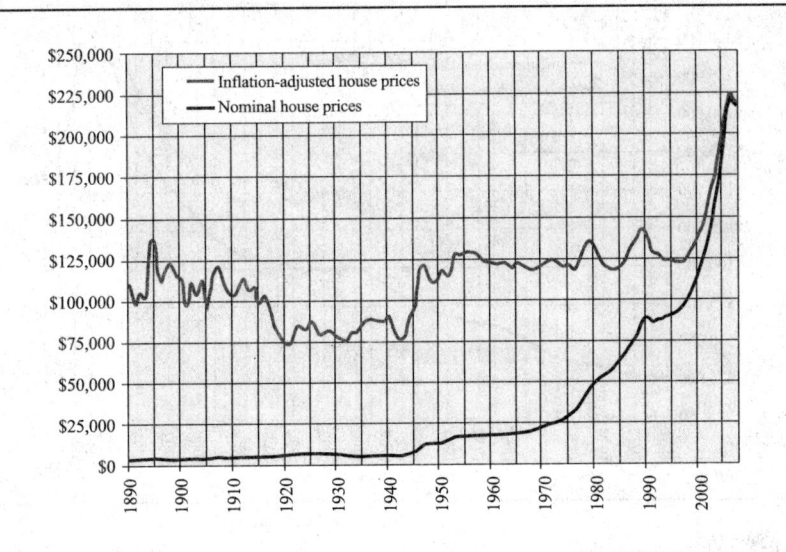

(资料来源:美国房地产商协会)

从我所在的城市来看:20世纪70年代建的房子,基本上都在2,000平方英尺以内,大约200平方米的样子。到20世纪90年代初开始建造的,很大一部分在3,500—4,000平方英尺左右。想想那时候美国经济还不太景气,可是美国人却已经很想奢侈享受了。

美国房屋交易的中间价在2005—2006年见顶。从2006年开始,不仅实际价格,而且名义价格计算的房价也开始大幅下跌。表9—1是比较详细的美国历年房价的名义(中间)价格的变化。从1975年到1999年,美国房屋的实际(通货膨胀调整之后)中间价在12.5万美元到16万

第九章

美元之间,平均是 14.4 万美元。而到 2009 年第一季度时,这个实际价格上升到 16.9 万美元。

图 9—3　美国房价变化图(1970—2008)

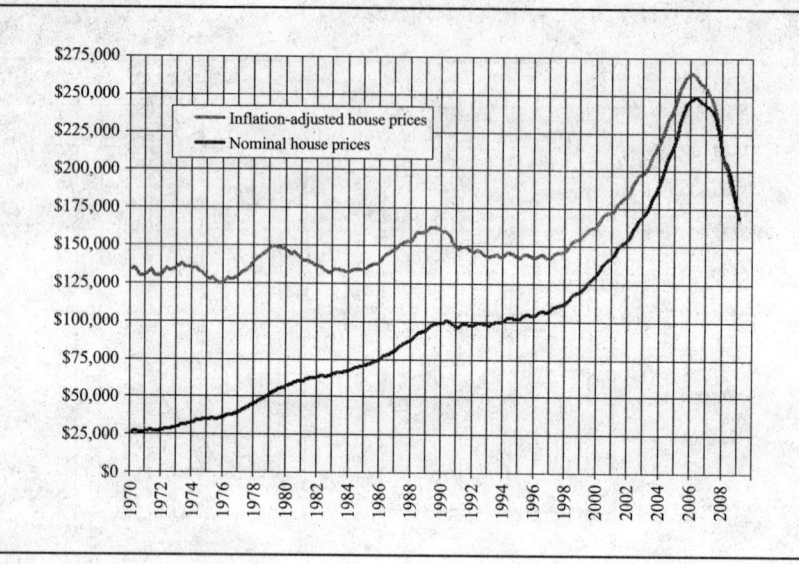

(资料来源:美国房地产商协会)

不过,我们也不应完全将这个中间价的下跌理解为美国房市平均价格的下降。很有可能是:在危机之后整个美国房市的下行趋势中,进入市场的大部分是"低价房"。因为房价的统计和计算,是按照市场交易数据来进行的。在 2009 年上半年的美国房屋市场,待卖的房产中有 40% 是等待法拍的违约房产。那些房产的主体价位还是偏低。

我在美国买过两次房,第一栋是在 1988 年初买的建于 1972 年的房子,当时据说建造成本是五万美元。地板是质量不错的硬木地板。当初建造的是 1,900 平方英尺,后来又被加了一个 450 平方英尺的空间。那栋房子我买入的价格是 19 万美元,在 2003 年 24 万美元卖出了。现在的这栋是2002年买的,大约420平米的样子,这一栋房子在2009年时的房价,估计基本上是回到了2002年我们买入时的水平。

注意,我所居住的俄亥俄州的房价起伏,远没有加州、纽约州等比较火暴的地方来得大。不过,它至少也在一定程度上说明了一些问题。而且,在第一线的感受,似乎比单纯的数字更具体一些。

表9—1 美国历年房价(中间价)变化表①

年份	房价	年份	房价	年份	房价	年份	房价
2009	$169,000	1998	$136,000	1987	$85,600	1976	$38,100
2008	$183,300	1997	$129,000	1986	$80,300	1975	$35,300
2007	$217,900	1996	$122,600	1985	$75,500	1974	$32,000
2006	$221,900	1995	$117,000	1984	$72,400	1973	$28,900
2005	$219,000	1994	$113,500	1983	$70,300	1972	$26,700
2004	$195,200	1993	$109,100	1982	$67,800	1971	$24,800
2003	$180,200	1992	$105,500	1981	$66,400	1970	$23,000
2002	$167,600	1991	$102,700	1980	$62,200	1969	$21,800
2001	$156,600	1990	$97,300	1979	$55,700	1968	$20,100
2000	$147,300	1989	$94,600	1978	$48,700		
1999	$141,200	1988	$89,300	1977	$42,900		

(资料来源:美国房地产商协会 National Association of Realtors)

第三节 为投机房市不择手段

当利润高到一定程度时,就会有人铤而走险。在《资本论》中马克思说:有10%的利润资本就能够得以存活,有30%的利润资本就会得以大发展,而当面临50%的利润诱惑时,资本就会铤而走险。100%的利润能够让资本成为杀人越货的恶魔。

---

① 当年市场上销售出去的房子的中间价,包括新房和销售的旧房的房价。

第九章

事实上,这种对于高额利润的喜好,并不仅仅是资本和资本家的问题,而是人性的根本。本金越小越好,利润则是越大越好。换句话说就是低风险高回报。

在次贷危机爆发之前,美国的房市就给普通大众提供了一个这种低成本高回报的发财机会,很多普通的美国人,也就义无反顾地跳进了这个追逐利润、快速发财致富的时代列车。为了获利,很多人不择手段,最后自食其果。

美国的银行和中国的网吧吧主

美国的银行和中国网吧的吧主应该是没有任何关系的,但是,在次贷泡沫时期,他们的行为和动机却有着非常高的相似性。

中国的网吧,在新时代制造出了大量迷上网游的青少年。中国网吧的吧主也因此而遭到来自各方面的指责。站在网吧吧主的立场来看,那是他们追逐利润的必然结果。即使一家网吧发点善心,有所收敛,其他的替代者也会及时出现,来顶替现有网吧吧主放弃的谋利机会。

在次贷危机前的疯狂时期,美国的银行放出了一个个原本不应该放出的房贷。事后银行方面指责经纪商的不负责任,想想也不完全是那些经纪商的过错。

房贷经纪商就像是在网吧迷恋上网打游戏的小孩,他们没有办法抵御来自轻松利润的诱惑。如果美国的银行不能够转移风险,他们自然就很在乎所放出贷款的安全性。而只要银行在乎贷款按揭的质量,经纪商就没有多少轻松谋利的机会,经纪商甚至没有多少可以做的事情。

在次贷危机爆发之前,是因为大家都可以赚大钱,而且又不用承担风险和责任,于是乎,马克思所说的资本追逐利润的自然性就会发生作用。而且,由于风险几乎没有,而利润又是几乎没有上限,能够获得利润的各方——经纪商、银行、买房者——都在不择手段,一切为了利润。

为了利润,买房的人期望不择手段买到一栋房子,因为拥有房子,在天天升值的房市那就是金钱。为了利润,房贷经纪商和建房子的商人,就会不择手段吸引购房者来贷款买房子,只要是完成一笔,那里面一个固定的比例就是利润。为了利润,银行就会给予房贷经纪商和自己的房贷部门尽可能大的权力来吸引借贷者,因为每一笔房贷按揭在打包卖给华尔街之后,就有一个固定的比例属于银行自己,成为自己的利润。这样一环套一环,形成了一个完美的有足够激励效用的产业链。

变动利率的麻烦

对于银行来说,在次贷被打包,风险被转移之后,工作的重心就是让想贷款的人贷到款,让自认为不应该贷到款的人也能够贷到款。而要实现这点,就得大幅度降低开始时的还贷负担。采用变动利率就是那时候最好的办法。

房贷按揭的违约中次贷按揭部分的比例比较高,而采用变动利率的次贷的违约率就更高。对于变动利率的房贷按揭,开始时的月还贷很低,有的只需要还利息不需要还本金,还有的连利息也只需要付一部分。这样一来,两三年之后,一则利率上升,每个月面对的利息负担加重,再者,本金部分还在累积(因又加上了前两年欠的利息外加利息的利息)。于是突然之间,月还贷的负担加重了很多。

在 2007 年第三季度,次贷按揭只占美国全部房贷按揭的 6.8%,可是在所有的违约被银行收走而进行法拍的居民住房中,采用变动利率的次贷就占了四成以上(43%)[①]。

那些选择变动利率的次贷按揭者,在 2007 年 10 月时有 16% 的贷

[①] Mortgage Bankers Association (2007—06—12). *Delinquencies and Foreclosures Increase in Latest MBA National Delinquency Survey*.

第九章

款已经变成呆账或者死账（过期90天以上没有按时付月还贷），这是2005年房市高峰时的三倍。这一违约比例在2008年1月时达到21%，2008年5月时达到25%。①

为什么人们采用变动利率就容易出问题，违约比例后来也比较高呢？下面，我们以一个贷款额度为20万美元、还贷期为30年的房贷为例来看看，采用不同的利率在几年之内月还贷的变化。看到了这种变化之后，你应该能够看到问题的关键。

图9—4　不同利率时30年20万美元房贷的月还贷变化

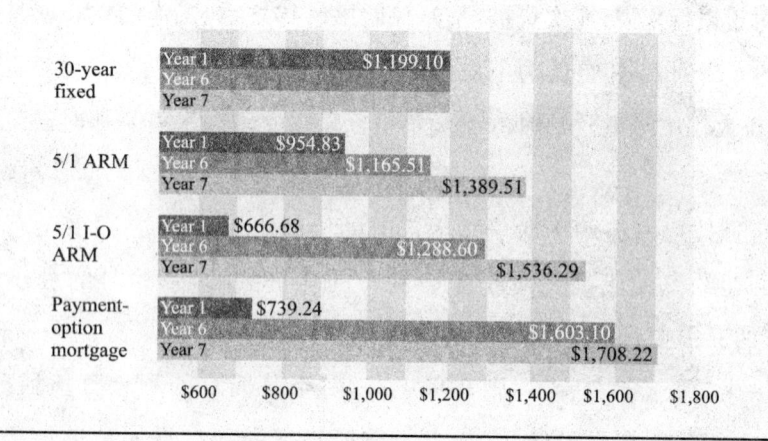

类型	Year 1	Year 6	Year 7
30-year fixed	$1,199.10		
5/1 ARM	$954.83	$1,165.51	$1,389.51
5/1 I-O ARM	$666.68	$1,288.60	$1,536.29
Payment-option mortgage	$739.24	$1,603.10	$1,708.22

（图片来源：美国联储）

如果你第一年的变动利率是6%，那么，你每个月的还贷就是1,199.10美元。如果在第二年时你的变动利率上升到8%，那么，你的月还贷就是1,461.72美元。在利息上升到9%时，你的月还贷就变成

---

① 参阅：(1) Ben S. Bernanke. "The Recent Financial Turmoil and its Economic and Policy Consequences", New York (2007-10-17); (2) Ben S. Bernanke. "Financial Markets, the Economic Outlook, and Monetary Policy" Washington, D.C. (2008-01-10)。

了 1,600.42 美元。每个月增加 401.32 美元。这笔增加对于不少原本手头就很紧的家庭而言,就是一个大负担。

图 9—4 显示了不同利率时贷款额度 20 万美元的房屋按照 30 年期限还清贷款的月还贷情况。在锁定年利率为 6% 的时候,30 年每一年的月还贷是固定的,为 1,199.10 美元。但是,如果你选择"5/1ARM",也就是前 5 年固定,其后变动的利率。假定你还是在 30 年期限内还清 20 万美元的房贷,前 5 年的利率为 4%,这时候你的月还贷是 954.83。在第六年,如果利率变为 6%,你的月还贷就是 1,165.51 美元,第七年如果利率升到 7%,则还贷额就涨到了 1,389.51 美元。

"5/1 I-O"是指在前 5 年时你只需支付利息,5 年之后你再按照那时的浮动利率来付房贷。在利息为 4% 时,20 万贷款每个月的利息是 666.68 美元。你这样支付了 5 年,在第 6 年时,利率上升到 6%,由于你的贷款年限减少为 25 年,相当于你有一个 25 年的 30 万房贷。那时候,你的月还款就是 1,288.60,增加几乎一倍。第 7 年对应于 7% 的利息时,月还款又增加到 1,536.29。

付款额可灵活调整的房贷(Payment-option mortgage),如果你在头 3 个月只需按照 2% 的利息支付,其后 9 个月按照 6% 的利息付款。第一年你每个月必须支付的最低数额为 739.24 美元,可以这样持续 5 年。注意,在年利息为 6% 的情况下,你每个月 739.24 美元的还贷,都不足以支付利息款。这时候,你的房贷余额实际上在上升。在第 6 年利息为 6% 时,你的还贷每个月需要 1,603.10。第 7 年利息为 7% 时,你每个月得拿出 1,708.22 美元来对付房贷。

每个月增加的几百美元甚至上千美元的房贷压力,成为勒住不少房奴脖子的绳索,让很多人喘不过气来,最后不少人因此窒息而亡。

很多人并不是没有注意到这种变化的可能性,只是当时觉得利率大幅上升的可能性比较小。再者,由于当时房价上升很快,不少人可能在

第九章

想:即使利率上升一些,作为买房投资的投资者,我至少可以从升值的房子里套出不少的现金,或者直接将房子卖掉赚上一大笔。

不过,出人意料的是:一则利率不仅是上升了而且还很快很猛;再则在利率突然大幅上升之后,房市的不景气不仅让房价下跌,还让卖房变成一件困难的事。这样一来,原来想好的退出的路子就被堵死了。大批的房奴就只好唱空城计,弃房违约了。

出现这种结局有两类可能的原因:房贷经纪公司和银行有误导的嫌疑,他们没有将可能的结果给贷户讲清楚。比如,如果利息上升,会对月供发生什么影响:变动利息很多在几年之后自动转为15、20,甚至30年的固定利息,而且还是基于已经上涨不少的基准利率,其结果要比变动利息高很多。

想想看,在联储基准利率为1%时,如果你30年的固定利息为5.85%,那么,在基准利息为5%时,你是不是有可能得付7.5%甚至更高的固定利息了?这个3.65%的额外利息负担,对于将每一分钱的用处都事先算好了的家庭,其所面临的压力和尴尬,是可想而知的。

当然还有监管部门的放纵。也还有格林斯潘老先生这位美联储前主席,他在利息不应该保持低位时保持了太久。而在他觉得利息必须大幅度提高时,又因为提升太快,造成这许多的次贷贷款者没法支撑下去。美联储大幅度提高联邦利息,是"制造出"大量次贷违约的重要直接原因之一。如果联储"能够"继续保持几年低利息,很多次贷者或许还能够再熬几年。

问题是,那时候宏观经济的过热又是美联储已经面临和处理的问题。当时,格林斯潘在决定用大幅提升联邦利率来给过热的美国经济降温这招时,是不是注意到了可能导致的大面积的房贷按揭违约?如果联储即使升息,也只是小幅慢升,并且还是冒经济持续过热的风险,将低利息继续保持一阵,那么,现在的结果又会是一个什么样子的呢?这些都是值得人们去研究和思考的问题,虽然历史无法假设。

经济的持续过热,会制造出更多的股市和房市泡沫,这是无疑的。

而只要是泡沫，就有破灭的时候，不同的只是迟早的问题。但最终的长远结果会是怎样的？对于泡沫保持时间长度的最佳年限的分析，或许会是一件很有趣的事情。

投机房市欺诈盛行

图 9—5 是美国房贷欺诈数量的年度变化图。从 2003 年开始，美国骗贷案件数量明显增加，而 2003—2004 年间，美国不少地方的房价年增长率高达两位数。在 2005 年时，骗贷的人越来越多，说明有太多的人在想办法买到一栋房子。这又是由于对房价将继续上涨的预期在起作用。到 2006 年时，欺诈案例相比 2005 年有大幅度的下降，这说明人们开始变得"理性"一些了。"太想"买房子的人变少了不少。这说明已经有不少的人注意到房价已经太高，不值得冒险投机了。

图 9—5　美国房贷欺诈数量的年度变化

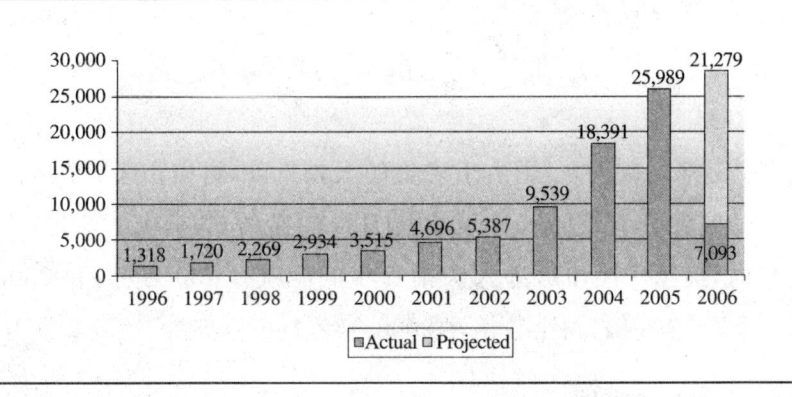

年份	数量
1996	1,318
1997	1,720
1998	2,269
1999	2,934
2000	3,515
2001	4,696
2002	5,387
2003	9,539
2004	18,391
2005	25,989
2006 (实际)	7,093
2006 (预测)	21,279

（2006 年实际发生 7,093 起，低于预测的 21,279＋7,093 起）
（资料来源：www.fincen.gov，Mortgage Loan Fraud，2006 年 11 月）

很有意思的是，2006 年实际发生的欺诈数量，远低于在 2005 年时人们估计在 2006 年将要发生的数量。这从一个角度可以说明，一般的

第九章

民众的购房行为还是理性的。事后很多购房者的"理由"和"借口",可能并不是当初的实际情形。这些投机购房者在自己的投机失败之后,想将罪过全部推到他人身上。

同时,这从另一方面可能也说明,在 2006 年时借款机构对借款者资质的考察更加严格,使得那些想"欺诈"骗贷的投机者缺少可乘之机。也就是说,只要有利可图就有人期望"犯罪"获得机会,但是,如果你从放贷的源头——银行——把好关,这些人骗贷得逞的机会就会小很多。换句话说,骗贷的得逞,在很大程度上是银行自己的过错,是他们把关不严的结果。

如果美国政府能够在 2004—2005 年时就开始采取行动,来抑制房市泡沫,那么,可能也不会发生那么多金融机构在 2007 年加大金融杠杆来投机房贷按揭 CDO 的问题。那么,由于投资房贷 CDO 造成的损失,也会比现在看到的要小很多。这又带来房市泡沫的萎缩和抑制,这样一来,危机即使发生,它的杀伤力和影响可能也会小很多。从这点上来看,中国对于房市泡沫抑制的及时出手,似乎是比美国政府要明智一些。

第四节 房市泡沫的破灭

房市泡沫的破灭,一则由于房价的大幅下降,再则由于月供成本的大幅提高和房价下跌的双重压力所引致的违约比例的大幅上升。在 2007 年时,美国居民住房进入法拍程序的房屋有 130 万栋,和 2006 年相比上升了 79%[①]。这个数字在 2008 年又上升了 81%,达到 230 万栋。

房市泡沫的形成

前面说过,美国房市泡沫的产生和吹大,最关键的还是因为放出房

---

① "U.S. Foreclosure Activity Increases 75 Percent in 2007". RealtyTrac. 2008-01-29.

贷的按揭违约风险能够被转移:那个 CDO 和不需要放贷和打包金融机构自己担保的 MBS 的出现。

虽然我们谈论了很多推手和拉手,最核心的一点还是在这个风险转移上。正是由于风险能够被转移,所有参与房市从建造到卖出到拥有的每一个环节的人,似乎都将成为赢家。正是这种在当时看来的多赢局面,让每个参与者都有积极性将自己那部分做到"极致"。

在当时,为了让更多的人能够买得起房子,各方是想尽了办法。零首付让你的启动成本减少,变动利率和灵活付款,又让你启动"无感觉"——拥有一栋住房在开始时几乎感觉不到来自还贷方面的压力。

有的造房公司甚至还动手脚,将你所买的房子来个"双轨制"——你报给银行用于贷款的价格,高于你实际需要支付的价格。举例来说,一栋 80 万的房子,在银行贷款那里是 95 万,你的零首付,能够让你既住到房子,还能够同时得到 15 万现金。

次贷危机,从另一个角度来说,就是由于一系列的原因和动机,制造了一个房市的虚假繁荣,制造了一些虚假的需求。这里的需求,你也可以说是实在的,因为每个人都想居者有其屋,不过却有一个是否负担得起的问题,也就是一个是否有购买力的问题。

买房子,还不像我们去商场买件衣服。在美国,很多人在商场购物有多买的习惯,商场也鼓励你这么做。在那里如果你买后不喜欢,退回给商店也很容易。商场在多数情形下,对方连问你为什么要退都不会。而且在有的地方,即使你没有发票他们也会为你全款退货。① 这种消费习惯,估计对美国人购买房屋的行为也有一定的影响。因为习惯成自然,而在成为自然之后,可能会对普通消费者造成错觉,以为买房子跟买

---

① 美国公司的这种慷慨的"退货"政策在进入中国国内市场后立刻就停止了。很多大的连锁店在美国国内和美国国外使用了差别很大的退货政策。这是不是构成歧视,是一个值得研究的现实问题。

第九章

一般消费品没有什么区别。

　　看着房价一天天地上涨，看着电视上每天播放的通过买房投资，从无到有发财致富的一个个活生生的故事，看着身边朋友由于买有房子，能够从这个"房子银行"一次次"取出"大量金钱，做自己想做的任何事情的事实，在房市火暴的时候，对于很多人，拥有一栋房子，丝毫不亚于亚当和夏娃对伊甸园里智慧树上苹果的渴望。于是乎，很多人选择了房子这个大苹果，吃下了，在一条条蛇的诱惑之下。

　　我相信，不少的次贷购房者是带着既兴奋又忐忑不安的心情，接下那把沉甸甸的房屋大门钥匙的。可是，不少人没有意识到，当你将房子"买回家"之后，不论你是否喜欢，也不管你是否承担得起，你都是不可以退掉的。因为，卖给你房子的人，不可能再将房子收回去。对于银行，房子不是它卖给你的，银行只是借钱给了你让你去买你所喜欢的房子，他们当然没有理由要你的房子。再者，办一次借款还有不少的费用。不过，由于你的房贷是用你的房子做抵押进行的，万不得已时，那是银行不得不收回的"退货"。

　　也是在有线电视网 CNBC 那个著名的"纸牌房屋"（House of Cards）的电视节目里，我看到一对黑人夫妇的女主人，在"诉说"当年她们购买房子时被人"骗"的经历。

　　开始时他们几代人一直住在市区的贫民窟里。那里最普遍最常见的除了毒品、斗殴就是枪声。住在那里的孩子不读书，也没有读书的环境和习惯。成人之后的他们，既没有文化也没有技能，结果是一代代的"低水平重复"，靠着政府的救济苟且偷生。

　　那对夫妇实在是无法忍受那种日子，期望给自己的孩子营造一个好的生存环境——将孩子送到一个好的学区去好好读书，期望借此打破历代的"低水平重复"的恶性循环。没想到，他们异想天开的愿望，还真的实现了——负责房贷的经纪商给他们送来了一把房子的钥匙，它能够打开一栋漂亮的,位于市郊一个高级住宅区的大房子的大门。

连大学文凭都没有的夫妇俩收入很低①,也没有很好的信用记录,一步登天的感觉,让他们真正意识到在美国就是得敢想敢干。结果是,才两年的功夫,他们就不得不违约放弃。放弃之后,还有很多怨言——为什么那个可恶的经纪商要给他们这种人发放房贷!难道银行不知道他们这种人是负担不起那种房子的吗?

对于这种逻辑,我是没法理解的。估计这样的例子在次贷危机中的美国不是唯一。否则那个电视片也没有必要花那么多的时间来描述这个故事。

通过贷款买房子的人,他只是买了一部分房子,也就是他所支付的头款部分。另一部分实际上是银行买走了,银行其后又慢慢再"卖给"你。而用零首付买房子的人,是一分钱都没有付,就将房子给扛回家去了。

当房价下跌时,你退回给银行的"旧"房子,由银行来处理。拍卖出去,一栋处理下来的平均费用可能是十万美元左右。对于银行来说,负担非常巨大。不过,如果那笔贷款按揭已经以 CDO 或者 MBS 的形式卖给了投资者,那么,这些负担就不再是银行的了,而是投资者的。银行这时候只是一个服务机构,违约对它而言可能还不是一件太坏的事情。虽然银行方面断了一笔今后若干年可以获得的服务费,但处理违约的房子,也还是可以收取一笔处理费的。

房市泡沫的破灭

只要是虚假的需求,那就是泡泡,自然就有破的时候。问题是,当时

---

① 在美国没有受过大学教育又能够跻身中产阶级的比例很少。那些后来成功的人士,像比尔·盖茨,他们有资格上大学而放弃,和那些没有资格想上大学而不能够做到的相比,不可同日而语。简单论述没有大学教育也能够生活得很好,人们在不少的时候是在自己误导自己,自欺欺人。

第九章

有哪些因素在引发和推动这场吹泡泡的游戏呢？

人们都想拥有房子，需求在那里。当时口袋里面没有钱，需求没法变成现实。上面讲的次贷形成的一套程序，给了方便，很大的方便。但是，那也只是可能。你即使零首付，也得至少能够付得起当时的月供。为此，拥有房子的成本就得大大地降低，这个工作由联邦政府提供了。是格林斯潘的一再降低利息，让人们借钱的成本变得异常的低。同时也是其后他的一再提高利息，让这帮陷入困境的房奴们，奋起而"闹革命"。因为，他们在更高的利息面前，实在是承担不起。要钱没有，要命有一条。

对于购房投资的那部分人而言，一般并没有多少人期望长期持有。但很快，他们发现自己的房子没有人接盘。自己实际上是在高位买进了。与此同时，房贷利息在前两年的低息之后，突然上升很多，从4%升到8%！一个50万的贷款，4%的利息上升，相当于每年2万元的额外利息负担。他们没有这个钱。[①]

更可怕的是，在开支增加的情况下，收入还在减少，有的人几乎在一夜之间丢了工作，没有了收入。于是，这些人就没钱支付任何房贷了，更不用说那个已经增加很多的月还贷额。

与此同时，房价的下跌，两年前花80万买下的房子，现在只值65万。如果那时候你从银行是按照90万拿到的贷款，那你就更没有意义去坚守你的负资产了。很多人在这种情况下，选择将房子留给银行，自己搬走了事，一走了之。此时违约就发生了。

我喜欢从人们的理性决策角度来思考问题。在房市最热火朝天的时候，美国房市新交易的房子中有五分之一是以投资为目的进行的。如果房价只是每年上升5%—6%，按揭贷款拿到6%的年利息，外加地产

---

① 实际上的变动利息（ARM）可能没有那么高，这里只是一个比喻而已。

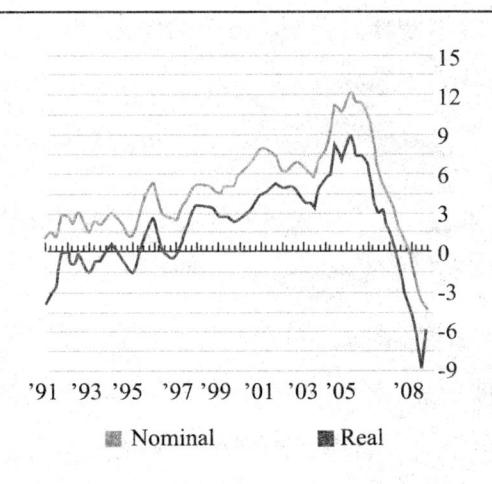

图 9—6　美国房价的相对变化图(年与年之间,%)

Nominal　Real

(资料来源:美国房地产商协会)

税(2%)和维护费等,买房子投资就是一个只亏不赚的赔本买卖①。不过,如果你买的房子能够通过出租来获得租金,并且这个租金还能够承担起你在付出 20% 头款之后的房贷按揭的月还贷的话,那么,你每年 5%—6% 的房价上涨就是一个不错的投资结果了。②

不少的美国房市投资者选择的就是这种有租金收入的投资,而且一守就是十几年,有的甚至是好几代人。通过这种办法,在房价很低时买一些,尽量租出去让租金来养房子,最后家族积累起大量财富的例子也不在少数。

---

① 如果自住就有一个节省房租和享受住房的价值的好处,那样一来可能还有小赚或者至少是不赔不赚。
② 在《价值投资:股市投资制胜之道》中,我对房市投资的合理性问题,举了几个例子并进行了详细的分析。

第九章

不过，他们的做法和次贷危机中因投资房市投机失误而违约的那些人很不同。这些投机者就相当于是在上证指数5,900点时跟进的赌徒，在3,000点时不得不抛盘。而那些成功的美国房市的投资者，则相当于是在上证指数下跌到1,700点，别人因恐慌和压抑而不敢买进时，适度建仓一些绩优股并且长期持有的股民，而且那些买入的股票还能够每年给他带来不错的年度分红。

美国十大城市的房价变化

在2008年8月时，美国所有房贷按揭中，9.2%的部分已经出现违约或者进入法拍程序。在2009年第二季度时，在美国房屋市场等待销售的住宅中，有40%是被强制法拍的违约房。从2007年8月到2008年10月，有93.6万栋居民住房已经完成法拍。在2008年一年之中，加州和佛罗里达州法拍的房屋数量占到全部法拍数的41%。由此可见，泡泡越大的地方，泡泡破灭之后产生的泡沫也越多。

表9—2是美国十大城市十一年间房价的变化，以及2007年、2008年时房价相对于头一年的变化情况。十大城市的房价在十一年间平均上升了144%，而最厉害的洛杉矶则上升了193%。

表9—2 美国10大城市的房价的变化(%)

	1997—2007 变化(%)	2007年9月（比上年变化%）	2008年9月（比上年变化%）
十大城市综合	143.8	−5.5	−18.6
拉斯维加斯	110.7	−9.0	−31.3
旧金山	149.6	−4.6	−29.5
迈阿密	156.0	−10.0	−28.4
洛杉矶	193.1	−7.0	−27.6
圣地亚哥	161.0	−9.6	−26.3

	1997—2007 变化(%)	2007年9月 (比上年变化%)	2008年9月 (比上年变化%)
华盛顿特区	143.4	−6.3	−17.2
芝加哥	79.4	−2.5	−10.1
纽约	143.2	−3.6	−7.3
波士顿	108.5	−3.2	−5.7
丹佛	63.9	−0.9	−5.4

(资料来源：美国标准普尔)

圣地亚哥、旧金山和迈阿密的涨速都超过了十个城市的平均水平，他们也是在2007年到2008年期间房价下跌最厉害的地方。由此造成的违约率也最高。

按照2008年第三季度底的数据，美国的平均房价下跌了16.6%，而上面所指的十大城市则下跌了18.6%。如果按照通货膨胀调整之后的不变价格计算，降速甚至高达20.8%。

想想看，在2002年时，美国年收入在12万以上的家庭所拥有的住房的中间价为22.5万美元，2009年第二季度时美国的中间房价已经跌到了2002年时的水平。可是，我所看到和见到的，很多都是年收入5万—6万美元的家庭，一买就是50万、上百万的房子。而且在加州很多地方，50万的房子还很小。这种收入和房价之间的极不对称，无可避免地会造成后来的还贷麻烦。

美国的房贷违约

历史上美国房贷违约一直就有，不同的只是多和少的问题。同时，并不是只有次贷按揭才有可能违约。借款买房子最后违约不还贷的原因各种各样。次贷违约率高，是因为次贷借款者在开始时就有个勉强负担按揭的问题，风险自然就高。

从数据看，也不是所有的次贷最后的终结都是违约。据我所知，不

第九章

少的新移民由于自己工作的特殊性,家庭收入主要是现金,纳税也比较少。虽然他们的收入相对不是很高,但节俭还是让他们有能力购买房子。这类人中的多数,在银行看来不是很有资质的借贷者,他们在正常情形下获得贷款也就比较困难。次贷危机前对房贷标准的放宽,至少为这批人提供了购买房子的机会。他们的贷款是名义上的次贷。

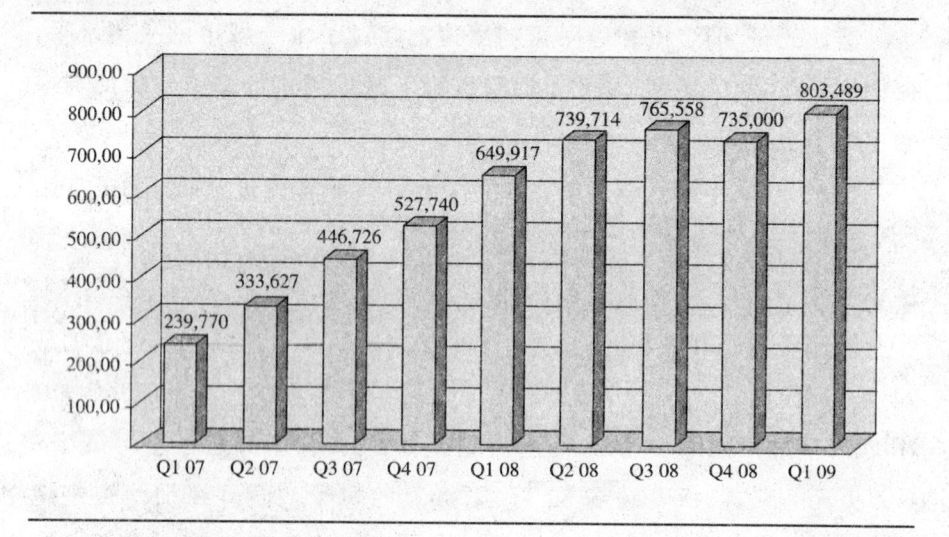

图 9—7   2007—2009 年美国遭受法拍的房屋数量[①]

Q1 07	239,770
Q2 07	333,627
Q3 07	446,726
Q4 07	527,740
Q1 08	649,917
Q2 08	739,714
Q3 08	765,558
Q4 08	735,000
Q1 09	803,489

(资料来源:RealtyTrack)

还有不少的非次贷最后成为违约按揭,则是因为收入来源发生了变化,像失业、伤残、家庭成员生病等。实际上还有很大一部分违约的原

[①] 有人对于 2008 年第四季度低于第三季度的数据提出怀疑,这些数字应该是真实的。至于下跌的原因,是因为当时各个州采取了一些措施,给房贷者多一点时间来处理资金紧张问题的结果。详细的数据,请参阅:Catherine Clifford,"Foreclosure filings spike 71%",October 23, 2008, CNNMoney.COM。对于 2007 年时各个州法拍的数字,请参阅:U. S. Foreclosure Activity Increases 75 Percent in 2007,Jan. 29, 2008 - RealtyTrac® (realtytrac.com)。

因，在于在房市牛市时，大量的信用和收入不错的家庭买了太多的房子，最后扛不下去而只好违约。在房市泡沫的最高峰时，从美国人的购房动机来看，有高达20%的是以投资为目的的。

图9—7是按季度统计的美国房贷违约后被法拍的数量[①]。从这张图可以看出，从2007年开始，被银行收走法拍的房屋数量每个季度都在上升，而且上升的幅度还很大。

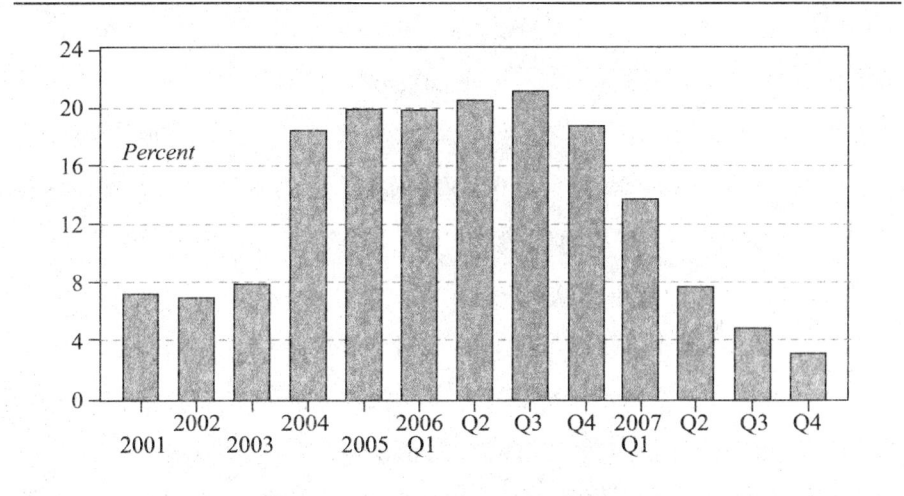

图9—8　次贷占房贷的比例(%)(2001—2007)

（资料来源：哈佛大学"2008 State of the Nation's Housing"）

房贷违约的大部分发生在次贷类房贷中。在2007年3月，美国次贷按揭的价值是1.3万亿美元，涉及750万个房贷。在2004到2006年之间，次贷在整个房贷中的比例是18%—21%，比2001到2003年之间

[①] 违约的结果不一定就是法拍，法拍是在没有办法的情况下银行的选择。在法拍之前，银行还采用其他办法处理了一批房贷违约的房屋。所以，违约率要远高于法拍所表现出来的规模。

第九章

的10%的比例增加了一倍。从图9—8可以看出，在2004年到2006年之间，美国金融机构贷出的次贷比例最高。

2007年第三季度时，选择变动利息（ARM）的次贷占到美国全部房贷的6.8%，就是这区区6.8%，却构成了从那时开始的房贷违约的43%。在2007年10月，次贷中采用变动利率的房贷，有16%已经成为呆账死账，也就是逾期90天未支付房贷按揭或者已经进入法拍。这一比例在2008年1月上升到21%，2008年5月上升到25%，也就是四分之一。

到2006年底，美国家庭用住房的房贷总额为9.9万亿美元，到2008年年中时则上升到10.6万亿美元。伴随着这种借贷的快速上涨，房贷违约数量也在大幅上升。2007年时，美国违约房屋进入法拍程序的家庭用住房有130万个单位，在2006年的基础上上升了79%。2008年时，这一数字上升到230万个单位，又在2007年的基础上上升了81%。在2008年8月时，美国所有的房贷中，有高达9.2%的要么已经违约被法拍，要么已经进入法拍初始程序。①

在房市泡沫越是疯狂的地区，其房价下跌的幅度也越大，违约的数量和比例也越高。在全部50个州中，10个州的法拍数占到全部法拍数的74%。而加州和佛罗里达州则占到全部的41%。在2007年8月到2008年10月期间，已经完成的法拍房屋数量已经高达936,439个单位。在2008年，在美国所有靠按揭购买住房的家庭，平均每100家就有1.84家遭受法拍的命运。

房市泡沫变小和格林斯潘的误读

2006年时，美国房价开始下跌，市场上待售的房屋数量开始累积增

---

① 这里的法拍房屋数量，是当年在市场上进入法拍程序的房屋数量。参阅："RealtyTrac Press Release 2008FY". Realtytrac.com. 2009-01-15.

加,法拍数量和比例也开始累积增加。这种种经济数据已经表明,房市已经开始从巅峰下降了。在2006年5月的《财富》杂志上,一位作者感叹:房市泡沫总算开始变小了。

但是,即使在那个时候,房地美的首席经济学家,还有哈佛大学房屋研究中心的主任,这些大腕级的经济学者们还在振振有词地说:良好的就业水平,"婴儿潮"对房产的大量需求,外加大萧条以来美国房价持续上升的历史,让我们怀疑房价将会大幅下跌的可能性。

事实上,很多金融界的人们,就是基于这种思路来思考,来赌美国房市不可能大幅下跌的。注意,这里说的逻辑并没有错,错在消费的严重超前和房价被严重高估。

格林斯潘当时也没有看出问题。他先是说,即使有些泡沫,那也是地区性的。美国各地房价变化的幅度差别很大,那些涨得太快的地区,泡沫变小适度下调一点似乎也很合理。到2007年夏天时他才开始意识到,一个个的地区性泡沫的累加,最后会变成一个全国性的房市泡沫。[①]不过即使如此,他当时可能也没有看出,那个泡沫的刺破和他的联储货币政策的强烈相依关系。

图9—9比较了最近两次房市衰退期间美国房价的变化:这次次贷泡沫破灭之后房价的变化和1990年代那次房市衰退之间房价变化的关系。这种比较是基于凯斯-席勒房屋价格指数来进行的。从1989年10月开始的房市衰退,到1994年初时也不过才下跌了8%,而且,这种下跌还是在好几年时间里缓慢完成的。这次的次贷危机泡沫,房价从2006年6月开始,到2009年上半年,就下跌了33%。幅度之大,速度之快,是上一次衰退所不可比的。也正是这种"史无前例",让人们难以相

---

① Greenspan:"Local bubbles' build in housing sector". *USA Today*. 2005-05-20. Greenspan:"Alert on US house prices". *Financial Times*. 2007-09-17.

第九章

信它会发生和已经发生。

人们比较相信历史的重复,同时也很容易被历史所愚弄。正是由于看到了这个历史上"最坏"的房市房价下跌情形,人们才会自我说服:房价下跌最大也不过8%,所以,如果不让投资者承担这个可能的8%的下跌损失,他们在房贷CDO上的投资不就是很安全的吗?看上去很有道理的理论,让投资者数以万亿美元计的投资亏损巨大,使数以千万计的投资者,对自己的养命钱的管理行同儿戏。

图9—9 美国房市泡沫破裂后的房价巨跌情况

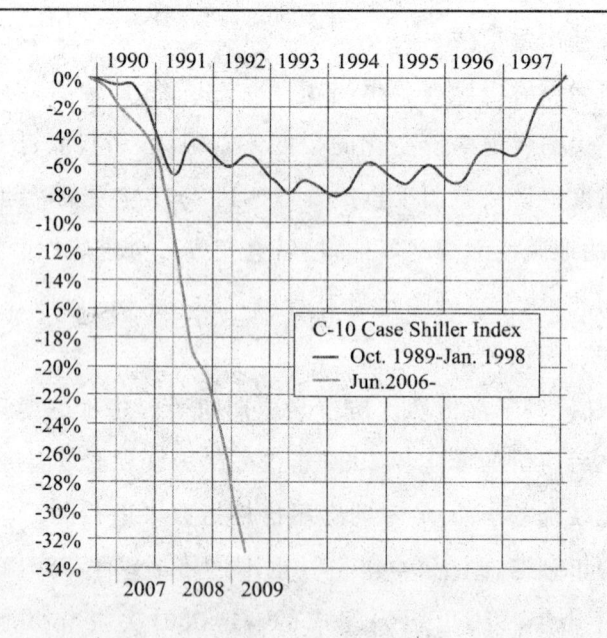

(资料来源:Shiller, Robert ①)

---

① Shiller, Robert (2005). *Irrational Exuberance* (2d ed.). Princeton University Press. ISBN 0-691-12335-7。2006年以后的数据是基于Case-Shiller指数推出来的。

第五节　金融杠杆的过度使用

至此为止,我们已经很清楚地理解了房市泡沫和次贷危机的产生根源和产生过程,那么,次贷危机又是怎样向全面的金融危机转移的呢?金融危机最后又为什么会导致全面的经济大衰退?在下面两节我将回答这些问题。

前面提到,这次金融危机的最大特点是,大量的投资银行、银行和保险公司等金融机构,在次贷危机中投资损失惨重。而出现这个结果的重要原因,除了低估风险之外,就是对金融杠杆的高倍数使用。原本以为,对于风险极低的投资对象,采用高倍数杠杆投资应该不是什么大问题,没想到结果却是对高风险的投资品过度使用了金融杠杆。这又将已有的危机风险被极大地放大了。由于这个原因,在分析金融危机的传递过程之前,我们先来看看美国金融公司在危机之前对金融杠杆的使用情况。

金融杠杆与投资理性

金融杠杆就是四两拨千斤,用极为少量的自有资金,去调动(借)他人的庞大资金来为自己谋利。

举个简单的例子:你在 2005 年时在上海某郊区看中了一栋别墅,价码为 100 万元人民币。你用 20 万元作为头款,买下了那栋房子,并且将支付 6% 的年利息。两年之后的 2007 年,你以 200 万元的价格把房子卖掉了。你 20 万的本金,在两年时间内,获得的收益是 200 − 80 − 20 − 4.8×2 = 90.4(大约①),净赚九十来万。你的 20 万本金变成了 110 万

---

① 没有计算复利的影响,有兴趣的读者,请自己计算出更精确的数值,这里的目的主要是说明原理。

第九章

的样子(你在房子上的净资产),投资回报450%。在这里,我做了简单化处理,假定你卖出房子时才一次性付利息,而且没有计算复利的影响。

如果你不贷款,你需要100万元才能获得同样的结果。你同样获利90万,相对于100万的本金,你的投资回报就是90%。不使用金融杠杆投资时你的投资回报可能会低很多,资金的使用效率低一些,看来是一件坏事。不过,这种不借钱的好处还不仅仅是你可以省下将近十万的利息支出,更重要的是你投资的安全性要高很多,同时也不用担心付不出月供的问题。

在这个例子里,你用20万拨动了100万的投资额度。这种借鸡下蛋的办法,在鸡正常下蛋时,你不会有什么问题。但是,如果你借的鸡生病甚至死了,你可就麻烦大了。如果使用不当,这种杠杆不仅不能让你拨起千斤,还将成为绑在你身上的铁千斤顶,带着你沉入污浊的泥潭深水。这次的次贷危机,出现的就是这种结果。不合时宜的高倍数的金融杠杆的使用,让无数的内行投资人就此溺死呛死。

当年中航油的巨额期货投资损失[1],可能还让人记忆犹新。英国一家古老的实力雄厚的银行,巴林银行,也因期货投资失利亏损14亿美元而破产[2]。中航油如果不是中国政府的救助,实际上也已经破产了。这种期货交易的杠杆可以放大到几十倍甚至更高,自然风险也要大很多。

对杠杆工具的运用,连一向保守的巴菲特也做过,他在一次对外汇的杠杆阻击中,损失惨重。在这个行当,他还是不如索罗斯高明和老到。

---

[1] 周勇刚:"中航油重组应对巨亏危机 近期将重新成立新公司",《中华工商时报》,2004年12月8日。当时,由于预测石油价格将会下跌,结果在油价到55美元一桶时,就亏损高达5.5亿美元。如果坚持到后来油价到达147美元的高度,亏损会是多少?

[2] 巴林银行破产的直接原因,是新加坡巴林公司期货经理,错误地判断了日本股市的走向,在1995年1月份,分别在东京和大阪等地买了大量期货合同,指望在日经指数上升时赚取大额利润。谁知日本阪神地震打击了日本股市的回升势头,股价持续下跌,结果造成14亿美元的巨额亏损。

杠杆还是有可以利用之处的,但其中的风险控制非常关键,你得知道自己的底线在哪里,最坏情况发生时会是一个什么样子。或者说,你得知道自己能够接受的最坏结果,并且在那个结果到来之前及时停下来。这很有点像在绿灯转红灯的那一瞬间,开车闯过路口的感觉:如果你把握不准,轻则可能会被警察抓住吃罚单,重则,可能会被人撞倒,不仅吃罚单,损失财产,连自己的小命可能都会丢掉。

注意,任何投资都是基于某种预期来进行的,也就是说,你在做出投资决策之前,已经预测了投资对象价格的变化趋势。如果趋势按照你的意愿变化,你就投资成功获得利润,否则你就面临亏损和投资失败。在这里非常重要的一点就是,在你所假设的"不可能发生的情形"发生时,你的基于高额杠杆倍数的对冲,就会面临很大的风险。这次危机的情形就是这样:假设不可能大幅下跌的美国房市,结果是违反了所有人的意愿。那些基于这种假设设计的对冲工具,通过高达30倍的杠杆放大,结果是将精英无数的银行、投资银行、保险公司、退休基金管理者和大学基金管理者给扳倒了。

当年国际金融投机家们,就是利用各种复杂的金融杠杆工具,以自己小额的资金,来阻击亚洲各国的股市和货币。最后,他们在一些地区成功获得巨利,同时,在另一些地区却遭受到顽强的抵抗,结果也留下了不少铩羽而归的记录。

贪婪是人的本性。但理性也同样是人的特长,我们应该学会控制自己的欲望。

美国投资银行的杠杆使用

美国许多投资银行在这次金融危机中出现问题,就是所使用的金融杠杆的放大倍数太高的结果。图9—10是美国五大投资银行在2003年到2007年的五年中,所使用的金融杠杆的倍数图。从中可以看出,在金

第九章

融杠杆的使用上最勇敢的是贝尔斯登,一直就是使用25倍以上的杠杆,并且在2007年时使用高达30多倍的杠杆。在开始时相对比较保守的美林,在2003—2005时使用的放大倍数不到20。可是,在2007年时也加入了"不要命"俱乐部,采用了30来倍的金融杠杆进行投资。相对比较保守的高盛,也在2007年时使用了25倍的杠杆放大。

他们之所以能够这样做,主要还是因为2004年政府放松了对金融业的监管,让他们能够借更多的债务。而他们在获得这些借款之后,又大量购买了次贷打包债券CDO。结果由于这些债券的大幅贬值,终使自己遭受巨大的投资损失。从这点来看,政府监管不力是一个严重的问题,但企业自身的贪婪和经营不善也起到推波助澜的作用。

美国房市在2005年到达顶峰,其后种种迹象表明,房市即将开始降温。耐人寻味的是,美林在2006年时还能够相对保守地采用20倍的杠杆,可是到了2007年时,却再也忍不住了,金融杠杆一下放大到32倍左右,结果是往刀口上碰。

由于对风险很大的房贷CDO的高倍数杠杆投资,这五大投行都是损失惨重,最后都没有什么好结局:雷曼倒闭破产;贝尔斯登低价出卖自己;美林的结局也是一样,被以极低的价码卖给了美利坚银行,而且获得的还是后者的股份。而摩根斯坦利和高盛则"自觉"革新,变成商业银行,接受严格得多的政府监管,打算从此重新做人。

和雷曼使用同样倍数金融杠杆的摩根斯坦利得以继续生存下去,是得益于一家日本银行对它的90亿美元的注资,换取了该公司21%的股份,可以说是日本人救了它。[1]

---

[1] 2008年9月21日,摩根斯坦利公司改变身份成为一家商业银行,9月29日,同意接受日本最大的银行三菱日联金融集团(Mitsubishi UFJ Financial Group)的90亿美元的注资,换取对公司21%的控制权。该购买协议在2008年10月14日完成。

图 9—10　美国五大投资银行的金融杠杆使用

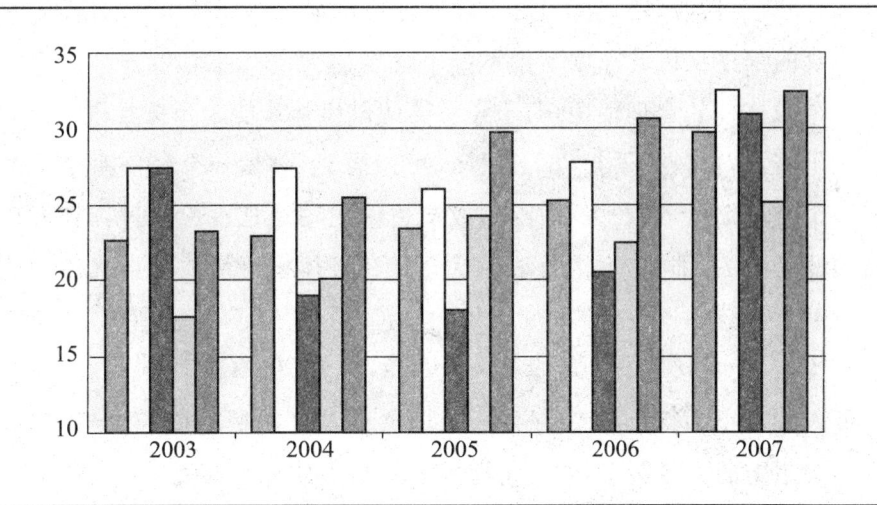

（图中顺序从左到右：雷曼、贝尔斯登、美林、高盛和摩根斯坦利）
（数据来源：公司的年报和季报）

从结果来看，公司的损失大小，与当时所使用的杠杆倍数成很强的正相关性。

去杠杆化的后果

在危机发生之后，许多银行为了自保，先做的工作就是清理内部账户，将风险比较大的资产尽可能清理掉，同时压缩自己的债务规模——去杠杆化。

所谓金融市场的"去杠杆化"（Deleveraging），就是大量金融公司减少自己账户上的借款额度。不过，在危机发生之后，要做到这点并不容易，因为，你减少借款，就得先卖出你借款买来的投资品——那些房贷债券，而你要想完成这种卖出的愿望，就得有人愿意买进你那吐出的债券才行。由于大家都在抛盘，卖者众多买者寥寥，最后在市场上供求关系

第九章

决定了要么找不到买主,要么就得削价处理。在危机最严重的2008年底和2009年初时,还一度出现了即使降价也很难找到买单者的情形,去杠杆化的程序也因此一度不得不告一段落。

金融杠杆的合理使用,对于经济体的健康运作能起到重要作用。它扩大了需求,也扩大了投资的规模。可以想见,如果一个经济系统中的每一个经济个体,都在去杠杆化,或被迫或主动地把过去通过杠杆方法借的钱还回去,那么,直接的结果就会是经济体中可用的资金规模的大幅萎缩。

当然,受直接影响的就是过去从事这一行的机构和个人。这是一个雇员人数不小的行业,特别是对于美国这种以服务业为主导的经济体而言。华尔街的大量裁员,在一定程度上就与去杠杆化有关。

美国的投资家比尔·格罗斯,被誉为债券之王,他曾经在2009年初时分析说,美国的去杠杆化进程,是导致美国三大主要资产类别——股票、债券和房地产——价格整体下跌的原因。而且,随着全球金融市场去杠杆化进程的继续,还将导致更多大宗商品,包括黄金、钻石和谷物等,价格的大幅下跌。

他说,一旦进入去杠杆化进程,风险利差和流动性利差就会上升,资产价格也将因此受到冲击。并且这个进程还是互相影响和彼此强化的:当投资者意识到次贷债券的风险,为此解除在次级债券上的投资杠杆时,那些和这些债券有套利关系的其他债券、同样持有这些债券的其他投资者,甚至是他们同时持有的其他债券品种,都会不同程度地受到影响。

这个过程可能会从有问题的债券开始,然后蔓延到无问题的债券,并最终影响到市场的流动性,造成流动性萎缩,而这又会冲击实体经济。这个过程就是金融危机的演进过程和金融危机到经济衰退的过程。

第六节　金融危机三波冲击

上面关于金融公司杠杆使用的说明，事实上已经分析了从次贷危机到金融危机的传递过程。在这里我再比较全面地总结一下传递的过程和机理。由于有些部分已经在前面有比较详细的分析，在这里我将只谈谈银行危机的产生和金融危机的演进过程。

银行的危机

银行作为第一线与民众打交道的金融机构，是这次危机中比较早出现困境的金融机构。银行既然已经将手中的房贷都打成包，卖给了华尔街的投资银行，或者两房和 GNMA，应该是没有多少风险了，为什么他们会破产呢？为什么最先出现危机的，数量最多的又是银行呢？对于这一点很多人不能理解。

在生意红火的时候，做次贷是最赚钱的生意，因此，银行自己有意识地留了一部分自己享用，没想到这一部分，到 2008 年夏天之后就"变味"了。这部分被认为是安全的贷款，也出现了不少的坏账，给银行造成了不少的损失。

购买了总部设在克里夫兰的国民城市银行（National City Bank）的 PNC 银行的老板曾经说[1]：美国的银行不应该为金融危机承担全部责任，危机的造成是大家共同"努力"的结果。两房宽松的贷款标准和美国政府放松的监管，外加市场对房价将继续上升的预期，是造成危机的三大主要原因。即使对于在危机中倒下的国民城市银行，其实它的核心主业还是非常健康的。它最终是倒在自己的不良资产上，这些资产的大面

---

[1] The Plain Dealer, 2009 年 5 月 15 日, C1.

第九章

积贬值使得它最后拿不出监管和法律所需要的现金储备来。言下之意,如果国民城市银行手里的那部分坏资产能够一直按照原价值记账,给予时间,这家银行最终也能够独立生存下去。它的主业不错,只要时间允许,它还是可以慢慢赚钱弥补亏损的嘛!

国民城市银行是倒在非主业的经营上,而且这种经营还是没有办法的"形势所迫"。对于美国银行来说,其60%的收入依赖于存贷之间的利息差。而在几年前,由于利息被压得太低,银行在主业上几乎赚不到什么钱,只好在其他方面寻找补充。次贷债券就是一个很重要的来源,而且,它在当时还是一个"公认"比较安全和利润很高的来源。

不过,PNC银行老板的这番话至少解释了,为什么那么多的银行都一起出现了问题:他们都没有意识到那里面的风险,都不觉得会有那么大的风险。

在这里,有一种关系我们得注意:银行是靠以比较低的利息获得存款,然后以比较高的利息贷出去,获得一个比较理想的利息差,来求得生存的。当时,由于很难得到一个比较理想的利息差,他们就投资了不少的AAA级别的房贷债券。结果被华尔街给"耍"了①,投资的结果是巨额亏损。这就相当于他们借了储户的钱,但是自己投资亏了。

由于这种亏损,让不少的银行最后破产,拿不出钱来还给储户。结果是,美国联邦政府不得不出面来弥补这个空缺。在美国银行的存款,通常有10万美元为限的联邦储蓄保险公司FDIC②担保。在大量银行破产之后,FDIC估计,在今后五年之类,用于兑现担保而必须付出的政府补贴,可能高达700亿美元。

---

① 有的是自己耍了自己,直接贷出了许多不该贷出的款项。那时的房贷市场竞争很激烈,为了获得贷款者,不少的银行和经纪公司都在降低条件相互竞争、对杀。

② 这个联邦担保额在危机之后增加了,为的是稳住储户避免不必要的挤兑。华盛顿互惠银行就是因为挤兑而破产的。

次贷危机与金融危机

由于放贷再转手卖出去一度是最赚钱的生意，有一段时间，各个银行拼命争夺次贷对象，结果自己积累了大量的质量很差的贷款。等到银行想将这批贷款卖出去时，才发现市场上没有买家。开始时可能还是因为价格的问题，多赚和少赚之分，当他们在和买家杀价之时，行情发生了变化，投资者在意识到问题的严重性之后，是任何价格都不买。不得已，银行自己得吃下这一大笔的次贷。①

还是以那家总部就在我附近的这家国家城市银行为例。次贷危机发生之前它似乎就已经意识到了风险，并且还将自己的次贷债券部门卖给了美国的一家上市公司（ETrade），结果是那部分最后将后者逼到了破产的边缘。但是在看出问题之后，自己手中还是有一大笔次贷债券没法出手，结果，这部分又将自己给困住了。

许多银行就是因为这个原因，眼睁睁地看着自己的核心资产"变坏"。而在你资产质量变坏，也就是你的风险增加的时候，评级公司就会将你的信誉等级降低。而降低的直接结果就是增加了融资成本，同时还增加了在债务担保方面对更多现金的要求。如果你此时手里没有所要求数量的现金，那么你就陷入生存困境了。

信誉的等级，就是美国银行的生命，而保证这个生命的唯一办法，就是保持你的资产的高质量。但是，当你拥有一大堆次贷时，要做到这点是不可能的。银行传统部分的经营一直都很不错，只是因为投资资产的质量变差了，银行才跟着破产，这就是许多美国银行的下场，包括大名鼎鼎的华盛顿互惠银行。当然，他们倒闭，还是因为次贷危机所产生的大量违约，许多贷款人将房子留给了银行，而这还回来的房子，对银行而言也是一大笔亏本的生意。

---

① 深入的分析，请参阅本书"房贷按揭债券证券化"那部分的内容。

第九章

银行中的智者

不要以为，次贷危机对银行的冲击，对每家银行都有负面的影响。实际上受次贷影响比较大的，只是那些参与次贷比较深的银行。对于那些保守经营，不赚次贷钱的银行，次贷危机不仅对他们毫发无损，而且，竞争对手的困境还给了他们一个扩大市场份额的良好机会。我这里就有一个很好的例子。

本部位于克里夫兰的 TFS Financial Corp(TFSL)公司，它的主业是银行业务，包括存款和房贷方面的放款。几十年来，它在俄亥俄州和佛罗里达州做了不少的房贷业务。

佛罗里达州是这次受次贷风波影响比较大的一个州，不少在该州有业务的银行都损失惨重。但是，这家经营保守的银行在次贷最疯狂的时候，在有不少人指责银行的管理层不会看形势，不能够及时抓住赚大钱

图9—11 TFSL银行从IPO开始的股价变化图

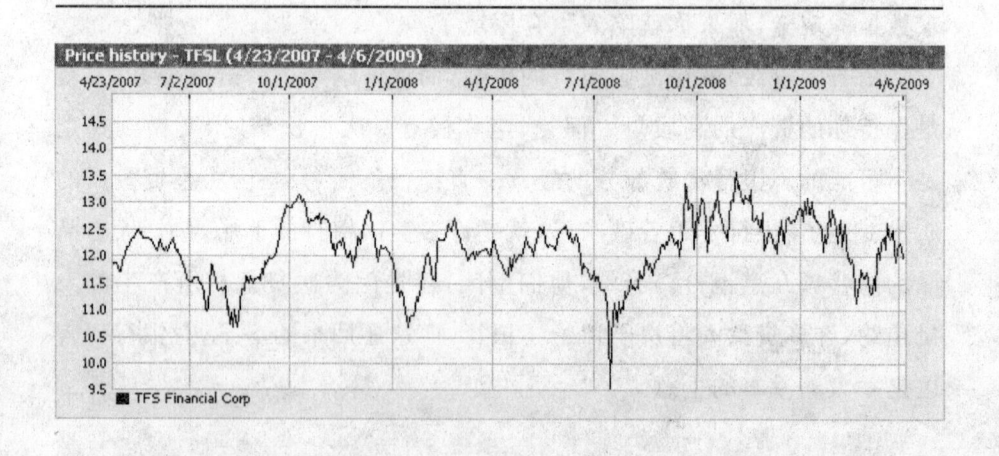

(资料来源：MSN.COM)

的良机时,银行管理层仍然在坚持自己的信仰:保守经营是银行业长期生存和发展的根基。

他们的主管们也还算是比较幸运的人,在股东的压力之下还能够保住自己的宝座。同时,那家银行的股东也因此而幸运,银行因为留用了这些顽固的保守经营者,而保住了银行自己的生命安全。这家银行完全没有沾次级贷款的边。对它而言,几十年如一日:你想贷款买房子,没有问题,请拿来你的收入证明,我们再查查你的信用记录。

在次贷危机发生之前,该公司决定公开上市募集资金,当时还向储户发出招股通知:按照每股10美元的价格,可以优先卖给储户原始股,最高购买额度是50万美元,也就是5万股,没有手续费。

上市不久股价就升到接近13美元(2007年9月)。其后虽然经历了次贷危机和金融危机,除了在2008年7月中旬跌到10元的始发价之下,不久就很快反弹,见图9—11。

很多美国银行,即使是巴菲特喜欢的富国银行的股价,都在金融危机之后大跌60%以上。这家小银行的股价却没有下降,不得不说这就是一种智慧的回报。那些当时卖了富国银行的股票,获得50万美元资金去买这家银行IPO的投资者,今天他们获得的回报差别有多大,不难想见。

富国银行的股价以2007年4月23日为起点,2009年4月6日为终点,后者相对前者,下跌了60%左右。富国银行是一家经营保守的银行,但同时他又在加州参与了不少的房贷投资。在那里,即使放出的不是次贷,由于房价的泡沫太大,同时危机之后产生的失业率太高,危机也会给银行造成了不少的压力。

如果你再将TFSL的股价变化和同期的花旗银行、美利坚银行的股价变化相比,那更是一个天上一个地下。即使你和银行业或者更大范围的美国金融业的指数相比,结果也是一样。危机中的繁荣,就是这个样子。不是没有,而是就在你身边。再者,该银行在 IPO 之后获得了大量的资金,他们也没有因为自己手中有太多的现金就开始"胡作非为"地冒险经营。这不能不说是一种大智。它的做法和巴菲特老先生是一个模式。

图 9—12　TFSL 银行与花旗银行(C)股价变化的比较

(资料来源:MSN.COM)

图 9—12 是 TFSL 和花旗银行股价变化的比较图。差别几乎为 100%:花旗的股份相对于 TFSL 的股价,在所讨论的期限内,下降了 100%。

金融危机的三波冲击和传递

从次贷危机到金融危机的演变,经历了几波冲击的过程。房市泡沫的破灭,直接造成房价的大幅下跌,同时带来危机的三波冲击。

首先,市场感觉到次贷债券 CDO 的投资风险,对它的需求就会变小,这又造成很多房贷机构自己手中新贷出的房贷无法通过债券打包形成证券,卖给投资者,因为这时候有兴趣者寥寥。于是,许多原本想转移出去的风险没有办法完成,这使很多经营次级房贷的金融机构出现问题。我称这为金融危机第一波冲击,华盛顿互惠银行和全美金融公司就是最典型的两个代表。结果是华盛顿互惠破产,全美金融公司接近破产的边缘,最后将自己贱卖给了美利坚银行,得到的股份最后还贬值了很多。

接着,是那些大量投资次贷债券 CDO 的金融机构出现大面积的投资亏损,导致不少的投资银行和银行濒临倒闭的边缘。贝尔斯登就是因为自己旗下两个对冲基金投资 CDO 出现巨额亏损而出现危机的①。大多数的银行和投资银行的情形与此类似。我称这一阶段为危机冲击第二波。它紧紧跟在第一波冲击之后,虽然有一点时间上的滞后,但从结果来看,似乎那些大量投资 CDO 的金融公司并没有充分利用好这个难得的滞后缓冲期。原因可能是:人们没有意识到次贷危机会真正演变为金融危机,即使演变,也不太可能造成太大的冲击;再者,如果大家都同时注意到了,实际上也无济于事,因为在大家都想去杠杆化时,你实际上是做不到的。从这里你可以看到,机构投资者也有着和一般投资者一样的问题和毛病:跟风和随大流。

再下去,由于房贷债券 CDO 的价值下跌,为这些债券提供违约责任保险的公司,那些卖出次贷债券 CDO 的 CDS 金融公司,就面临巨大的亏损压力。因为违约率的上升,CDS 卖出者就得承担这些大量违约带来的投资者的投资损失。由于在次贷危机之前,提供保险的 CDS 的卖出者在两个方面的误算:觉得美国房市的房价会一直以 6%—8% 的年上升幅度增长,房贷违约率不会大幅增加;美国房贷过去几十年的违约率不到 2%,基于这个非常低的违约率计算出来的 CDS 价格也被严

---

① 参阅:(1) Creswell, Julie; Bajaj, Vikas (2007-06-23), " $3.2 Billion Move by Bear Stearns to Rescue Fund", *New York Times*;(2) Ross, Andrew (March 17, 2008). "JP Morgan Pays $2 a Share for Bear Stearns". *The New York Times*。

第九章

重压低。也就是说,CDS 的卖出者将高风险的 CDO 按照极为安全的金融产品做了投保,而且是非常大量的投保。结果是,那些担保 CDO 违约风险的保险公司,在高违约率出现时没有能力承担自己承诺的责任。这就是金融危机的第三波冲击,其中受到冲击最厉害的就是美国国际集团,到最后只有美国政府出面才保得了它。[①]

在上面三波冲击之后,伴随的是流动性冻结——金融系统自顾不暇,只得通过去杠杆化自救,以致没有钱来支持经济体对金融贷款的需要。于是乎,大量与次贷危机和金融危机没有关系的公司和行业的正常经营活动受到影响。在危机最严重的2008年底和2009年初,很多美国中小型公司出现没有流动性资金的问题。很多美国非金融公司业务经营中正常的金融服务需求,在金融危机爆发后,有一段时间无法得到满足,许多公司也因此而不得不停产。到了这一步,危机就由金融公司传递到了实体经济,变成了实体经济的危机。美国政府的救市,在很大程度上就是为了增加市场的流动性。

再者,那些建筑商,由于买房子的需求下降,他们的业务也跟着出现严重萎缩,最终导致经营性亏损。房价下跌,已经使已有住房的民众在房屋装修方面对建材的需求下降。房地产建造商的业务萎缩,带来的就是雪上加霜的效果。房屋建材市场和相关的行业,对美国经济发展的影响巨大。房市和汽车是支撑美国经济的两大主要行业,房产作为美国民众最重要的消费资金来源之一,房市的萧条带来的就是整个消费市场的萧条。而这又带来失业率的增加,结果是民众收入的下降,除房市外的另一个更大的消费资金的来源渠道也出现问题。这就是经济危机了。

---

① 美国国际的惨景从它的股价变化能够看到:在危机之后的金融股反弹时,美国国际的股价一度回升到每股2美元。其后公司将20股合成一股,在合股后才几个交易日,合股的股价就跌到每股10美元以下。相当于为合股前的0.5美元一股(2009年7月初)。

主要参考文献

- 汪翔著：《奥巴马大传：美国历史的创造者》，长江文艺出版社，2008年版。
- 汪翔著：《价值投资：股市投资制胜之道》，崇文书局，2009年版。
- 汪翔著：《奥巴马智取白宫》，崇文书局，2009年版。
- 汪翔著：《理性预期宏观经济学》，中国人民大学出版社，1988年版。
- 汪翔、钱南合著：《公共选择理论导论》，上海人民出版社，1993年版。
- "A billion-dollar game for bond managers". Financial Times.
- "A survey of the world economy：When fortune frowned，When fortune frowned，The Economist". Economist.com.
- "Administration Is Seeking ＄700 Billion for Wall Street". New York Times.
- "Angelo's Angel". Wall Street Journal. 2008-06-19.
- "Asset Securitization Comptroller's Handbook". US Comptroller of the Currency Administrator of National Banks. November 1997.
- "B of A to slash mortgage payments for Countrywide borrowers - Oct. 6, 2008". Money.cnn.com.
- "Banks help illegal immigrants own their own home - Aug. 8, 2005". Money.cnn.com. August 8, 2005.

主要参考文献

- "Bernanke-The Global Savings Glut and U.S. Current Account Deficit". Federalreserve.gov.
- "Bloomberg-Credit Swap Disclosure Obscures True Financial Risk". Bloomberg.com. 2008-11-06.
- "Bloomberg-U.S. Considers Bringing Fannie & Freddie Onto Budget". Bloomberg.com. 2008-09-11.
- "Brokers, bankers play subprime blame game - Real estate - MSNBC.com". 2008.
- "Bureau of Economic Analysis - Personal Savings Chart". Bea.gov. 2009-01-30.
- "China Down Payment Requirements". Sgpropertypress.wordpress.com. 2007-09-19.
- "Citi dividend cut criticized; move suggests more losses to come - MarketWatch".
- "Congress keeps mortgages off books". Politico. 2008-06-18.
- "Congress Tries To Fix What It Broke". Investor's Business Daily. 9/17/2008.
- "Countrywide Financial Chairman Angelo Mozilo's e-mail sets off a furor". LA Times. 2008-05-21.
- "Countrywide Friends Got Good Loans". Wall Street Journal. 7 June 2008.
- "Countrywide's Many 'Friends'". Conde Nast Portfolio. 2008-06-12.
- "Criticism rains down on mortgage industry - USATODAY.com". 2008.
- "Does the Current Financial Crisis Vindicate the Economics of Hy-

man Minsky? - Frank Shostak - Mises Institute". Mises. org.
- "Economist-A Helping Hand to Homeowners". Economist. com. 2008-10-23.
- "Economist-Spreading Mortgage Losses". Economist. com. Retrieved on 2009-02-27.
- "Economist-Understanding Foreclosure Drivers". Economist. com. 2009-02-19.
- "Economist-When a Flow Becomes a Flood". Economist. com. 2009-01-22.
- "Ethics panel examines lawmakers' Countrywide loans". Reuters. com.
- "Fact Sheet: Helping American Families Keep Their Homes". 6 December 2007.
- "Fannie Mae Eases Credit To Aid Mortgage Lending". New York Times. 1999-09-30.
- "FBI — Mortgage Fraud Takedown - Press Room - Headline Archives 06-19-08". Fbi. gov.
- "FBI Cracks Down On Mortgage Fraud". CBS news. 2008-06-19.
- "FBI probes Countrywide for possible fraud". Money. cnn. com.
- "Fed - GSE (Government Sponsored Enterprise) MBS purchases". Federalreserve. gov. 2008-11-25.
- "Fed News Release - TALF". Federalreserve. gov. 2008-11-25.
- "Fed's Kroszner: Don't Blame CRA". Wall Street Journal. 12/3/2008.
- "Federal Reserve Board: Monetary Policy and Open Market Operations".

主要参考文献

- "FRB: Press Release-FOMC statement-18 March 2008". Federalreserve.gov.
- "FRB: Press Release-FOMC Statement-18 September 2007". Federalreserve.gov.
- "FRB: Speech-Bernanke, Fostering Sustainable Homeownership-14 March 2008". Federalreserve.gov.
- "FRB: Speech-Bernanke, The Recent Financial Turmoil and its Economic and Policy Consequences-15 October 2007". 2008.
- "FRB: Testimony-Bernanke, Semiannual Monetary Policy Report to the Congress-15 July 2008". Federalreserve.gov. July 15, 2008.
- "Fukuyama: The End of America Inc". Newsweek.com.
- "G-20 Calls for Action on Growth, Overhaul of Financial Rules". Bloomberg.com.
- "Greenspan sees signs of credit crisis easing - Stocks & economy - MSNBC.com". 2008.
- "Greenspan Slept as Off-Books Debt Escaped Scrutiny". Bloomberg. 2008-10-30.
- "Greenspan-Banks Need More Capital". Economist.com. 2008-12-18.
- "Harvard and Wisconsin Tie in Turning Out the Most CEOs in U.S.", Bloomberg News, July 30, 2006.
- "Hope Now says nearly 8% of subprime borrowers helped - Feb. 6, 2008". 2008.
- "How HUD Mortgage Policy Fed The Crisis". Washington Post.
- "How severe is subprime mess?". msnbc.com. Associated Press. 2007-03-13.

- "Hyman Minsky: Why Is The Economist Suddenly Popular?". Daily-reckoning.co.uk.
- "Illinois sheriff scolds banks for evictions of 'innocent' renters-CNN.com". Cnn.com.
- "IndyMac Taken Over By Regulators". Reuters. 2008-07-11.
- "Lessons from the Crisis". PIMCO. 2008-11-26.
- "Major lenders put freeze on foreclosures - Feb. 12, 2008". 2008.
- "Minorities hit hard by rising costs of subprime loans - USATODAY.com". 2008.
- "Minorities hit hard by rising costs of subprime loans - USATODAY.com". 25 April 2007.
- "More layoffs coming to Wall Street - Sep. 15, 2008". Money.cnn.com.
- "New home sales fell by record amount in 2007 - Real estate-MSNBC.com". 2008.
- "PBS Frontline-Inside the Meltdown". Pbs.org. 2009-02-17.
- "Pearlstein-Beware Simple Fixes-Washington Post". Washingtonpost.com.
- "Plan would expand Fed's power to intervene in financial crisis-CNN.com". Cnn.com.
- "President Bush Discusses Housing". 6 December 2007.
- "Prince out as Citigroup CEO; more writedowns disclosed - Nov. 4, 2007". 2008.
- "Questions About the $700 Billion Emergency Economic Stabilization Funds". Congressional Oversight Panel for Economic Stabilization. December 10, 2008.

主要参考文献

- "REALTOR Magazine-Daily News-Are Computers to Blame for Bad Lending?". 2008.
- "Realty-Trac 2008 Foreclosure Report". Realtytrac.com. 2009-01-15.
- "RealtyTrac Press Release 2008FY". Realtytrac.com. 2009-01-15.
- "Roubini and Pederson - Systemic risk capital & insurance regulations". Ft.com. 2009-01-29.
- "SEC Proposes Comprehensive Reforms to Bring Increased Transparency to Credit Rating Process". U.S. Securities and Exchange Commission. 2008.
- "Sheila Bair: Stop Blaming the Community Reinvestment Act". U.S. News and World Report. 2008-12-17.
- "Slices of Risk", Mark Whitehouse, The Wall Street Journal, September 12, 2005.
- "Sub-prime crisis - Are low doc & no deposit loans still available?". Homeloanexperts.com.au.
- "Subprime lawsuits on pace to top S&L cases - The Boston Globe". 2008.
- "The downturn in facts and figures;". BBC. 2007-11-21.
- "The End of the Affair". Economist. 2008-10-30.
- "The Fed Bails Out AIG". Business Week (New York). 2008-09-16.
- "The Foreclosure Five". NY Post. 2009-02-21.
- "The Reckoning - Building Flawed American Dreams - Series - NYTimes.com". Nytimes.com.
- "The trading frenzy that sent prices soaring". New Statesman.

- "The woman who called Wall Street's meltdown". Fortune. 6 August 2008.
- "U. S. foreclosure activity increases 75 percent in 2007". realtytrac.com (RealtyTrac). 2008.
- "U. S. Foreclosure Activity Increases 75 Percentin 2007". RealtyTrac. 2008-01-29.
- "U. S. Home Prices: Does Bust Always Follow Boom?". Federal Deposit Insurance Corporation. February 10, 2005.
- "U. S. mortgage, housing markets seen caught in 'vicious cycle'-MarketWatch". 2008.
- "Why is Countrywide possibly going bankrupt?". HousingPanic. 2007-09-09.
- "WSJ - Subprime Debacle Traps Even Credit Worthy". Realestate-journal.com. 2007-12-04.
- 2003 ISDA Credit Derivatives Template. International Swaps and Derivatives Association.
- A Beginner's Guide to Credit Derivatives - Noel Vaillant, Nomura International. Probability.net.
- Alan Greenspan (2007-12-12). "WSJ Greenspan-The Roots of the Mortgage Crisis". Opinionjournal.com.
- Aline Van Duyn. "Worries Remain Even After CDS Clean-Up". The Financial Times. Retrieved on 2009-03-12.
- Allen R. Myerson, "Careful Player Moves Closer To the Top at Bear Stearns", New York Times, July 14, 1993.
- Archaya and Richardson. Financial Stability: How to Repair a Failed System NYU Stern Project-Executive Summaries of 18 Cri-

主要参考文献

sis-Related Papers.
- Barr, Alistair (2007-03-29). "IndyMac says subprime contagion into Alt-A loans 'overblown'". MarketWatch.
- Barr, Michael. "Prepared Testimony of Michael S. Barr". U.S. House of Representatives.
- Ben S. Bernanke. "Financial Markets, the Economic Outlook, and Monetary Policy" Washington, D.C. (2008-01-10).
- Ben S. Bernanke. "The Recent Financial Turmoil and its Economic and Policy Consequences", New York (2007-10-17).
- Ben Steverman and David Bogoslaw (October 18, 2008). "The Financial Crisis Blame Game - BusinessWeek". Businessweek.com.
- Birger, Jon (10 January 2008). "Will foreclosures spark an arson boom?". Fortune.
- BIS - Regular Publications. Bank for International Settlements.
- Blackburn, Robin (2008) "The Subprime Mortgage Crisis," New Left Review 50 (March - April).
- Brown, Bill (2008-11-19). "Uncle Sam as sugar daddy; MarketWatch Commentary: The moral hazard problem must not be ignored". MarketWatch.
- CFA Institute. (2008). Derivatives and Alternative Investments. Boston: Pearson Custom Publishing. ISBN 0-536-34228-8.
- Charan, Ram (2005). Boards That Deliver. Jossey Bass. ISBN 978-0-787-97139-7.
- Chatiras, Manolis, and Barsendu Mukherjee. Capital Structure Arbitrage: Investigation using Stocks and High Yield Bonds., Amherst, 2004.

- Christie, Les (2008-04-22). "No help for 70% of subprime borrowers". CNNMoney.com (Cable News Network).
- Colin Barr. "The truth about credit default swaps". CNN / Fortune.
- Countrywide's Mozilo exits stage a fallen hero - Los Angeles Times
- Crook, Clive. "Shiller-Infectious Exuberance-The Atlantic". Theatlantic.com.
- Daniel Fireside (March/April 2009). "Renters in the Crosshairs". Dollars & Sense.
- David Goldman (2008-12-10). "CNN Article on COP". Money.cnn.com.
- David X. Li (2000) On Default Correlation: A Copula Function Approach, Journal of Fixed Income 9:43-54.
- Demyanyk, Yuliya; Van Hemert, Otto (2008-08-19). "Understanding the Subprime Mortgage Crisis". Working Paper Series. Social Science Electronic Publishing.
- Der, Mara (2008-12-01). "Investor sues to block mortgage modifications". Businessweek.com.
- DiMartino, D., and Duca, J. V. (2007) "The Rise and Fall of Subprime Mortgages," Federal Reserve Bank of Dallas Economic Letter 2(11).
- Elton et al, Explaining the rate spread on corporate bonds. Stern.nyu.edu.
- Engdahl, William (2008-06-06). "CREDIT DEFAULT SWAPS THE NEXT CRISIS".
- England, Robert (December 27, 1993). "Assault on the Mortgage

主要参考文献

- Lenders". National Review.
- Evans, Kelly (2009-03-07). "Jobless Rate Tops 8%, Highest in 26 Years". The Wall Street Journal. Dow Jones & Company, Inc..
- Ex-Bear Stearns managers arrested at their homes By Tom Hays, Associated Press, 6/19/08.
- FBI Investigating Potential Fraud by Fannie Mae, Freddie Mac, Lehman, AIG, Associated Press, September 23, 2008.
- Feldstein, Martin (2008-11-18). "NYT - How to Help People Who's Homes are Underwater". Online.wsj.com.
- Felix Salmon, Recipe for Disaster: The Formula That Killed Wall Street, Wired Magazine, 2009-2-23.
- For Middle-Class Families, Dream of Own House Drowns in Sea of Debt. Center for American Progress. 2005-05-12.
- Fox, Justin (2008-09-16). "Why the Government Wouldn't Let AIG Fail". TIME.
- From Kelli Arena CNN Justice Department Correspondent (2008-07-16). "Source: FBI investigating Indymac for fraud". Cnn.com.
- Gold, Gerry, and Feldman, Paul (2007) A House of Cards - From fantasy finance to global crash. London, Lupus Books. ISBN 978-0-952-34543-5.
- Gordon, Robert. "Did Liberals Cause the Sub-Prime Crisis?". The American Prospect.
- Gretchen Morgenson (2007-08-29). "Inside the Countrywide Lending Spree". New York Times.
- Gretchen Morgenson (2008-08-10). "Credit default swap market under scrutiny".

- Gross Domestic Product: Fourth Quarter 2008 (Preliminary). Press release.
- Holmes, Steven A. (1999-09-30). "NYT - Fannie Mae Eases Credit to Aid Mortgage Lending". New York Times.
- Hull, J. C. and A. White, Valuing Credit Default Swaps II: Modeling Default Correlations. Smart Quant. Smartquant.com.
- Husock, Howard (January 01, 2000). "The Trillion-Dollar Bank Shakedown That Bodes Ill for Cities". City Journal.
- Jamie Smith Hopkins (2008-05-15). "Out without warning". The Baltimore Sun (Timothy E Ryan).
- Jeannine Aversa (2008-02-13). "Rebate Checks in the Mail by Spring". The Huffington Post (Arianna Huffington).
- Justin Lahart (2007-12-24). "Egg Cracks Differ In Housing, Finance Shells". WSJ.com (Wall Street Journal).
- Kanitz, Stephen (2009-02-11). "Betting On Brazil: Car Output Grows 92% in January. Repeat it: 92%!".
- Kate Kelly, "Bear CEO's Handling Of Crisis Raises Issues", Wall Street Journal, November 1, 2007.
- Kate Kelly, "Where in the World is Bear's Jimmy Cayne? Playing Bridge", Wall Street Journal, March 14, 2008.
- Knox, Noelle (2006-01-17). "43% of first-time home buyers put no money down". USA Today.
- Kopecki, Dawn (2008-09-11). "U.S. Considers Bringing Fannie, Freddie on to Budget". Bloomberg.
- Krugman, Paul (2009). The Return of Depression Economics and the Crisis of 2008. W.W. Norton Company Limited. ISBN 978-0-

主要参考文献

393-07101-6.

- Landers, Kim (2008-09-16). "Lehman tumbles, Merrill Lynch totters on Meltdown Monday". ABC News.
- Landon Thomas Jr. And Eric Dash (Published: March 25, 2008). "Seeking Fast Deal, JPMorgan Quintuples Bear Stearns Bid - New York Times". Nytimes.com.
- Landon Thomas, Jr., "Distinct Culture at Bear Stearns Helps It Surmount a Grim Market", New York Times, March 28, 2003.
- Landon Thomas, Jr., "Salvaging a Prudent Name", New York Times, June 29, 2007.
- Leonnig, Carol D. (June 10, 2008). "How HUD Mortgage Policy Fed The Crisis". Washington Post.
- Les Christie (2008-11-20). "CNN - Fannie & Freddie Suspend Foreclosures". Money.cnn.com.
- Les Christie (2008-12-23). "Most mortgage fixes are bad medicine - Dec. 23, 2008". Money.cnn.com.
- Lewis, Holden (18 April 2007). "'Moral hazard' helps shape mortgage mess". Bankrate.com.
- Lewis, Nathan (2007-12-07). "Meanwhile in the Derivatives Market".
- Liebowitz, Stan (2009) "Anatomy of a Train Wreck: Causes of the Mortgage Meltdown" in Randall Holcombe and B. W. Powell, eds., Housing America: Building out of a Crisis. Oakland CA: The Independent Institute.
- Liebowitz, Stan. "The Real Scandal - How feds invited the mortgage mess". New York Post.

- Louis Uchitelle (October 26, 1996). "H. P. Minsky, 77, Economist Who Decoded Lending Trends". New York Times.
- Lynnley Browning (2007-03-27). "The Subprime Loan Machine". nytimes.com (New York City: Arthur Ochs Sulzberger, Jr.).
- Manny Fernandez (15 October 2007). "Study Finds Disparities in Mortgages by Race". New York Times.
- Mark Garbowski (2008-10-24). "United States: Credit Default Swaps: A Brief Insurance Primer".
- Michael Lewis, "The End," Portfolio Magazine (November 11, 2008).
- Minorities' Home Ownership Booms Under Clinton but Still Lags Whites'. Los Angeles Times. 1999-05-31. David Streitfeld And Gretchen Morgenson (Published: October 18, 2008).
- Morgenson, Gretchen (2008-11-08). "The Reckoning: How the Thundering Herd Faltered and Fell". New York times.
- Muolo, Paul, and Padilla, Matthew (2008). Chain of Blame: How Wall Street Caused the Mortgage and Credit Crisis. Hoboken, NJ: John Wiley and Sons. ISBN 978-0-470-29277-8.
- Nirenberg, David Z. & Steven L. Kopp. "Credit Derivatives: Tax Treatment of Total Return Swaps, Default Swaps, and Credit-Linked Notes," Journal of Taxation, Aug. 1997: 1.
- NPR Article "NPR: Economists Brace for Worsening Subprime Crisis". 2008.
- NYT-Pressured to Take More Risk, Fannie Reached Tipping Point.
- Patrick McGeehan, "Private Sector; Call Him a Specialist In Bridge Financing", New York Times, March 24, 2002.

主要参考文献

- Paulden, Pierre (2008-08-26). "Merrill, Wachovia Hit With Record Refinancing Bill". Bloomberg News.
- Peaslee, James M. & David Z. Nirenberg. Federal Income Taxation Of Securitization Transactions: Cumulative Supplement No. 7, November 26, 2007.
- Phillips, Matthew. "The Monster That Ate Wall Street." Newsweek. October 6, 2008. Accessed 3-17-09.
- Poirier, John; Patrick Rucker (2008-09-06). "TIMELINE: U.S. plan for Fannie, Freddie to hit shareholders".
- Reinhardt Krause (May 15, 2008). "Raising Capital Getting Harder For Banks". Investor's Business Daily.
- Richard W. Fisher (2006-11-02). "Confessions of a Data Dependent: Remarks before the New York Association for Business Economics".
- Robert Chote. "Financial Crisis: Someone will have to dig us out of all this debt". Daily Telegraph.
- Robin Blackburn, Subprime Crisis, New Left Review, March-April 2008.
- Roger C. Altman. "Altman - The Great Crash". Foreign Affairs.
- Roger C. Altman. "Altman-Foreign Affairs-The Great Crash of 2008". Foreignaffairs.org.
- Roger C. Altman. "The Great Crash, 2008 - Roger C. Altman". Foreign Affairs.
- Roubini, Nouriel. "Roubini - More Doom Ahead". Foreignpolicy.com.
- Roundtable on MiddleOffice - Hedge Fund Manager Week.

- Salmon, Felix (2009-02-23), "Recipe for Disaster: The Formula That Killed Wall Street", Wired.
- Saporito, Bill (2008-09-16). "Getting Suckered by Wall Street-Again". TIME.
- Search Site. "Nicole Gelinas-Can the Fed's Uncrunch Credit?". City-journal.org.
- Seidman, Ellen. "No, Larry, CRA Didn't Cause the Sub-Prime Mess". New American Foundation.
- Skousen, Mark (9/17/2008). "Ride out Wall Street's hurricane - The real reasons we're in this mess – and how to clean it up". Christian Science Monitor.
- Standard CDS Pricing Model Source Code - ISDA and Markit Group Limited. CDSModel.com.
- Stephen Bernard (October 10, 2008). "AP - Lehman Debt Auction Gives Clue to Potential Losses". The Associated Press.
- Steverman, Ben (2008-10-18). "Business Week-The Financial Crisis Blame Game". Businessweek.com.
- Stiglitz, Joseph E.. "Stiglitz - Vanity Fair - Capitalist Fools". Vanity Fair.
- Teather, David. "The woman who built financial 'Weapon of Mass Destruction.'" The Guardian. September 20, 2008.
- Tett, Gillian. "The Dream Machine: Invention of Credit Derivatives". Financial Times. March 24, 2006.
- The Employment Situation: February 2009. Press release.
- The Real Reason for the Global Financial Crisis. Financial Sense. Financialsense.com.

主要参考文献

- Thomas J. DiLorenzo, The Government-Created Subprime Mortgage Meltdown, LewRockwell.com, September 6, 2007.
- Thomas J. McCool (2000-02-23). "Responses to Questions Concerning Long-Term Capital Management and Related Events" (PDF). General Government Division. Government Accountability Office.
- Tyler Cowen (January 13, 2008). "So We Thought. But Then Again". Nytimes.com.
- U.S. Department of Commerce, Bureau of Economic Analysis (2009-02-27).
- U.S. Department of Labor, Bureau of Labor Statistics (2009-03-06).
- Warren Buffet-2008 Shareholder's Letter Summary.
- Warren Buffett on Derivatives - Excerpts from the Berkshire Hathaway annual report for 2002. Fintools.com.
- Weiner, Eric (29 November 2007). "Subprime Bailout: Good Idea or 'Moral Hazard". NPR.org.
- Wired Magazine: 17.03 (2009), Recipe for Disaster: The Formula That Killed Wall Street.
- Woods, Thomas E. (2009) Meltdown: A Free-Market Look at Why the Stock Market Collapsed, the Economy Tanked, and Government Bailouts Will Make Things Worse , Washington DC: Regnery Publishing ISBN 1-596-98587-9.
- Yalman Onaran (2008-05-19). "Subprime Losses Top $379 Billion on Balance-Sheet Marks: Table". Bloomberg.com (Bloomberg L.P.).
- Zibel, Alan (2008-01-17). "Report: More Foreclosures Than Workouts". Associated Press. International Business Times.

- 汪翔:"合理预期学派的总供给模型及其政策意义",《国外社会科学》,1989 年第 4 期。
- 陈招顺,汪翔:"公共选择理论的理论渊源及其对现代西方经济学的影响",《上海社会科学院学术季刊》,1990 年第 1 期。
- 陈招顺,汪翔:"西方对经济周期动因研究现状概述",《上海社会科学院学术季刊》,1994 年第 12 期。
- 陈招顺,汪翔:"论经济学中的公理化方法",《上海社会科学院学术季刊》,1996 年第 2 期。
- 陈招顺,汪翔:"关于贸易保护问题的经济政治分析",《上海社会科学院学术季刊》,1993 年第 2 期。
- 陈招顺,汪翔:"斯蒂格勒的经济思想浅探",《世界经济研究》,1991 年第 2 期。
- 陈招顺,汪翔:"公共选择理论与赤字问题",《世界经济研究》,1993 年第 1 期。
- 陈招顺,汪翔:"价格与价值,质量与价格的关系探析",《学术月刊》,1990 年第 7 期。
- 陈招顺,汪翔:"论公共选择理论的方法论基础及其规范意义",《经济评论》,1993 年第 1 期。
- 陈招顺,汪翔:"论综合国力要素",《世界经济与政治》,1989 年第 12 期。
- 陈招顺,汪翔:"'经济人'范畴析",《学术月刊》,1994 年第 6 期。
- 陈招顺,汪翔:"评理性预期学派的总供给模型及其实际意义",《财经理论与实践》,1989 年第 3 期。
- 陈招顺,汪翔:"论政府干预的意义与宏观经济政策目标的实现",《世界经济研究》,1989 年第 4 期。

作者后记

次贷危机震动世界,金融危机惊动上苍,危机让美国的枪支销售量上升了25%,同时也让美国多了很多枪杀案,多了无数无辜的冤魂。危机让百万美国家庭丢掉房子,失去家园,让无数人成为无家可归者。危机迫使不少的人,失去了继续活下去的勇气。危机让太多无辜的人就此变穷,人生的轨迹就此改变。

危机已经发生,危机的危害还将继续蔓延一段时间,而且,类似的危机还会再次发生。危机对于中国,也造成了很大的伤害。中国不少的公司在金融衍生品的投资上,已经付出了相当大的学费。对金融衍生品的投资一度将东方航空公司逼到破产的边缘。[①]

在国际金融对垒战中,中国公司和政府还将付出不少的学费和沉重的代价。作为一个新兴的经济体,我认为,目前国家面临的挑战还很多很多,中华民族依然处于最危急的时刻。不过,这次的金融危机,至少让我们看到了不少的问题。算是一个警钟,但愿它能够让更多的人觉醒和奋起。

---

① 李伏安:金融衍生品投资不能因噎废食,2009年4月30日,《数字商业时代》。身居国内第三大航空公司的东航,2008年亏损高达139.28亿元,是中国航空企业史上的最大亏损,可能也是2008年全球航空企业中的最大亏损。东航在投资航油套期保值上亏损了62亿元,占总亏损额的45%。中国企业在国际金融衍生品的投资上出现的亏损问题,随着全球金融危机的层层推进而逐渐浮出水面。中信泰富因"外汇累计期权合约"中的澳元累计期权而损失约147亿港元,最终导致主席荣智健被迫辞职;中国国航在燃油套期保值合约截至2008年底公允价值损失高达68亿元人民币;中国远洋所持的"远期运费协议"约有40亿元浮亏;深南电也因操作石油衍生品合约导致巨亏。

作者后记

  危机让美国人知道"中国因素"对美国经济影响的巨大,看到中国这个巨人的勤奋和努力,是可以改变世界经济格局的。在责怪中国是危机制造的根源的同时,我相信,美国经济学界和政治界的精英,将会审慎地思考,在"中国因素"的影响越来越大的现实面前,美国为了自己的国家利益,该怎样调整自己的思考角度和对弈策略。

  这次危机也给经济理论提出了很多值得思考的问题:按照传统理论所做出的经济决策,为什么没有能够及时防范危机的发生和蔓延?我们传统的经济理论到底在哪里出现了问题?类似的危机还会再一次发生吗?

  危机带来的以石油和铁矿石为代表的大宗商品价格的大幅下跌,给了中国以更合理价格布局自己能源资源的新机会。如果危机不出现,如果大宗商品价格继续居高不下,如果石油原油价格还是每桶147美元,如果这种局面再继续维持10年,对于没有经验和准备的中国经济,将会带来什么样的结果,大家可以好好思考一下。

  对于中国广大的股民,认真思考和理解一下这次危机的根源,反思一下你在这次大的牛市转熊之后出现的牛市机会,对你的投资决策调整将是很有意义的。我在这本书里面,有意识地为股民们提供了很多必须的分析。读史使人明鉴。如果你有机会好好比较一下几次危机的共同点和不同点,从中体会一下应该有的智慧的投资对策,那么,在今后再一次出现类似危机之前,你可能就会获益而不是受到伤害了。请放心,危机必将过去,人类还会再次看到经济繁荣。同时,新的,或者同样的但换了面孔的危机,还会再次出现,虽然会以不同的面目和理由。人类的贪婪和自利是不能够改变的。记住旧有伤疤所带来的痛苦,人类能够有的记忆力非常短暂。

  这本书是我自己对于次贷危机和金融危机相关议题思考和学习的总结。我也为此付出了代价并获得了启迪。我曾经一直希望好好研究一下历史上几次大的危机的起因和演变,同时比较一下他们之间的异同,没想到一场真正史无前例的危机竟然在我身边上演,给我提供了一个绝好的思考机会。我想,命运的不可预测性,尽在于此;同时也正是这种多变性和不确定性,给人生增加了色彩吧。

危机涉及太多的方面,对于危机的深入研究,也才刚刚开始。许多方面,必须等到危机发展到一个特定的阶段时,人们的分析和思考才有可能,也才有意义。人生能够遇到这么大的一个危机,是不幸也是幸运。只有乱世,才会产生更多的机会。危机之后,将有新一代的成功者能够抓住机会,从废墟中爬起,勇敢向前。

危机还在继续演变和发展,美国政府还在对银行和其他金融公司做抗压检测试验,目的是想知道,如果危机继续恶化,这些金融公司将会有多大的承受能力。也就是他们所说的生存能力。

到 2009 年 4 月 21 日,美利坚银行债券的 CDS 价格还是高达 305,富国银行略强一些,但也是 275,花旗银行则高达 635。看来,金融市场对于花旗银行的前途还不是很看好,认为还是存在着很大的风险。到 2009 年 5 月 8 日,大家盼望已久的美国政府银行风险承担能力检测结果出来了。按照美联储在头一天股市收盘后公布的数字,针对美国 19 家规模最大银行的压力测试表明,政府要求其中 10 家银行需要在两年内筹募总额高达 746 亿美元的资金,以弥补 6,000 亿美元的信贷亏损。随后,富国银行和摩根斯坦利马上就公布了自己的筹资方案。

富国银行将发售 3.41 亿股公司的普通股,原准备筹集 55 亿美元,现在筹集到了 75 亿美元。该新股全部出售给了机构投资者,认股者相当踊跃。这从一个侧面说明,股市对银行的信心已经有很大的恢复。想想在几个月前,这家公司的股价还在 9 美元左右,现在要价 22 美元,依然有很大的市场。[1]

---

[1] Wells Fargo prices stock offering at $22 a share, 5/8/09, Marketwatch.

作者后记

不仅如此,银行债券的 CDS 价格也在这几个星期内迅猛下跌。这说明市场对这些公司的信心在大幅上升。花旗银行的 CDS 在美国政府宣布压力测试结果后下跌到 360,这和 4 月 21 日的 635 相比改善了很多。而高盛的 CDS 价格也下降 35 个基点,到达 165 的低位,摩根斯坦利下跌 55 个基点,到达 240。[①]

本书的写作三易其稿。能有今天首先得感谢我的太太钱南女士,最后一稿基本上是她和我合作完成的:她作为一个非常认真的审稿人,一次次批判性地阅读我的稿子并给了我很多具体的修改意见。她在美国一家大的上市公司负责繁忙的预算工作,但还是挤出时间来协助我的写作。没有她的贡献,这本书不可能有现在这样的质量。

另外,三位经济学和金融领域的朋友,在相关但不同领域对于我观察危机的视角给予了很大帮助。他们是:王鹏国博士,英国伦敦帝国理工大学商学院的金融学教授,在现代金融领域造诣很深的专家;康勇博士,美国宾夕法尼亚大学沃顿(Walton)商学院毕业的经济学博士,巴菲特、彼得·林奇和郎咸平的校友,目前美国实力雄厚的伊顿(Eaton)公司的资深经济学家;李森博士,美国明尼苏达大学商学院的金融学博士,美国 PNC 银行风险分析部门的负责人,金融风险分析方面的专家。他们仔细阅读了我的初稿,给我提出了不少建设性的意见。他们的鼓励给予我巨大的力量,我在此感谢他们。

感谢我太太和两个女儿做出的牺牲:为了这本书,原本该陪孩子和太太的时间,都被挪用了。两个小孩子,也因为我的原因,中文学习退步很大。老二已经不太能够听懂中文了,老大也洋腔洋调了,她原本中文可是说得很标准的。教会在美国长大的孩子学好中文,是一件很不容易的工作,需要大量的时间付出。我不知道,是不是有那么一天,我的孩子

[①] Dena Aubin, US banks' CDS tighten after stress tests, 5/8/09, Reuters.

有能力读懂爸爸用中文出版的著作。

　　商务印书馆的冯爱珍女士,对于我的思考和写作,给予了一贯性的支持和鼓励。从我修改《奥巴马大传》开始,就接受她的谆谆教诲。她在专程从上海飞回北京,处理一件紧急要务的繁忙时刻[1],还抽出时间听我唠叨,给我建议。是她,给了我不少的力量和勇气,去思考更加深层次的东西。商务印书馆强调的是社会责任感,这也是我出版这本书的意义:希望通过自己的努力,让国内的读者有机会深入理解危机的根源。

　　商务印书馆出版了大量的,来自美国哈佛商学院的金融和管理方面的著作,也是目前国内唯一获得哈佛商业出版集团独家授权的出版机构。我的作品能够与这些大家之作为伍,奉献给国内的中文读者,是我莫大的荣幸。在2009年4月23日"世界读书日"这天,国务院总理温家宝专程访问了商务印书馆,和编辑与读者交流心得,商务印书馆在中国出版领域的权威地位可见一斑,也足见总理对商务印书馆所寄予的厚望。

　　我的老朋友,北京全品教育研究所所长,北京全品文化发展有限公司的老总肖忠远先生,对于我的长期关心和帮助,也是使本书最后得以完成和出版的关键。从20年前开始,我就得到这位老乡的帮助和启发。那时候,他是中国人民大学的研究生,我则在研究生毕业之后到那里去当老师。不过,他当时已经斗胆开始经营实业赚钱,并且业绩相当不错,一直到今天。他的经历,给了我不少的启发。我更不能忘了崇文书局的李友平社长,我的老朋友,是他的鼓励和帮助让我写作和出版了《价值投资:股市投资制胜之道》,一本关于金融投资的专著。

　　感谢本书的责任编辑范海燕女士,她的热情、负责与奉献精神,让我感动。还有商务印书馆经管编辑部的刘祚臣主任,一次次的热情帮助,

---

[1]　其后知道是准备温家宝总理的到来,那天是"世界读书日",我自己天天读书,也忘了该有一个"读书日"。

作者后记

让我铭记在心。感谢商务印书馆的编辑李彬先生和我的朋友章炎飞先生，对我书稿的建设性意见。

  金融危机是一个很大的主题，很难把握，有很多问题我们还不知道答案，也还有不少的问题可能还有待提出。这本书，给投资者、企业管理者、金融理论和实践界的读者，从一个侧面做出了我认为还算深入的分析。书中可能的问题和错误，当然是我个人的责任，希望发现的读者及时向我指正。我的电邮地址是：XiangWangBooks@Gmail.com。

汪翔，2009 年 7 月 11 日，于美国 OHIO